# 人間をかんがえる

アドラーの個人心理学入門

Alfred Adler :
*Menschenkenntnis*

アルフレッド・アドラー

訳＝山下肇・山下萬里

河出書房新社

# まえがき

本書は、広く一般的な読者層に、個人心理学〔日本で一般的に言われているアドラー心理学〕のゆるぎない基本と、人間知にとっての個人心理学の価値を示し、同時にまた、人びととの交際や、自らの人生を編んでいく上での個人心理学の重要性を指し示そうとするものである。本書は、ウィーンの〔十六区オッタークリングの市民大学〕民衆の家《フォルクスハイム》で、何百人もの聴衆を前に行なった年度講座から生まれた。本書の主要課題はそれゆえ、社会での私たちのさまざまな活動の欠陥を、個々人の振る舞いの誤りから理解し、その誤りを認識して、社会との関わりによりよく順応できるようにすることにあるであろう。

生計を立てる仕事や科学での誤りは、たしかに憂《うれ》えるべき有害なものだが、人間知は誤ると多くの場合、致命的である。私たちの科学の勤勉な仕事仲間たちが、私たちの領域を超えて、本書で問題にするさまざまな確認や経験を、先行者たちと同じように無視しないことを、私は望んでいる。

私はこの場で、ブローザー法学博士に心からの感謝を表明せずにはいられない。氏は私の講義のほぼすべてを熱心に筆記し、整理し、まとめあげてくれた。氏の助力なくしては、本書はできあがらなかったと言っても過言ではない。

同時に私は、イギリスとアメリカで私が個人心理学の新しい友を獲得すべく努力していた時期に、本書の校正と締めくくりをやってくれた、娘のアリ・アドラー医学博士にも礼を言いたい。S・ヒルツェル書店は模範的なかたちで本書の出版をすすめてくれ、慎重に刊行の準備をしてくれた。個人心理学はこの配慮に、特別な感謝を捧げなければならない。この講義とこの本が、人類の行く手を照らしだすという目的に役立つことを願うものである。

一九二六年十一月二十四日、ロンドンにて

アルフレッド・アドラー

# 人間をかんがえる

## アドラーの個人心理学入門

◉

目次

装幀——水上英子

# 人間をかんがえる

## アドラーの個人心理学入門

# 第一部 総論

# 序論

こころは人間の器量である（ヘロドトス）

人間知《メンシェンケントニス》、つまり人間を知ることの基底は、過度の思いあがりや自惚《うぬぼ》れは禁物だ、ということである。逆の言い方をするならば、本当に人間を知ることができれば、私たちは謙虚な気持になるし、これは人類が文化の発生時から携わっている非常に大きな課題であると私たちに教えてくれるに違いないのだ。しかしこの仕事には、目標も自覚せず、体系立てて関わってもこなかったために、衆に抜きんでて人間知を駆使する優れた人は、いつの時代にもごく少数しか現れなかった。そのことが私たちの弱点になっているのである。それというのも、先入見を持たずに人びとをよく観察してみると、多くの場合、その人間知が機能していないからである。私たちはみな、たいして人間を知らないのだ。これは、私たちの生《せい》が孤立していることと関係している。今日ほど人間が孤立して生きていることは、かつてなかったろう。幼年時代からすでに私たちは、他者との結びつきというものをほとんど持っていない。家族が私たちを孤立させている。私たちの生き方もまたなべて、仲間たちとの親密な接触をしにくくしている。それは、人間知という技能《クンスト》を発展させるためには、どうしても必要なもので、この〔接触と人間知という〕二つの要素は、相互に依存しあっている。なぜなら、他の人びとと接触しようとしても、理解力が不足していると、私たちを長くよそよそしい気分にしてしまい、接触できなくしてしまうからである。

この理解力不足の結果、私たちには仲間の人たちとの付き合いも、彼らとの共同生活もうまくできない、というきわめて深刻な困難が生じている。しばしば強調される微妙な事実であるが、ゆきちがったり話がちぐはぐになったりして、人びとが一致点を見いだせないのは、社会の広い枠内だけでなく、家庭という非常に狭い場でさえも、互いによそよそしい態度をとりあっているからである。子どもたちのことがわからないという両親の訴えや、両親に理解されていないという子どもたちの訴えほど、よく耳にするものはない。人間の共同生活の基本条件には、相互に理解し合わなければならないという強い圧力があるが、それは、隣人たちに対する私たちの振る舞い全体が、それに左右されるからである。人間知がもっと広まれば、人びとはさらに快適に共同生活を営むようになるだろう。なぜなら今日の私たちは、たがいによく知り合うこともなく、外見や偽装に欺かれる危険にさらされていて、共同生活が妨げられているのだが、それが取り除かれるからである。

さて次に説明したいのは、人間知と称する分野を、医学という非常に広い領域のひとつの分野として確立する試みが、まさに医学の側からどうしてなされるのか、この科学はどのような前提を持っているのか、どんな課題を与えられているのか、またどのような成果を期待できるのか、ということである。

まず何よりも、精神医学そのものが、すでに人間知をもっとも切実に必要としている科学の分野なのである。精神科医は、精神を病む人たちの心の生活のうちを、できるだけ早く洞察する必要がある。医学のこの分野では、患者の心で起きていることが明らかにならなければ、有効な診断を下し、処置や治療を提案し、それに着手することができない。この分野では浅薄な行為は許されず、過失はただちに当然のむくいを招き、正しく理解すれば多くの場合成功をもたらすことになる。したがってこの分野では、厳密で即座に結果の出る検査が行なわれている。社会生活においては、ある人間のかなり以前に下した判断が間違っていた、ということもありうる。この場合でも、たしかにそのつど当然のむくいを受けるのであるが、しかしその過失の反応はだいぶたってから現れるため、私たちはたいてい、そのときには事の因果関係を理解できずに、ある人間の判断の過失が何十年もたってから招く結果になった、その重大な失敗と運命に驚いて立ち尽くすことになる。これらの事情から私たちは、人間知をあまねく獲得し深化する必要性と義務を、くりかえし痛感させられている。

研究や診察をするようになってすぐにわかったことだが、しばしば症例に認められる心の異常や混乱、失敗には、その機構からすれば、つまるところ、いわゆる健常者の心の生活に見られないものは何ひとつ含まれていないのである。心の生活の要素や前提条件は、ともに同一であって、ただ病気の場合にはすべてがより極端かつ明瞭に現れるので、わかりやすいというだけなのだ。というわけで、これらを認識したことにより、ここで学び、正常な心の生活と比較する経験を積み重ねることができたし、ひいては、正常な状態に対しても鋭敏な眼を持つことができるようになった。どんな職業でも要求されることだが、忍耐して打ち込んだ実地訓練ほど私たちに望まれるものはない。

　私たちが最初に手にした認識は、人間の心の生活を整え直すための最良の示唆は、幼年時代のごく初期が与えてくれる、というものであった。この認識自体は、おそらく特に大胆な発見というものではなかった。同様の議論は、あらゆる時代の研究者たちに見いだされる。だがこれが新しかったのは、立証可能な幼年時代の体験や刷り込み、態度選択を、後年の心の生活の諸現象と緊密に関連づけ、きわめて初期の幼年時代の体験を、後年の個人の状況や態度と比較することを試みた点にある。すると、次のことが特に重要と判明した。心の生活の個々の諸現象をそれだけで完結した全体と見なしてはならない、ということであり、つまり、心の生活のあらゆる現象を一個の分かちがたい全体の一部と見なし、ある人間の行動の指針《ベヴェーグングスリーニエ》や生のひな型《レーベンスシャブローネ》、ライフスタイル《レーベンスシュティール》をさらけだし、ある人間の子どものころの振る舞いの秘められた目標が、後年の彼の振る舞いのそれと本質的に一致することを明らかにしなければ、それらの現象を理解できないということである。要するに、心の動きという観点からは、何の変化も起きていなかったこと、そして心の諸現象の顕現化した形態や具体的に示したもの、言語での表現などの、見た目の現象はたしかに変化できたかもしれないが、その基盤や目標、推進力など、心の生活を目標へ向けて動かしているものは、すべて何も変わらないままだったことが、驚くほど明瞭にわかったのである。たとえば、ある患者が臆病な性格を示し、いつでも疑惑で心が満ち、他の人びとと交流しようとしないでいるとしたら、この行動はすでに三、四歳のころに彼に見られたもので、子どもらしい単純なものにすぎなかったために、たやすく見抜くことができていたことが容易に確認されたのだった。したがって私たちは、関心の主眼を常にまず患者の幼年時代に置くことを通例としてきた。そして、ある人間について、誰かに訊くのではなく、その人の幼年時代から多くのことを推測できるようになった。その人から観てとったものを、老年になるまで刷り込まれている、幼年時代の最初の体験の痕跡と見なしたのである。——一方、ある人に幼年時のどういう出来事を記憶しているかを訊けば、その目の前の相手がどんな種類の人間か、私たちは正確に理解された人間像を得ることができる。その際に私たちは、人間は人生の初期になじんできたひな型《シャブローネ》を抜け出すのは難しい、という別の認識も利用している。心の生活は実際、大人になると異なった状況になって、異なった現れ方を示し、そのために異なった印象を与えるけれども、その生のひな型を抜け出すことができた人はほとんどいないのである。これはしかし、生のひな型が変化した、という意味ではない。心の生活はいつも同一の土台に基づいていて、人間は同様の行動の指針《ベヴェーグングスリーニエ》を示し、幼年時代と老年期の二つの年齢段階を見てみても、同じ目標を持っていると言い当てることができる。それゆえに私たちは、関心の主眼を幼年時代に置かなければならなかったのである。なぜなら、〔人の心に〕変化を起こすのであれば、いわば上からその無数の体験や刷り込みを摘出しようとしても無駄で、最初にまずその人のひな型を見つけてさらけださなければ、その人の特性や特異な病的現象を理解することはできない、と認識したからである。

このようにして、子どもの心の生活の考察が私たちの科学の要点となり、このことが私たちの科学に生気を与え、充分な教訓となった。この人生の最初の数年間の研究に、おびただしい作業が捧げられてきた。この分野にはまだ考察しきれていない莫大な材料が堆積しているので、今後なお長く注意を払わなければならないし、誰でも新しいこと、重要なこと、興味深いことを発見できるのである。

この科学は私たちにとっては同時に、過失を予防する手段でもある。なぜなら人間知は、それ自身のためにのみ存在する科学ではないからだ。この私たちの認識にもとづいて、私たちはおのずと教育の仕事に踏み込み、数年来、たずさわってきている。人間知を重要な科学と認め、身をもって知り、習得しようとしている人にとって、教育の仕事は宝の山なのである。なぜならば、これは書物での座学ではなく、ぜひとも実地に学んでおきたい科学だからだ。ある人の肖像画を描く優れた画家には、モデルから感じとったものをその肖像に描きとめることしかできないように、心の生活のどの現象をも、いわばともに体験して自らに受け入れ、その人の喜びや不安に付き添っていかなければならない。つまり人間知は、充分に道具を駆使できるひとつの技能《クンスト》と考えられる。しかも、他のすべての技能と同列にあって、詩人という特定の人間が非常に稔り豊かに用いた技能なのである。この技能は、何よりもまず私たちの〔人間に対する〕知識を豊かにするし、そうなればまさに私たちみなに、より優れ、より成熟した心の発達をもたらすことを可能にするに違いない。

この作業でたびたび遭遇する困難は、私たち人間の非常に敏感なところから生じている。研究者に限らずともほとんどの人は、自分は人間通だ、と任じているものだ。そして、人間知について何か他の人が手助けをしようとすると、まずは傷つけられたと感じる人が、さらに多いのである。このような人びとのなかで、本当に望んでいる人は、自分自身の心の苦しみの体験を通じて、あるいは他人の心の苦しみへの共感を通じて、すでに何らかの方法で人間の価値を見いだした人びとだけである。この状況下では、私たちが仕事に取りくむ際にも、ある一定の術策が必要になる。なぜならば、その人の心の生活から得た認識を遠慮せずに突きつけるくらい、悪意をこめた批判的な目で迎えられることはないからだ。嫌われたくない人には、この点においては慎重にするように、と忠告しておく。この科学を軽はずみに扱って、誤用し、たとえば会食の席で、隣席の人の心の生活についてどれだけ理解し、察知しているかを示そうとしてみるがいい。それは悪い評判を得るための最良の手段である。同様に、見ず知らずの人に、この科学の基本的見解をすぐに使える製品として差し出すのも、危険なことである。いくらか人間知のことを知っている人でさえ、このようなことをされれば心を傷つけられるのは当然であろう。そういうわけで、冒頭で述べたことの繰り返しになるが、この科学は、私たちに謙虚な気持を強いるものであって、性急で余計な認識を披露することはやめるべきである。それは、もう何でもできるよと自慢して見せびらかす、幼年時代の使い古した自尊心にしかふさわしくない。大人にとっては、むしろゆゆしく思えるものだ。したがってここで提案したいのは、急ぐことなく、自分自身のことを考え、何か人間知を探るうちに得た認識で誰かの邪魔はしない、ということである。そうしなければどうしても、信奉者の――もちろん熱狂的な――無思慮からしか生まれない過失を犯さざるをえないことになり、発展途上にある科学とその目的のために、新たな困難を作りだすだけだろう。どこまでも慎重に振る舞って、判断を下す前にまず、少なくとも大きく全体に向き合う必要があるということ、またそれによって誰かが利益を得ると確信するときにのみ、その判断を下すべきだということを、忘れない方がいいだろう。なぜなら、たとえ正しい判断であっても、拙劣な方法で適切ではない場所で下されるならば、非常な害を引きおこすことがあるからである。

この考察を続けるに先立って、私たちは、すでに少なからぬ人が心の中にお持ちらしいひとつの異議に、対応しなければならない。すなわち、ある人間の生の指針《レーベンスリーニエ》は生涯変わらないという前述の主張が、多くの人に納得がいかないらしいのである。それは、人間は一生の間には非常に多くの経験をするため、その人の振る舞いはどうしても変化するに違いない、という理由からだろう。しかし経験はいろいろに解釈できる、ということを考えてみていただきたい。二人の人間が同一の経験から同じひとつの教訓を引き出すことは、ほとんどない。また、経験をつんでも必ずしも賢明になるとはかぎらない。人はなるほど、ある種の困難を避けるすべを学習し、それに対してある種の態度をとるようになるであろう。しかし人間の行動の指針は、そのことによって変化はしない。本書で論じていくうちに判明するだろうが、人間は多くの経験からいつでも一定の教訓だけを得るのである。もっと詳しく分析すればいつでも証明できるのだが。その教訓はぴったりとではないにしろ、その人の生の指針に適合し、その人の生のひな型を強化するものなのである。経験をする〔作る〕という言葉には、人は誰でも自分の生を自由に使える主人である、と暗示するドイツ語特有の感情がこめられている。実際、人間が経験からいかにさまざまな結論を引き出しているか、毎日見聞きしていることである。常習的に何か過失を犯している人間を、例にとってみよう。たとえ本人に過失を認めさせることに成功しても、そこから出てくる結論はさまざまであろう。ある人は、そろそろ過失を克服すべき時期と結論するかもしれないが、これはめったにない結論である。別の人は、すでに長いあいだそうしてきたのだから、今さら改めるわけにはいかない、と答えるだろう。三人目の人は、自分の過失を両親や公教育の責任にして、誰も自分にかまってくれなかったとか、甘やかされたためだ、またはあまりに厳格に扱われたためだ、などと言うだろう――自らの誤りはそのままにして。しかし後者二人の場合、このことから、潜んでいた彼らの本心が漏れて見える。彼らはこのやり方でいつも用心深く、皮相な弁解をして自己批判を免れている。彼らは決して自分では責任をとらず、自分たちが実現できなかったすべてのことに対する責任を、常に他の人びとに転嫁している。このとき彼らは、過失を克服する努力を自分ではほとんどしないことは無視し、むしろある種の熱心さでその失策をし続けている。教育に責任があるとしたら、それは、彼らがそうあってほしいと願っているからにすぎない。人間が自分の歩き方を変えるのではなく、自分の体験を自分の歩き方に適応するように変化させる理由は、この経験の多義性、つまり、それぞれ違った結論をそこから引き出すことができる可能性から理解できよう。自分自身を認識し、自分自身を変えることは、人間にとってきわめて難しいことのように思われる。

　しかし、誰かある人がここに介入してきて、もっとよい人間を育てようとしても、人間知の経験や所見を自由に使えなかったら、非常に困った状態になるであろう。おそらくその人はこれまでどおり、表面的な操作をして、それが新しい外観や別のニュアンスを得ただけで、もう何か多少は変化させたように思うだろう。実際の事例では、ある人間にこのような干渉をしてもほとんど変化は起きないこと、行動の指針それ自体が変化しないかぎり、変化したように見えるものはみなふたたび消え去る仮象にすぎないことは納得していただけよう。一人の人間を変える過程は、かようにたやすいものではない。それにはある種の思慮深さや忍耐、なかでも各人の虚栄心をすべて取り除くことが欠かせない。なぜなら他人には、私たちの虚栄心の対象になる義務はないからである。かてて加えて、この過程は、他人の口に合うようでなければならない。いつもは好きな食べ物でも、正しい方法で供されなければ退けられてしまいがちだからである。

人間知はしかし、同じように重要なもうひとつ別の面を持っている。それはいわば社会的な顔である。人びとがもっとよく理解し合うならば、相互にもっと親しくなり、ずっと仲良くやっていけるのは間違いない。なぜならそうなれば、人間が相互に欺《あざむ》き合うことは不可能だからである。この欺くことが可能だとしたら、社会にとって非常に大きな危険が潜んでいることになる。私たちはこの危険を、私たちが巻きこんだ仕事仲間たちに指し示さねばならない。彼らに必要なのは、生のあらゆる意識されないもの、隠蔽されたもの、仮面、奸計、術策を看破する能力である。それがあれば彼らは、働きかける相手の人びとに、こうしたことへの注意をうながし、援助することができる。そしてそのために私たちに手助けをしてくれるのは、意識的に推し進められる人間知だけなのである。

人間知を集めて推し進めるのに最も適した状況にあるのはそもそも誰か、という問題もまた、興味を惹かれるであろう。すでに述べたように、この科学を理論的にのみ研究することはできない。あらゆる規則を単に心得ているだけでは、まだ充分ではない。これまで自分が経験してきた以上に鋭く深く直視できる眼識を習得するためには、それを研究から実践へ、統合と理解のより高い段階へと引き上げることが必要不可欠である。このことが、私たちが理論的に人間知を強く推し進める動機である。しかしこの科学は、私たちが実生活に出ていって、すでに得た諸原則をそこで試し、応用することによって、はじめて生命を与えることができるのである。上述の問題が、ここでいやおうなく心に浮かんでくる。というのは、私たちが受けてきた教育から得た人間知はあまりに少なく、またしばしば不正確であり、したがって私たちの現在の教育はまだ、有用な人間知を伝えるにはふさわしくないからである。子どもがどこまで成長し、読書や体験からどんな教訓を引き出そうとするかということは、ただ子どもそれぞれに委《ゆだ》ねられている。また人間知を奨励する伝統もなく、人間知は大学で教えられてもいない。化学がまだ錬金術であったころと同じ状態に置かれたままなのである。

さて、現代のような教育の混乱期に人間知を得るよい機会を持っている人びとを探してみると、それはまだつながりを絶ちきっておらず、何らかの方法で仲間の人たちや実生活との接触を保っている人びと、つまり、いまだに楽観主義者の人びと、少なくともまだ悲観主義を断念していない、闘う悲観主義者の人びとである。しかしこの接触に加え、さらに体験をする必要がある。こうして、私たちは次の結論に到達した。すなわち、本当の人間知は、教育が不完全な今日では、そもそもあるひとつのタイプの人間にしか与えられない、と。それは、「悔悛した罪びと」であって、人間の心の生活のあらゆる過ちから救い出された人か、あるいは少なくともそれに近い人である。

もちろん、それ以外の人にも可能で、特にその意志をはっきり表明した人、または誰か他の人《アイン》の気持になる天賦《フユールング》の才を特別に授けられている人がそうである。しかしもっとも人間知に通じているのは、あらゆるこれらの抑えがたい激情を自ら克服してきた人だろう。悔悛した罪びとは、現代だけでなく、あらゆる宗教が発達した時代にあっても、何千もの正義の人たちよりもはるかに高い、最高の価値を認められるタイプの人間であると思われる。どうしてなのか疑問に思うようなら、次のことを付け加えなければならない。生の困難から立ちあがり、悪の泥沼から這いあがった人は、すべてをはねのけて、そこから立ちあがる力を見いだした人であり、生の良い面と悪い面とをもっとももよく知っているに違いないのである。この点でその人に匹敵する人はなく、とりわけ正義の人の敵《かな》うところではない。

人間の心について知れば、おのずからある義務と課題が生じてくる。その義務と課題とは要するに、ある人間のひな型が人生にふさわしくないとわかったら、それを打ち砕き、人生をさすらわせる誤った視点をその人から取りさり、共同生活とその幸福の可能性によりふさわしい視点を強く勧めるということである。それは〔エルンスト・マッハの言う〕思惟経済であって、僭越ながら言えば、これもまたひとつのひな型なのであるが、しかし、共同体感覚が重要な役割を演じているひな型である。私たちには、心の発達の理想の姿にまで議論を続けていくつもりはない。だがしばしばこの立場だけが、誤り惑う人にとって人生で大きな助けになってきたことは明らかだろう。それは、誤り惑う人は過ちを犯したときに、どの方向で道を誤ったのか、はっきり実感しているからである。あらゆる人間の出来事は、原因と結果の連鎖によるものとする厳格な決定論者たちは、こうして考察してみると、決して短絡的にすぎるわけではない。なぜならば、人間のなかでもうひとつの力、もうひとつの動機である自己認識が活発になり、自分の内部で何が起こり、それが何に由来しているのかについての理解が深まると、因果関係はまったく別のものとなって、体験の影響がまったく別のものになることは確実だからである。誤り惑う人は別人になってしまい、もう決して得たものを放棄することはできないであろう。

# 第一章　人間の心

## 1　心の生活の概念と前提

心が与えられていると認められるのは、本来、動くことのできる生きた生物だけである。心は、自由な運動と非常に密接に関係している。堅く根を張っている生物には、心の生活はまず存在しないし、またまったく必要のないものであろう。堅く根の張っている植物には自由に運動することは不可能なのだから、その植物に感情や思考を期待するのは無理というもので、まことに辻褄の合わない考えと言わねばならない。それはたとえば、苦痛を待ち焦がれている、とか、予期はできるのだがそれを防止することはできない、あるいは、植物は理性や自由な意志の恩恵はこうむっているのに、そうした意志を用いることは最初から排除している、といった自家撞着した考えである。植物の意志や理性を議論したところで、永遠に不毛であろう。

したがって、この心の生活がないという点で、植物が動物とはっきり区別されることがわかる。そして同時に、運動と心の生活が関連しているということに、非常に大きな意味があると気づかされる。こうして見ていくと、動くことと関連するすべては、心の生活の発達に応じて理解されねばならないし、移動にともなうあらゆる困難ともほぼ結びつけられうること、そしてこの心の生活は　物事を予見し、経験を集め、記憶力を発達させるのに適しているので、人生での動く活動に役立つということが考えられる。

つまり、心の生活の発達は運動と結びついており、心を満たすものすべての進歩は、この生物が自由に動けることを必要としていることが、まず確認できる。というのは、この動けるということが刺激となって心の生活の強化を促進し、ますます強く要求するからである。仮に誰かの運動をすべて禁止したと想像してみよう。すると、その人の心の生活はすべて停滞してしまうであろう。「自由だけが巨人を産み、抑圧はわれらを殺し破滅させる」〔シラー『群盗』久保栄訳〕のである。

## 2　心の器官の機能

この見地から心の生活の機能を見渡してみると、ひとつの生まれながらの能力がここで発達していることがわかる。その能力は、ある有機生物の状況が、攻撃を要請しているのか、保全なのかに応じて、攻撃、防御、あるいは保全、保護のそれぞれの器官の働きをするように、選択しているのである。つまり心の生活とは、人間という生物の存続を担保し、その発達を保証するために、世の中に呼応して、攻撃や保全をする予防措置の複合体と見なすことができる、ということである。ひとたびこの条件を確認すれば、私たちが心と見なそうとしているものを理解するのに重要な、さらなる条件が判明する。私たちが考えているのは孤立している心の生活ではなく、あらゆるものと結びつき、外からの刺激に何か応答し、環境と対立もし連携もして生物を保全し、生物の生を保障するために必要な可能性や能力を駆使する、そういう心の生活だけである。

さて今や、私たちの目には多彩な連関が明らかになっている。その連関が関係しているのは、まずは生物それ自体であり、人間の特性、その肉体的条件、長所、短所である。これらはしかし、まったく相対的な概念にすぎない。なぜならば、何かある能力や器官が長所なのか短所なのか、その意味は、場合によってまったく異なるからである。長所か短所かは、個体が置かれている状況による。したがって人間の足は、周知のように、ある意味では退化した手のことなのであり、たとえば木によじ登る動物にとっては非常な短所であろうが、地上を歩く人間にとっては長所なのである。足の替わりに通常の手を持ちたいと望む人間はいないであろう。そもそも個人の生活でもあらゆる民族の生活でも、劣等であるということは、常に重荷となる短所と解釈されるべきものではなく、それはその置かれた状況次第なのである。人間の心の生活は、昼と夜の変転や太陽の支配、原子の運動といった、あらゆる宇宙的自然の要求に従っているのであるが、こうしたさまざまな関連に関しても、考察すべき広大な領域が開けてくることを、私たちは予感している。これらの影響もまた、私たちの心の生活の特性と非常に密接に関連しているのである。

## 3　心の生活における目標をめざす努力

心の動きのなかで最初に把握できるのは、それ自体がある目標に向けられた運動である、ということだ。それゆえ私たちは、人間の心をあたかも停止している統一体であるかのように考えることは、間違った推論であると認めなければならない。人間の心は、自分から進んで動く力という形でしか考えられないが、ただし、ひとつの理由から生まれ、ひとつの目標に向かって努力しているものではある。そもそも、何かに順応するという概念には、この目標めざして努力する傾向が含まれていない。目標のない心の生活は、考えられない。心の生活に含まれる運動や活力は、その目標に向って進むのである。

人間の心の生活はしたがって、目標によって規定されている。人間はだれでもその心にある目標によって規定されており、拘束され、制約され、方向づけされることなしには、考えたり、感じたり、欲したりすることができず、夢を見ることさえもできないのである。このことは、生物と外界が提出する諸要求に関連し、そしてそれに対して生物に強いられた応答にも関連して、ほとんどおのずから生じている。人間の身体や心の現象は、こうして作られた基本見解に合致する。心の発達は、まさにこの上述した枠内でしか考えられず、上述の力の作用で生じた、心のどこかにある目標に向けられている、としか考えられないのである。その目標は、変わるとも、固定しているとも考えられる。

つまり心の現象はすべて、これから起きることへの準備という趣旨で把握できるのである。心の器官は、行く手には目標があるとしか見なしていないように思える。個人心理学では、人間のすべての心の現象は目標に向けられていると受け入れている。

私たちがある人の目標を知っていて、その上それが世間でもある程度は周知されているならば、その人のとった行動が何を意味しているか、そしてその趣旨が目標に対する準備であるということが理解できる。また、石を地に落とすとき、石が必ずたどる道がわかるように、目標に達するためにこの人間がどんな行動をとるに違いないかも、わかるのだ。ただ、心は自然の法則をわきまえているわけではない。なぜなら、心に浮かぶ目標は固定したものではなく、変わりうるものだからである。けれども、ある人が目標を思いつくときは、心では自然の法則が支配していて、それに従って運動するよう強制されたかのように、心は動いていく。しかしこのことは、心の生活の中に自然の法則が存在するのではなく、人間が心に自分自身の法則を作っているということを意味している。それが自然の法則のように見えるとしたら、その認識は欺《あざむ》かれているということである。なぜならば、この法則を変えることができないもの、固定的なものと信じて、それを証明しようとすると、その人はこのことに関与することになるからだ。たとえば絵を描こうとする人は、絵を描く目標を持つ人間にふさわしいあらゆる態度をとるであろう。その人は、自然の法則があるかのように、絶対的な徹底さで、それにふさわしい一切の手順をとっていくだろう。その人はしかし、この絵を描く必要があるのだろうか?

つまり、自然の運動と人間の心の生活のそれとでは、相違があるのである。人間の意志の自由についての論点は、このことに関わりがあるが、今日では、人間の意志に自由はないかのように説明されているようだ。人間の意志は、ある目標に結びつくやいなやそれに制約されて不自由になる、というのは正しい。そして、その宇宙的、動物的、社会的な条件からしばしばこうしたことが生じるので、心の生活がどうにもならない法則に支配されているかのように見えるのは、当然のことである。しかし、たとえば心の生活の共同体との関連を否定し、さまざまな現実には適応しきいと努力するならば、この心の生活の見せかけの法則はなくなり、新しい目標に制約された新しい法則が出現するのである。同様にして、人生に絶望して仲間の人たちとのきずなを断とうとしている人間にとっては、共同体の規範はもはや拘束力がない。つまり、目標が設定されることによってはじめて、心の生活は必然的に動いてくるものだということを、私たちはしっかり心に留めなければならない。

逆に、ある人間の行動から、その心に浮かぶ目標を推測することも可能である。本来はこちらの方が重要であろう。なぜなら、自分の目標をはっきり認識していない人が少なくないからだ。実際には、人間知を育成するための、これはとるべき適正な方法である。人間の行動にはさまざまな意味があるので、この方法は前者の方法ほど単純ではない。しかし私たちは、ある人間の行動をいくつか取りだして、比較し、指針を見いだすことはできる。ある人間を理解するには、その人の人生上の二つの異なった時点での態度、つまり表現形態を一本の指針で結んでみればうまくいく。こうすることで、ひとつの方式を手にすることとなり、それを用いれば、その人はある傾向で統一されているという印象を保つことができるのである。その際に、子どものころのひな型が成人後にふたたび見いだされて、人を驚かせることも少なくない。次の事例が、それを説明してくれるだろう。

ある三十歳の男性は、非常に勤勉で、成長する際にはいろいろ困難があったものの、いまや名声を得て立派に成功していた。彼はとても意気消沈した様子で医者を訪れて、仕事や生活が嫌になったと訴えた。彼の語るところでは、いま婚約しようとしているのだが、未来を考えると非常に不安になる。自分は激しい嫉妬にさいなまれていて、婚約してもすぐにまた解消されるだろうと恐れている、ということであった。しかし彼がその例証としてあげた諸事実は、説得力があるとは言えなかったし、相手の少女には非難の余地がなかった。彼は異様な不信感をさらけだして、自分は、張り合っている他の男たち、少女に気に入られていると感じている男性たちの一人にすぎないのではないかと疑い、同時に攻撃の姿勢をとったのである。二人が築こうとしているものを、いまやあふれる不信感が壊してしまったのだ。さて、先に述べた指針を見いだすために、彼の人生からひとつの出来事を選び出して、彼の現在の態度選択と比較してみよう。私たちは、人から聞かされることは必ずしも客観的な検証に耐えるものではないと承知しているけれども、経験にしたがって、いつでも、幼少年期の最初の印象にまでさかのぼることにしている。彼の最初の幼少年期の記憶は、次のようなものであった。彼は、母親と弟と一緒に市場にいた。雑踏がひどいので、母親は兄である彼を抱きあげた。やがて母親は間違いに気づいて、彼を地面におろし、弟を抱きあげたので、悄然として彼は母親と並んで歩いた。このとき彼は四歳だった。この記憶の再現の中に、先ほどの彼の悩みの話の中で聞いたのと同じ弦の調べが響いていることに気づくであろう。つまり彼は、愛されているという確信がなく、また、他の誰かの方が愛されているかもしれないという考えには耐えられなかったのである。――この事情を指摘されると、彼は非常に驚いて、この関連をすぐに認識した。

ある人間の行動表現は、すべて目標に向けられていると考えなければならないが、一方その目標は、世間を介して子どもに伝えられるいろいろな印象の影響下にできあがる。ある人間の理想像や目標は、生後数ヵ月のあいだに形成されてしまう。なぜなら、その時期の子どもにはすでに、喜びや不満でその反応を示す感情が働いているからである。まだほんの原初的なものにすぎないにせよ、そこにはすでに世界像の最初の兆候が現れている。したがって、私たちの扱える心の生活の要素の基盤は、すでに乳児期に据えられていると言えるのである。この基盤はますます強化され、変化し、影響を受ける。その多種多様な作用が、子どもに、人生のさまざまな要求に対する態度を選択して応えるように迫るのである。

さて、人間の性格の特性は乳児期にすでに認められると強調し、性格は先天的なものと主張するあの研究者たちも、間違っているとは言えない。しかし、人間の性格は両親から遺伝するという見解が一般に有害であることは、断言できる。なぜならそうした見解は、まさに教育者が自信をもって課題に取り組むことを妨げるからである。次のような事情が、この想定を裏づけている。すなわち、性格は先天的なものという見解は、たいていの場合、それを利用した〔教育者の〕側には罪はないとし、その責任を免除するために用いられている。それは当然、教育の課題に反しているのである。

目標の設定にともに作用する重要な条件のひとつには、文化が影響している。文化によって設けられたいわば遮断機を、子どもの力が繰り返し押して、ついには、願望の充足と未来への保証と順応を約束する、自分の通れる経路を見いだすのである。子どもの切願する保証がいかに強いものか、文化へ献身することが子どもにどれほどの保証をもたらすのか、容易に察せられる。要するに危険に対する保証ではなく、よく整備された機械の場合のように、人間という生物の維持をよりよく保証する、高度な安全係数が求められている。これを得ようとして子どもは、しかるべき限度を超えて、単なる維持や穏やかな発達に必要とされる以上に、保証や欲求の充足、プラスの評価を要求する。だがそれによって、新たな動きが子どもの心の生活に起こる。ここに見られる行動の指針《ベヴェーグングスリーニエ》は、明らかに、優位に立つことを求める上昇志向のそれである。子どもは大人と同様に、他に抜きんでて優位に立とうと努力する。優位に立てれば保証と順応がもたらされ、維持もされるはずで、最初からそれが子どもの目標なのである。かくして子どもの心は大きく揺れ、心の生活に不安が生じて、さらにそれは何倍も強められる。これはたとえば、宇宙が働きかけて、より強い応答を惹きおこしている、と考えればよいだろう。もしくは、苦しい時期には心が不安になり、自分には課題を遂行できないと思えて、考えがまたそれてゆき、優位に立つことを求める要求がさらに明確に現れる、ということも見てとれるだろう。

　その際、個人は大きな困難を回避する、というやり方で困難から逃れる目標設定がなされることもありうる。ここに見られるのは、私たちの知っているもっとも人間的なものを持っている種類の人間であり、困難にひるむか、なされた要求をとりあえず拒否するために避難所を探すタイプの人間である。このことから、人間の心の反応は決して決定的なものではないこと、完全に正しいとも主張できない、常にとりあえずの応答にすぎないことがわかるであろう。わけても子どもの心の発達の場合には、大人の物差しではかってはならないし、ここで私たちが関わっているのはとりあえずの目標設定にすぎないことは、しっかり胸に刻んでおかなければならない。いつでも子どもに寄り添って目を向け続け、作用中の力が子どもをどこへ導いていくのか、考えなければならない。そして、子どもの心に身を置いてみればはっきりわかることだが、この力は、子どもが自分の考えで現在と未来に最終的に適応しようと多かれ少なかれ決意したことを表わしている、としか理解されるべきではないのである。これに関連した気分の状態を、子どもは、さまざまな面で見せている。そのひとつの面は楽観主義で、子どもは自らの心に生じた課題もうまく解決できると信じている。そうなれば子どもに発達するのは、課題は解決できると思っている人間に特有の性格特性だろう。勇気、公明正大、信頼、勤勉などの性格はこのようにして発達するのである。この反対の性格は、悲観主義である。自分の課題を解決できる能力を信じていない子どもの目標を考えると、このような子どもの心がどういう状態にあるのか、想像できよう。そこに見られるのは、臆病、引っ込み思案、打ち解けない性格、不信、その他、弱い者が身を守ろうとするためのあらゆる性格である。その目標は、実現可能な範囲の外に、人生の最前列のはるか後方に置かれているであろう。

# 第二章　心の生活の社会的性質

ある人間の内部で起きていることを理解するためには、その人の仲間の人たちに対する態度を考察することが必要である。人間同士の関係は、一部は生来与えられたもので、そういうものとして変化しているが、他方、人為的に作られた関係もあり、特にいろいろな民族の政治的な生活や、国家が形成されるとき、公的機関において観察できる。これらの関連を同時に考察せずに、人間の心の生活を理解することはできない。

## 1　絶対的真理

人間の心の生活は、自由に処理できるものではなく、常にどこからか課題が与えられている。これらの課題はすべて、人間の共同生活の論理と分かちがたく結びついており、その論理は、たえず個々人に作用しているが、個人からの影響はある程度までしか受けない、あの主要条件のひとつである。さて、人間の共同生活の条件ですら、数が多すぎて、私たちには決定的なものとは理解できないこと、さらには、これらの共同生活の要求もある程度は変化せざるをえないことを考慮するならば、いま問題としている心の生活の暗闇を完全に明らかにできる状況にほとんどないことは明白だろう。私たちが自分の置かれた境遇から遠く離れれば離れるほど、それだけ困難は大きくなるのである。

しかし、私たちの人間知を促進するための基本的な事実のひとつとして、この惑星では、人間の身体とその働きで限定された組織においておのずから生じるような、あるグループに固有のルールがあって、私たちはそれを、絶対的真理と見なさなければならないが、私たちはたいていの場合、さまざまな過失や誤ちを克服して、徐々にそれに近づくことしかできないのである。

マルクスとエンゲルスの創始した唯物史観では、この基本的な事実の重要な部分が述べられている。この学説によれば、ある民族が生計を立てている経済的基盤と技術形態が、「イデオロギーの上部構造」、すなわち人間の思考と振る舞いの前提となっているのだという。ここまでは、「人間の共同生活の論理」および「絶対的真理」についての私たちの見解と、一致しているように見える。しかし歴史や、とりわけ個人の生活に対する私たちの認識、つまり私たちの個人心理学が教えるところによれば、人間の心の生活は、経済的基盤の刺激に呼応してさまざまな誤ちを犯しがちであり、徐々にそれから逃れていくことしかできない。私たちの道は多くの誤ちを乗り越えて、「絶対的真理」にいたるのである。

## 2　共同体の拘束

天候の影響が人間に対して、たとえば寒さ対策や住居建設などを要求するのとまったく同じように、共同体の生活にも当然ながらさまざまな要求がある。共同体の拘束は——依然として理解しがたい形態をとっているにせよ——宗教にも見られる。宗教では、理解しやすい思想の替わりに、神聖な社会的しきたりが共同体を束ねる接着剤として用いられている。前者の場合、生の諸条件は宇宙的自然に引きおこされたものだが、後者の場合は、社会的に、つまり人間が共同で生活することによって、おのずと生じたルールと法則性に縛られているのである。共同体の諸要求は、すでにもともと当然のこと、つまり「絶対的真理」として存続していた人間の結びつきを統制してきた。なぜなら共同体が、人間の個人の生活に先行していたからである。人間の文化の歴史には、社会的に営まれなかった生活形態は存在しない。人間は社会《ゲゼルシャフト》以外のどこにも登場することはなかった。この現象はたやすく説明できる。これは動物界全体を通じて行なわれている原則であるが、自然に対してあまり高度の抵抗力を持たない動物たちは、群れをなすことによってはじめて新しい力を結集し、新しい独自の方法で外界に働きかけている。人類もまたこの目的のために群れをなしているので、人間の心の器官は、共同体において生が営まれるときの諸条件で満たされることになった。すでにダーウィンは、弱い動物は単独では生活しないと指摘している。そしてここで、まったく特別ではあるが、人間もまたこの仲間に数えられなければならない。なぜなら人間は、単独で生活できるほど強くないからである。人間は自然に対してほとんど抵抗できないので、生存を続け、自分を維持するためには、多くの手段を必要とする。ただひとり、文明の手段を持たずに原始林の中にいる人間の状況を想像してみるがよい。彼は、他の生物とは比較にならぬほど脅えているだろう。敏捷な脚もなく、強い動物の筋力を使うこともできず、猛獣の牙もなく、鋭敏な聴覚や眼もないので、こうした闘争を生き残ることができない。人間は、生存する資格を証明し、破滅から身を護るためだけで、ものすごく消耗しなければならないのである。人間の食べる物は特殊であり、その暮らし方は高度の保護を必要としている。

さておわかりのように、人間は特別な好条件のもとでなければ、個体を維持することができない。しかし、この条件を人間のためにはじめて整えたのが集団での生活であった。集団での生活は人間にとって、明らかに不可欠なものであった。なぜなら、共同生活だけが、それぞれの個人が負わねばならなかった課題を、一種の分業でこなすことを可能にしたからである。人間は、攻撃や防御用の武器や、一般に自分を維持するために必要な、今日、文化という概念で統合されているあらゆるものを手に入れることができたが、それは分業によるしかなかったのである。さて、子どもはどんな困難な状況で生まれてくるのだろうか。どんな特別のことがこの場合、必要になるのであろうか。おそらく個人ではどれだけ努力してもかなえることができず、分業があってはじめて調達できるものであろう。また特に乳幼児期には、人間という存在は——動物界の場合以上に——どれほどの病気や疾患にさらされているのかを考えるならば、人間社会の存続を保障するために講じられた保護処置がいかに巨大な量にのぼるか、おおよそおわかりであろう。そして、こうした互いの結びつきはどうしても必要であることが、はっきり感じとれるであろう。

## 3　保障と順応

これまで詳述してきたことを基礎として、私たちは次のことを確認しなければならない。すなわち、自然の観点からすれば、人間は劣等な存在だということである。しかし、この劣等性は人間にこびりつき、自分は小さくて不確実な存在であると意識させ、継続的な刺激として作用する。生に順応できる道を発見させ、自然における人間の立場が不利にならない状況をもたらすように、あらかじめ準備させるのである。そして、順応や保障をかなえる能力を持っていたのも、やはり人間の心の器官であった。太古の原始人に、成長現象の助けを借りて、たとえば角や爪や牙を発生させて敵対する自然に対抗できるとしたら、はるかに困難なことだったろう。現実にすみやかに人間に欠けている生物としての有用性を補償する助けになることができたのは、心の器官だけだった。そして自分は不完全な存在だとたえず感じることが刺激となって、それが人間の予見する力を発達させ、人間の心を発達させて、今日見られるような思考、感情、行動の器官がつくりあげられたのである。しかし、これらの助けをする場合にしろ、順応しようと努力する場合にしろ、社会も本質的な役割を果たしたので、心の器官は最初から共同体の諸条件を頼りにしていたに違いなかった。心の器官のあらゆる努力は、社会生活の特徴の混じりあった土台の上に発達してきた。いかなる人間の考えも、共同体の条件に添うものでなければならなかった。

さて、進歩はいかに進行したかを考えると、普遍的に妥当することを要請している論理の起源にまで到達する。普遍的に妥当するものだけが論理的なのである。共同体の生活のもうひとつの明白な産物と言えば、それは驚嘆すべき傑作、すなわち言語である。人間は言語があるからこそ、他の生物すべてに抜きんでている。言語のような現象から、普遍妥当性の概念を抜いて考えることはできない。このことから、言語は人間の社会的な生活に起源を持っていることがわかる。言語は単独で生活する存在にとっては不必要なもので、人間の共同生活が土台になっている。言語は人間の共同生活の産物であり、同時にまたその接合剤でもある。他の人びとと結びつくことを絶たれるか禁じられるか拒否するかした人間は、ほぼ例外なく言語と言語能力の不足に悩んでいるという事実は、この両者の関連を強く証明している。まるで、人間性に触れることが保障されているときにのみ、この絆がつくられ、保たれるかのようだ。言語は、人間の心の生活の発達にとってきわめて深い意味を持っている。論理的思考は言語という前提があってこそ、可能なのである。私たちは、概念形成が可能になってはじめて、識別をしたり概念を構築したりできる境遇になる。言語は私的所有物ではなく、共有財産なのである。私たちの思考や感情も、それが普遍的に妥当な場合にしか、人に理解されることはない。そして私たちの美に対する喜びは、美と善に対する感情や評価は精神的な共有財産でなければならないという認識が根底をなしている。したがって、理性、論理、倫理、審美といった概念は、人間の共同体としての生活でしか生まれないが、しかしそれらはまた同時に、文化を崩壊から守ることのできる接合剤でもあることが認められる。

個人それぞれの状況から、その人が望んでいることも理解することができる。意志とは、不足感から満足感にまでいたる、心の動きの表現にほかならない。この指針《リーニエ》が心に浮かぶのを感じ、指針に沿って歩みだすことを、「望む」と言うのである。いかなる望みも、不足感や劣等感を考慮に入れていて、飽和や満足、完全な価値の状態を得る努力を強制する傾向がある。

## 4　共同体感覚

さてここまで来て私たちは、人類の存続を保障するために必要だった、規則、教育、迷信、トーテムとタブー、立法などが、まず第一に共同体の理念という指針に適合するために必要なものだったことが理解できた。さまざまな宗教制度においてこのことは見られたし、現在では共同体の要求は心の器官のもっとも重要な諸機能の中に見いだされ、私たちが公正さと呼んでいるもの、人間の性格の明るい側面と見なされているものは、本質的には、人間の共同生活から発する諸要求を充足するものにほかならず、それは心の器官がつくりだしたものなのである。それゆえ、信頼、誠実、率直、真理への愛などは、本来は、共同体一般に妥当する原理によってつくられ、保たれている要求なのだ。良い性格か悪い性格かは、共同体の観点からしか判断できない事柄である。性格は、自然科学や政治活動、芸術の業績のように、普遍的に価値があるときにしか、偉大で価値が高いとされない。私たちはある理想像を基準としてそれぞれの個人をはかるのであるが、それは、普遍性にとっての価値や有用性を考慮したうえでのみ成立する。私たちが個人それぞれの理想像と比較するのは、共同体の人間の理想像であり、直面する課題を普遍妥当な方法でやり遂げる人間の理想像であって、また——フルトミュラー[1]の言葉によれば——「人間社会のルールを守る」という、共同体感覚を心のなかで発達させた人間の理想像である。どんな思慮深い人間でも、共同体感覚を養わずに成長することはできないし、また、共同体感覚を働かさずに成長することもできないということは、この詳論が進むにつれて証明されるだろう。

## 第三章　子どもと社会

共同体《ゲマインシャフト》は多くの要求をして、私たちのあらゆる生の規範や形態に影響を及ぼし、ひいては私たちの思考器官の発達にも、影響を与えている。そのことはまた、器官的にも根拠づけられる。共同体との連結点は、人間に男女両性があることのうちにすでに見られる。ひとり孤立するのではなく、共同体があってはじめて、個人個人の生の欲求が満たされ、安全と生きる歓びが保証されるのである。子どものゆっくりとした発達を観察すると、共同体の保護がなかったら、人間の生活の発展は考えられなかったことがわかる。さらに、生きるうえでのさまざまな結びつきが、人間を分断させずに、結束させることになって、分業が生まれたのである。誰しも、他者に手を差しのべる課題を持ち、他者とつながっていると感じる必要があるのであり、かくして、人間の心がどことなく要求している、大きくさまざまなつながりができあがるのである。こうした精神的な結びつきのいくつかは、子どもにすでに見いだされるので、それを以下で追究することにしたい。

## 1 乳児の状況

子どもには、共同体の助けが非常に必要であり、子どもは周囲の人びとに対しては、貰ったり与えたり、要求したり満たされたりする。子どもは自らの欲動のままに、克服するのが苦痛な、ある種の困難に直面する。子どもは、まだ小さいがゆえの苦境に容易に陥るが、心の器官の予見機能を働かせて、摩擦を起こさずに欲動をみたし、ほどほどの生の営める照準指針《リヒトリーニエ》を探索して見つけだす。いつでも子どもは、自分よりずっと簡単に欲動をみたせる、自分より優れた人びとがいることに気づいている。かくして子どもは、ドアを開けることのできる背の高さや、物を持ちあげることのできる力、命令を下し、従うように要求する権限のある地位を、高く評価するようになるのである。成長して他の人びとと同等かそれ以上に強くなりたい、自分の周囲の自分の交際している人びとの優位に立ちたい、という憧憬が、子どもの心にあふれるように生まれてくる。まるでここには主従関係があるみたいだが、周囲の人びとが子どもの弱さに降参しているにすぎない。この結果、子どもには二つの作戦計画の可能性があることになる。ひとつは、大人が使うものと子どもが感じているさまざまな力の手段を用いて、人びとに価値を認められることであり、もうひとつは、自分の弱さを誇示して、人びとに譲歩なき要求と感じさせることである。こうした人間の心の動きの二面性を、私たちはこれから、子どもたちに繰り返し見いだすことになるだろう。すでにこの時期に、人間のタイプの形成が始まっているのである。前者では、自分の称賛を要求する方向や、力を集積して行使する方向で発達するのに対して、後者では、自分の弱さを推測していたり、いろいろな形態で弱さを演じているのが見いだされる。子どもたち一人ひとりの態度や表情、眼差しを思いおこせば、前者か後者のグループに数えられる子どもを、いつでも見いだすことができよう。これらのタイプはすべて、周囲の人びとに対する子どもの関係を理解してはじめて、意味を持ってくる。子どもたちの行動もたいていは、環境から学びとったものなのである。

これらの単純な条件で、自分の弱い状態を克服して、多くの能力を展開するための刺激にしようとするこの子どもの努力で、その子どもを教育できる可能性は決まるのである。

子どもたちの状況は、それぞれ非常に異なっている。ある場合には、周囲の人びとが子どもに敵対的な印象を、つまり、世界は自分に敵意を持っていると子どもに思わせる印象を与えている。子どもの思考器官が不完全なために、こうした印象が起こるのは納得できる。このときに教育が予防措置をとらないと、この子どもの心は、成長してからも、外界一般を敵対する領域としか見なさないようになるかもしれない。子どもがさらに大きな困難に遭遇すると、自分は敵対視されているという印象が強められる。器官障害をもつ子どもの場合は、特にそのように思われる。この子どもたちは、周囲の人びとのことを、健常な器官を生来備えている子どもたちとは異なる感じ方でとらえるだろう。器官の劣等性は、運動能力の障害や個々の器官の欠陥、身体抵抗力の不足として現れる。したがってこれらの子どもたちは、もろもろの病気の危険にさらされている。

しかし困難の原因は、必ずしも子どもの生物としての未熟さにあるわけではない。無理解な周囲の人びとから課せられる課題が重すぎることや、これらの課題を課すときの軽率な言動が原因になることもある。要するに、子どもの環境の不完全さに困難の原因はあるのであり、外の世界が阻害しているのである。なぜなら、周囲の人びとに順応しようとする子どもが、突然、順応できなくなることがあるからだ。それはたとえば、子どもの成長する周囲の人びとそれ自体がすでに気力を失って、悲観主義で満たされている場合で、悲観主義はすぐさま子どもに伝染《うつ》りやすいのである。

## 2　さまざまな困難の影響

さまざまな面からさまざまな理由で子どもにふりかかる困難に直面し、そして、子どもの心の生活を発達させる機会がまだそれほどないことをとりわけ考慮するならば、子どもが外の世界の避けがたい条件に取り組む必要に迫られたとき、子どもの誤った反応を計算に入れざるをえないことは明らかである。数多くの間違いを見渡すと、ここで言う心の生活の発達とは、成果をあげ、より正しく反応すべく、終生たゆまず試みつづけること、という考えがいやおうなく湧いてくる。子どもの表現行動のなかで、特に注視しなければならないのは、成長して大人になりつつある人間が一定の状況下で示す反応の形態である。この反応や態度が、その人の心の特質を知るための手掛かりとなるのである。その際に心すべきは、ある人の表現形態を——ある集団の表現形態も——無造作にひな型にはめて判断してはならない、ということである。

子どもが心の生活を発達させながら闘わなければならず、ほぼ例外なくその共同体感覚の発達を著しく不充分なものにする困難は、二つに分類できる。ひとつは文化が不足していることに起因し、家族や子どもの経済的状況に現れる困難であり、もうひとつは、身体の器官障害から生ずる困難である。世界はもともと、完全な器官にしか適合しないようにつくられており、子どもの周囲のあらゆる文化が、完全に発達した器官の力と健康を想定しているのに対して、重要な器官に欠陥があり、そのため生の諸要請に充分に応じられない子どもがいる。これには、たとえば歩行を覚えるなど一般に運動障害があったり、あるいは話しはじめるのが遅かったり、私たちの文化が想定している子どもたちより脳活動の発達が緩慢であるため、なかなかうまく言動ができるようにならない子どもたちである。こうした子どもたちがたえずひんしゅくを買い、鈍重で、肉体と心の苦痛に耐えなければならないことは知られている。彼らは、自分たちに合わせてつくられてはいない世界との接触を、明らかに心地よくは感じていない。このような発達不全に起因する困難は、非常にしばしば起こる。時がたつにつれおのずと補償が生じて、後遺症の残らない可能性もあろうが、そうはいかなかった場合、このような子どもたちは心の窮境に苦しみながら育ち、たいていは経済的な窮境にも立たされるために、成長後にしばしばそれが彼らの気性に澱《おり》となって現れる。このような子どもたちが、絶対的な既成の人間社会のルールをなかなか守れないことは、たやすく理解できよう。彼らは、自らの周囲で営まれる活動を疑いの目で眺めるようになるだろうし、人びとから距離を置き、自らの課題を免れようとする傾向を持つようになるだろう。彼らは、特に鋭敏に生の敵意を嗅ぎだして感じとり、それを過大視する。生の明るい面よりも、暗い面にはるかに興味を持つ。彼らはたいてい、この両者とも重大視しすぎるために、生涯を通じて闘争的な姿勢にこだわり続ける。そして、自分に対して特に注意を払うよう人びとに要求し、他人のことより自分自身について多く考える傾向がある。彼らは人生の諸要求を、励ましではなく困難として受けとり、また、すべての体験に闘士として過度に用心しながら向きあうので、周囲の世界とのあいだには深い溝が生じることになる。そして、ますます真実から、現実から遠ざかり、繰り返し困難に巻き込まれるのである。

同じような困難は、子どもの家族の愛情が一定程度以下にとどまるときにも、生じることがある。この状況も、子どもの発達にとって重要な結果をもたらす。そのような状況では、子どもは愛というものを知らず、愛情の欲動が高まらないので、実際に愛することもできない。このことが子どもの態度に影響を及ぼしている。そしてこの愛情の欲動が家庭内で高まらないと、そうした関係の中で育った人間には、後になってから、愛情を家族と活発に交わすことが難しくなる危険がある。愛の感情や相互関係を避けることが、子どもの永続的な本性となってしまうのである。しかし、両親や教育者、その他の周囲の人びとが何らかの教育原理に基づいて、愛の感情を適当でないもの、滑稽なものと子どもが感じるように働きかける場合にも、同様の作用が起こることがある。愛情を滑稽という印象と結びつけるのは珍しいことではなく、いつでも子どもはそう思わされることになる。これは特に、しばしば嘲笑の対象にされている子どもたちの場合に多い。彼らは、畏怖する感情に支配されているように見え、そのために、愛の感情や他者に対する愛という心の動きを、滑稽で男らしくなく、自分を他人に従属させ、過小評価させる運動であると見なしている。彼らは、幼年時代にすでに将来のあらゆる愛の関係に境界線を引いてしまったのである。愛情の欠如は、だいたいのところ、あらゆる愛の感情を無視する苛酷な教育に変化する。

そのためこのような子どもたちは、幼年時代に愛の感情を胸の奥に封じ込めてしまい、不機嫌で、気難しく、びくびくし、やがて周囲の小さな集団から次第に身を引いてしまったのだ。この愛の感情を獲得して、自分の心の生活に取りこむことは、きわめて重要であったろう。もし周囲に交際できる人が一人でも見つかれば、子どもは特に親密な関係をつくりあげるであろう。それゆえ、たった一人の人としか関係を持てずに成長して、一人の人以外とは交際する気にまったくなれないという人びとがしばしばいる。ある少年の場合、ひどく病んでいたが、母親の愛情が他の兄弟に向けられていると気づいたとき、非常に傷つけられて、それ以来、幼い幼年時代に失った温かい感情を求めて人生をさ迷い歩くことになった。この事例は、こうした人間が人生で出会うことになる困難を示している。

ここまでは、ある種の抑圧を受けながら教育された人びとのグループである。これと反対の方向をとっている場合でも、失敗が起こることがある。つまり、教育が特別な温かい感情をもってなされ、子どもは甘やかされて、愛情の欲動が限度を超えて発達してしまい、その結果、一人ないし数人の限られた人と結びついて、もはや離れようとしない場合である。子どもの愛情はここでさまざまな失策によって高められ、自分自身への愛情から、他者へのある種の義務が生じることがある。たとえば大人が「お前を愛してるからね、これこれをしなくちゃ駄目だよ」と言えば、すぐにそれは実行されるのである。家庭内でこの種のタイプが増殖することはよくある。このような子どもは、他の人の性癖をすぐにつかんで、従属した関係を自分の愛情にふさわしく高めるために、その人の性癖を利用する。家族の一人にこのような愛情の炎が燃えあがるときには、いつも注意していなければならない。ある人間の運命が、このような偏《かたよ》った教育によって、良くない影響を受けることは疑いない。そうなると、次のような現象が起きるだろう。たとえばある子どもは、他人の愛情を引きとめておくために、せっぱ詰まってきわどい手段を使うのである。ライバルの、たいていは兄弟か姉妹だが、悪いところを暴露するとか、陰険なことにそれを助長したり、またはその他の方法で、ライバルを引きずり降ろそうとはかったりする。すべてはただ、両親の愛を享受するためにすぎない。あるいは、少なくとも両親の関心を無理やり自分に引きつけようとしたり、他の人びとよりも目立つ、より重要な者になるためならば、いかなる手段も厭《いと》わない子どももいるだろう。子どもは怠惰になるか悪賢くなって、他の人たちが自分をもっと世話してくれるようにしむける。または、人びとの関心やねぎらいを受けようとして、いい子になる。このとき、子どもの生活で始まっているこのような経過を見ると、心の生活のなかで一度方向が確定されると、すべてはそのための手段となりうることが、はっきりわかるのである。同じ目標をめざしている子どもでも、良くない面を発達させることも、非常にいい子になることもある。たびたび観察されることだが、ある子どもは、特に手に負えない腕白ぶりを示して注目されようとするが、別の子どもは、程度の差こそあれずる賢く、特にいい子ぶって同じ目標を遂げようとするのである。

あらゆる困難を排除してもらい、おかしなことをしても優しく微笑で迎えられ、抵抗と呼ぶほどのことにも遭わずに何をしても許されてしまう子どもたちも、甘やかされっ子のグループに属する。子どもには、これからの生活にふさわしい、交際に積極的な人と適切に親しくなる努力をし、それをなし遂げるために、予習の機会が必要なのであるが、この子どもたちにはその機会がない。ましてや、幼年時代の困難のために道に迷い、自ら交際を妨げている人びととあっては、なおさらであろう。子どもたちは困難を克服する練習の機会を与えられないので、これからの生活に対する準備がまったく足りない。この偏向した雰囲気の小領域から足を踏みだし、生に直面するやいなや、ほぼ例外なく急激な変動にみまわれることになる。そこではもう誰も、過剰に甘やかす教育者のように、度を超して自分の義務を果たしてくれる人はいないのである。

この種のあらゆる現象は、多かれ少なかれ子どもが孤立していることが共通している。たとえば、消化器官に欠陥のある子どもたちは、食物摂取の際に、この器官が健常な子どもたちとは異なる態度をとるので、おそらくまったく異なった発達をするであろう。器官障害をもつ子どもたちは特殊な成長過程をたどるため、そのことが次第に孤立化に追いやるのである。その場合の子どもたちは、自分と周囲の世界とのつながりをさほどはっきり感じていないし、ひょっとしたらつながりをまったく拒否しているのかもしれない。彼らは友だちを作ることができず、同年輩の連中の遊びを遠ざけ、羨ましげに眺めるか、侮蔑的に背を向けて静かに閉じこもり、一人で自分の遊びをする。たとえば非常な厳格さというような、強い抑圧のもとで教育を受けて成長する子どもたちも、孤立化する危険がある。彼らもまた人生には、何に対しても、ろくでもない印象を繰り返し受けるものと思っているので、好ましい印象を持っていない。彼らは自分のことを、どんな困難も謙虚に受け容れる受苦者か、または、敵対する周囲の人びとをいつでも攻撃する用意のある闘士と感じている。この子どもたちは、生と自らの課題を特別に困難なものと見なしている。そしてこうした子どもが、たいていは自分の限界を守ることに慎重で、自分に被害が及ばぬように気をつけ、周囲の人びとにいつも不信の目を向けていることは、容易に理解できよう。この過度の用心深さに煩《わずら》わされながら、彼らは、軽はずみに挫折する運命に身をさらすよりは、むしろ大きな困難や危険を甘受する傾向を強めるだろう。彼らは他者のことよりも自分自身について考える方が多いが、その現象はこの子どもたちに共通する特徴であり、同時に彼らには共同体感覚がほとんど発達していないことを著しく示している。こうして、発達全体がはっきり見えるようになる。これらの人たちはみな、とかく悲観主義的な世界観を持ちがちであり、誤った生のひな型から救済されないかぎり、生涯にわたって快活になることができないのである。

## 3　社会的存在としての人間

私たちが指摘しようと努めてきたのは、ある個人の性格は、その人の置かれた状況のなかで判断し理解するのでなければ解明できないということである。この状況というものを私たちは、宇宙における人間の位置、身近な環境に対する人間の姿勢のことであり、仲間の人たちに対する活動や結びつきや関係の問題のような、人間のたえず遭遇する問題に対する姿勢のことと解釈してきた。この方法で私たちは、乳児の、そして子どもと大人の生に対する態度に持続的に影響を及ぼしているのは、環境が人に与えるさまざまな印象であることを確認した。生後二、三ヵ月たつと、その子どもが生に対してどのような態度をとるかがわかる。二人の乳児を取り違えるようなことは、そのころ以降は、生に対する態度から、もはやありえない。なぜなら、どの子どももすではっきりしたタイプを見せており、そのタイプは付着した方向を見失うことなく、ますます明瞭になるからである。子どもの心の成長には、ますます子どもに対する社会の関係が染みこんできて、生まれつきの共同体感覚の最初の兆候が現れ、身体器官の発達にともなう愛の感情が起きて、大人と親しくなろうとまでするのである。子どもが愛情の努力を他者に向けて――フロイトは、自分自身に向けて、と考え方が異なるが――いることは、いつでも見てとれる。この愛情の努力にはさまざまな段階があり、また、人それぞれについても違ってくる。二歳を超えた子どもたちでは、言語表現においてもこの違いは確認できる。しかし共属感情や共同体感覚は、子どもの心にしっかりと根を張っているもので、人間がそれを失うのは、心の生活がもっとも病的に常軌を逸したときだけである。その感情、感覚には濃淡があり、制限されたり増えたりはするが、生涯決して失われることはなく、チャンスがあれば家族の成員だけでなく、一族や民族、そして全人類にまで及ぶことになる。それどころかこの限界を超えて広がることさえあって、そのときには、動植物や生命のないもの、最終的には宇宙全般にまで拡大するのである。

以上によって私たちは、人間を理解する努力の助けになる、重要な補助視点を得た。つまり、人間を共同体的存在と見なす必然性を理解したのである。

# 第四章　外界の印象

## 1　一般的な世界像

印象を受け入れる能力は、環境に順応する必要性から生じるものであり、心のメカニズムには、常に目標を追求する特性がある。そのことから考えると、ある人間の世界像や理想の主導指針は、すでに非常に早くから子どもの心に生まれているに違いない。それは形もなしておらず、一言で表現できるものでもないが、私たちには既知で理解できる、不満足感とは対照的な領域で常になんとなく揺れ動いている。心の運動が起こるのは、ある目標が心に浮かんでいるときに限られる。目標の設定は周知のように、自由に運動のできる可能性を必然的に前提としている。自由に動けることによって実現する豊かさを、みくびってはならない。初めて床から立ちあがった子どもは、その瞬間に、あるまったく新しい世界に入るが、何かしら敵意のある雰囲気を感じる。子どもは足で立つことのできる力に、未来に対する強い希望を感じるが、最初の運動を試みるとき、特に歩行を覚えるときに、大小さまざまな困難を感じるのである。このような、私たち大人にとっては無意味でつまらぬことに思われがちな印象や出来事が、子どもの心の生活に、とりわけその世界像の成立に、多大な影響を及ぼしている。したがって、運動に障害のある子どもの思い描く理想像には、敏捷な運動が多く含まれるのが普通だが、このことは、彼らにお気に入りの遊びや選びたい職業を質問すればすぐにわかる。その答え（車掌や馬車の御者など）は、運動の自由に欠けるために起こるあらゆる困難に打ち克って、劣等感や人から冷遇されているという感情を抱かずにすむようになりたいという憧れが、彼らに生きていることを意味するだろう。このような感情は、子どもの発育が緩慢だったり病気だった場合に、特に培われることがある。同様に、眼に欠陥があるため世界を不充分にしか捉えられない子どもたちは、見える世界をもっと強く激しく把握したいと努力するし、また、聴覚が不完全な子どもたちは、快く聞こえる特定の音にだけ興味と理解と特に偏好を持つことがしばしばある。要するに彼らには、音楽の才能があるのである（ベートーヴェンを見よ）。

子どもが周囲の世界をとらえようして用いる器官のなかで、外界との複雑に絡みあった関係をつくりだすのは、主として眼や耳などの感覚器官である。感覚器官は世界像を構築する手助けをする。中でもここでは、周囲の世界と対峙する眼を取りあげる。特に人の心に繰り返し浮かび、人の経験の主要な支柱となるのは、主に眼に見える世界である。そのようにして視覚型の世界像が成立するが、この世界像は持続的でいつも変わらぬものを自由に対象としていて、その点がその他の耳や鼻、舌、皮膚の大部分のような感覚器官の刺激の源の多くが、うつろいゆくものであるのに対して、比較にならぬほど重要である。その他の事例では、聴覚器官が人よりも強く働き、人より世界を聴くことにたけている心の能力をつくるタイプ（聴覚型）があるが、運動型の人、つまり運動の事象を優先している人間は少ない。嗅覚と味覚の能力がすぐれているという、また別のタイプの人もいるが、中では特に、嗅覚の才能があるタイプは、私たちの文化では評価が低い。さらに、運動器官が大きい役割を演じている多くの子どもたちがいる。生まれつき非常に俊敏な子どもたちは、いつも身体を動かしていて、成長してからは常に活動していなければ気がすまなくなる。彼らの思いは主として、筋肉を働かせなければできない仕事に向けられる。睡眠中にさえもこの活動の衝動は休止せず、たびたび見うけられることだが、彼らはベッドの中であわただしく転げまわる。「落ち着きのない」子どもも、この部類に属する。彼らの落ち着きのなさは、しばしば欠点と見なされている。――一般にほとんどの子どもたちは、自分たちに提供されたさまざまな印象や可能性から、眼や耳やさらに運動器官をも用いて生に対峙して世界像を築きあげている。そして私たちがある人間を理解するには、ある人が突然に生に向き合わねばならなくなったら、どの器官をもってするか、それさえ知れば、私たちはその人を理解することができる。なぜなら、あらゆる関連がここで意味を獲得し、世界像の形成とさらには子どもの発達に影響を及ぼすからである。

## 2　世界像の発達要素

心の器官に特有の諸能力は、世界像が成立する際に、まず第一に作用し合うが、その選択や鋭さ、作用が、ある人の心に浮かんでいる目標によって規定されているという点で、互いに共通している。人は誰でも、人生や周囲の世界、出来事などの特定の部分だけを個別に知覚するという事実は、このことから説明がつく。人間は、自分の目標が要求するものにしか価値を認めず、また、目標が要求する程度に応じて価値を認めるのだ。それゆえ、ある人の目に見えない目標を把握し、その人のいっさいはこの目標の影響を受けていることを理解してはじめて、人間の心の生活のこの面も納得できるのである。

**(a) 知覚**　感覚器官によって外界から伝わった印象と刺激は、脳に信号を送って、その痕跡を保存することができる。この痕跡から表象の世界及び記憶の世界が築かれるのである。ところが、知覚は写真機と比べられるものではなく、知覚にはいつもその人間の何か特性が含まれている。見るもののすべてを知覚するわけではない。同じ光景を見た二人の人に、それぞれの知覚したものを質問すると、非常に異なった答えをされることがある。したがって、子どもは周囲の世界から、それまでに形成された特性に何らかの理由で適合するものだけを、知覚するのである。それゆえ、たとえば見たい気持の発達した子どもたちの知覚は、おおむね視覚型の性質であり、この事例はたいていの人に当てはまる。また別の子どもたちは、耳で知覚したもので世界像をつくるだろう。すでに述べたように、これらの知覚は現実と厳密には一致しない。人間には、外界との関係を自分の特性に応じて変形する能力があるのである。つまり、ある人が何を知覚し、そしてどうやって知覚するのか、その点に、その人固有の特色が潜んでいる。知覚は単なる物理的な事象以上のもので、ひとつの心の機能なのである。そして、ある人が何をどうやって知覚するか、というその種類や方法、状況から、その人の内面の奥深くにまで達する結論を引き出すことができるのである。

**(b) 記憶**　これまでに確認できたことだが、心の器官は根本的に先天的なものであり、それが発達する能力は、知覚の活動と事実に拘束されている。心の器官には、必然的に目標に関心を向ける傾向があって、人間という有機体の運動能力と密接に結びついている。人間は、外界とのもろもろの結びつきをすべて心の器官で統合し、整理しなければならない。そして今度は心の器官は、順応の器官として、個人の保障のために、生存に必要なあらゆる能力を発達させなければならないのである。

さて、生の問題に対する個々人の心の器官の反応が、心の発達に痕跡を残しているに違いなく、したがって、記憶し評価する機能も順応の性向によってもたらされたこともまた明らかである。記憶が持続するものであるからこそ、人間は未来のためにあらかじめ準備することができる。記憶はすべて（無意識の）最終意図を含んでいるもので、誰の心にも生息して、警告ないし激励の言葉を語るものであると推論して差しつかえない。他意のない記憶などというものはない。記憶にいかなる価値があるかということは、その根底にある最終意図が明らかになったときにしか判断できない。あることは記憶し、他のことは記憶しないのはなぜか、それが重要である。一定の心の方向を保つために、それを記憶することが大事で、有益な出来事は記憶し、同じく忘れた方が役に立つことは忘れる。したがって記憶もまた必然的に、心にある目標に順応することに、まさしく奉仕させられていると言えよう。心に残っている記憶は、誤った記憶かもしれないにせよ、また子ども時代はおおむねそうであるように、一面的判断を含んでいたりするが、目標達成に役立つならば意識の領域から消え失せて、態度や感情、直観形態へと、そのまま移行してしまうこともありうるのである。

(c) **表象**　人間の特性がさらに明確に現れるのは、表象においてである。表象は知覚の復元と解釈されるが、その対象は眼の前には存在しないものである。つまり表象は、再生されて頭の中にだけもう一度呼び出された知覚なのだ。この事情はまた、心の器官が創造能力を持っている事実を証明している。それは、かつて心の創造力の影響をたしかに受けた知覚が、今また繰り返されているということではなく、ある人がつくる表象は、まったくその人の特性が形成したものでもあり、新しいその人独自の精巧な作品なのである。

さて、その通常の明晰さをはるかに超えて、知覚のように作用する表象がある。それは非常に明晰に現れるので、まるで表象ではなくて、刺激を与える物体が実際に眼の前にあるかのように思える。話題にされているのは幻覚であって、まるで眼の前の対象から生じたかのように姿を現わす表象のことである。このための条件は上に述べた条件と同一である。幻覚もまた心の器官の創造的な成果であり、その当事者の目標と目的に応じて形成される。ひとつの事例をあげて、もっと光を当ててみよう。

ある若くて知的な女性は、両親の意志にさからって結婚した。両親はこの婚姻の締結を非常に嫌悪していたので、両親と子どもの間の関係はすべて絶たれてしまった。時がたつにつれて女性は、両親の自分への振る舞いは正しくなかったと確信するようになり、和解の試みが何回かなされたけれども、双方の誇りと強情のために失敗した。上流家庭の出である女性は、結婚のために、まったくみすぼらしい境遇に陥っていた。しかし表面的に観察すれば、誤った結婚と思わせるところはなかった。しばらく前からまさに奇妙な現象が起きていなかったら、女性の運命についても心配なかったろう。

彼女は、父親のお気に入りの子として成長した。両者の間柄は非常に親密だったので、どうしてこのような破局を招くことになったのか、人目を惹かずにはいなかった。父親は娘の結婚の件で彼女にひどい扱いをしたので、両者の間柄は徹底的に崩壊した。子どもが生まれたときでさえも、両親は子どもを見に行こうともせず、娘とふたたび親密になろうとはしなかった。非常に名誉心の強いこの女性は、明らかに自分が正しかった問題で不当な扱いを受けなければならなかったことに、いたく心を傷つけられたので、両親のこの態度は耐えがたかった。

注目しなければならないのは、女性の気分が全面的に名誉心に影響されたものであったことである。彼女が両親との仲違いに耐えがたかったのはなぜか、その理由はこの性格特性でようやく説明がつく。彼女の母親は厳格で誠実な女性で、たしかに立派な資質の持ち主であったが、娘に対しては厳しい支配者であることを示した。母親は、少なくとも表面的には夫に従属することを心得ていたが、しかしその場合にも自分の地位を失うことはなかった。この従属さえも彼女は一種の誇りをもって強調し、自慢していた。家族の中にもう一人息子も生まれて、男の跡継ぎであり、名望ある家名の将来の相続人として、少女よりもある種高い評価をかち得た事実が、少女の名誉心を特に刺激した。結婚したため彼女は、それまで知らなかった困難や苦境に陥ったが、そのためにますます不満が高まって、両親の不当な仕打ちを思い出すようになったのである。

さてある晩のこと、彼女がまだ眠りこまないうちに、次のような現象が起きた。扉が開いて聖母が彼女に歩み寄り、語った。「私はお前が好きだから知らせるのですが、お前は十二月の半ばごろに死ぬでしょう。支度をしておきなさい」

女性はこの現象に驚きこそしなかったが、夫を起こして、すべてを話した。翌日には医師がその話を聞き知った。それはひとつの幻覚だった。女性は、まさしく眼で見たし、耳で聞いたと主張した。一見したところでは不可解ではある。私たちの解読の鍵を使ってはじめて、確実に解明できるのである。両親との間に不和があり、彼女は困窮に立たされている。また名誉心が強く、診察の結果わかったように、あらゆる人たちの優位に立とうとする傾向がある。ある人が自分に与えられた領域を抜け出そうと努力するなかで、神に近づいて対話をするというのなら、理解できる。祈っている人の場合のように、聖母は想像のなかに姿を見せていただけなのだと考えられよう。特に奇異な点があるとは、誰も思わないだろう。それゆえ彼女は満足できず、もっと強力な論証を必要とする。このような離れ業をする能力が心にはあると理解すれば、この件は謎めいたところをすべて失うことになる。そして夢を見ている人は、誰しも似たような状態にいるのではないだろうか。そもそも相違点は、この女性は目覚めたままで夢を見ることができるということだけである。さらに付け加えなければならないのは、彼女の名誉心は、その当時味わった屈辱感のために、特に神経を張りつめていたということである。そして今、本当にもう一人の母親が彼女のところにやってきたこと、しかもそれは、誰が見てもずっと寛大な母親であることが、私たちの注意を引きつける。この二人の母親は、ある種互いに対照的であるに相違ない。自分の母親が来なかったので、聖母が姿を現わしたのである。この現象は、自分の母親の愛情不足を証明している。女性は明らかに、両親をうまく悪者に仕立てあげられる打開策を捜している。十二月半ばというのも、まったく意味がないわけではない。それは、人の生活の中でも親密な関係が作りあげられ、たいていは温かい気持になって贈り物などをするときで、和解の可能性もだいぶ高まる時期なのである。したがってこの時期は、若い女性の重大な問題と、ある確かな関連があるのである。

差し当たりいぶかしく思われるのは、聖母の思いやりある歩み寄りが、間近い死の告知という不協和音をともなっていたことだけである。彼女が実に喜ばしげにこれを夫に報告したという事実は、何事かを意味しているに違いない。そのうえこの予言は、家庭の枠を超え、翌日にはもう医者がこの出来事を聞き知っている。さて、自分の母親の来訪は容易に実現された。しかし、その二、三日後に聖母がまたもや姿を現わし、ふたたび同じ言葉を語ったのである。母親に会って、どういう結果になったか、と私が質問したのに対して、若い女性は、母親は自分が不当なことをしたとどうしても認めなかったと説明した。つまり、古いライトモチーフがまた浮かびあがったわけである。要はまたしても、母親を凌駕したいという目標がまだ実現されていなかった、ということなのである。さて、両親にこの実情をはっきりわかってもらえたので、父親と逢うことができ、それは素晴らしい結果になった。感動的な場面が生じた。しかし女性は依然として満足せず、その理由を説明して、何か芝居じみたところが父親の本質にあるのだ、と言った。いったいなぜ父親は自分をこんなに長く待たせたのだろう！　他人の言動を間違っているとし、自分は勝者であるとする傾向が、相変わらず続いていたのである。

これまで述べてきたことに従えば、次のように言うことができる。幻覚は、心が最も強く緊張した瞬間に、自分の目標をあきらめねばならないのではと恐れていると、現れる。このような幻覚がかつては、おそらく現代でも、時代遅れの住民が暮らしている地方で非常な影響力を持ちうることは疑いない。旅行者が書いた本で有名になったある種の幻覚は、荒野の放浪者が困難に陥り、飢渇、疲労、道に迷ったことなどに苦しむときに遭遇する現象である。この上ない苦境のもたらすこの緊張状態が、苦しんでいる人の調整能力を強くかきたて、目下の抑圧された状況から活発な状況へと明らかに高めるのだが、その活発な状況が疲れた人を元気づけ、よろめく力を奮いおこさせて、その人をより強くし、より免疫力をあげ、あるいは香油や麻酔のような作用を及ぼすのである。

確認しておかなければならないのは、幻覚の現象がそもそも私たちにとっては新しい事象を意味せず、同様のことをすでに知覚や記憶や表象において見てきたし、夢でもまた見いだすだろうということである。表象そのものを補強し、批判を排除できれば、この種の成果はたやすく得ることができる。常に特殊な性質の状況が感情を誘発するものだということを、しっかり心に留めておきたい。このような成果は、苦境において、力に脅かされているという印象のもと、無力感を克服しようと努めている人に実現したのである。このような状態にあって緊張が特別に強いときには、批判を受けても、もはやたいして配慮されない。その場合には、「汝にできる方法で、汝を助けよ」という原則に従うことによって、心の器官が全力をあげて形成した表象を幻覚の形態に移行することが可能になるのである。

幻覚と類似しているのが、幻想であるが、たとえばゲーテの物語詩《バラード》「魔王」(2)に見られるように、表面的な共通点はあるものの、幻覚は奇妙なことに誤認されるという点だけ、幻想と相違している。その根本、すなわち心の苦境状態は、両者とも同一である。

人間が苦境状態に置かれると、心の器官の創造的な力が幻覚または幻想を生み出すことができる事例を、もうひとつあげよう。

ある名門家庭出身の男性は、教育が不首尾だったために成功せず、下級書記の仕事をしていた。将来は名望を得ようという望みを、彼はもうすべて捨ててしまっていた。この絶望は彼に重くのしかかっていたが、その上周囲の人びとの非難の的になったので、彼の心の緊張はさらにひどく高まった。このような状態にあったので、彼は飲酒に耽《ふけ》るようになった。酒を飲めば緊張を忘れて、自分のことに対する言い逃れができたからである。まもなく彼は、譫妄《せんもう》状態になって入院した。譫妄状態は、幻覚と本質的に類似している。周知のように、アルコール依存症の譫妄状態の場合、幻覚の普通の形態は、ネズミまたは黒い獣が見えることである。患者の職業と関連する別の幻覚が起こることもある。私たちの患者を担当した医師たちは、徹底的な飲酒反対論者で、また治療に厳格な養生法を採用していた。男性はアルコールから完全に解放され、完全に治って退院して、三年間アルコールから遠ざかっていた。それから彼はふたたび病院を訪れて、別の症状を訴えた。彼の説明によれば、労働していると——彼は今では土木作業員だった——いつも一人の男が不意に現れ、ニタニタしながら彼のことをからかうのだという。あるとき、それを非常に怒って、工具を手にとり、現実の人間が後ろに潜んでいないか確かめようとして、その男めがけて投げつけた。男はそれをかわしたが、そのあと襲いかかって、彼を打擲《ちょうちゃく》した。

この事例は、もはや幽霊や幻覚とは言えない。なぜなら、その男は完全に実体のある拳《こぶし》を持っていたからである。これを説明するのはたやすい。彼は、いつもは幻覚を見ていたのであるが、このときは現実に存在する人間に手を出してしまったのである。彼はアルコールから解放されたにもかかわらず、退院後は状況が悪化し続けた。職を失ってしまったし、家庭からは見捨てられ、今は土木作業をして生計を立てていたが、彼も親族も、これを最も低い仕事と見なしていた。彼の以前からの心の緊張は、消えていなかった。アルコールから解放されたので、彼は大きな利益を得たにもかかわらず、慰めは以前より乏しくなったのである。最初の職業を彼は、飲酒に耽ったために棒に振ってしまった。家庭内で、彼は落伍者だという非難が高くなると、自らの無能を指摘されるよりも、アルコール依存症と言われる方が、彼には苦痛が少なく思われたのである。治癒後、彼はまたもや現実に直面したが、状況は以前に劣らず困難で、彼を圧迫した。今また落伍者になってしまっても、今度はアルコールを言い逃れにすらできなかった。この心の苦境の中で、ふたたび幻覚が現れたのである。彼はまたしても以前の状況に慣れ親しんでしまい、あたかも自分が相変わらず飲んだくれであるかのように物事を眺めて、それで、自分はそもそも酒のために一生を台なしにした男で、もう良くなる見込みはないのだと話した。病人であれば、自分で決心する必要もなく、自分の新たな、人から尊敬されない忌まわしい職業から解放され、免れることができる、と彼は望んでいた。そういうわけで上に述べた現象は、救済策が講ぜられて彼が再び入院するまで、長く続いたのである。それで彼は、酒好きという災厄に襲われなかったら、もっと成功できたのだがなあ、と語って、自ら慰めることができたのだった。このようにして彼は、自分はひとかどの人物なのだという自尊の感情《ペルゼーンリヒカイツゲフュール》を、依然として高く保つことができた。この感情を失わないこと、この災厄に遭わなかったらもっと重要な仕事にふさわしかったのだと固く確信しつづけることが、彼にとっては仕事そのものよりもはるかに大切だったのである。彼はこうすることで、自らの力をめざす指針《マハトリーニエ》に手が届いて、他の人たちが自分より優れているのではなく、排除できない障壁が道をふさいでいただけだと確認できた。こうした慰めとなる弁解を求める気分でいるところに、ニタニタ笑う男の姿が、彼にとってひとつの救いのように現れたのである。

## 3　空想

心の器官がつくりあげるもうひとつの逸品は、空想《ファンタジー》である。空想の痕跡は、これまで取り扱ってきた現象すべてに見いだすことができる。それは、一定の記憶を心の前面に押し出す、またはさまざまなイメージを形成する、あの心の所業と似ているものである。空想の場合にも、その本質的な要素を形づくっているのは、動く生物には自然法則の持つ必然性が含まれているに違いないという、やはりあの予見なのである。つまり空想もまた、有機体の可動性に結びついていて、それ自身、この予見のひとつの形態にほかならないのだ。子どもや大人の空想のなかで、空中楼閣——白昼夢とも呼ばれるが——を眼前に見る場合、そこで語られるのはいつも、これから進む未来に関する表象であり、また自分なりのやり方で予見して何とか組み立ててある表象なのである。

子どもたちの空想を吟味してみると、その本質的要因として、力の遊戯が広い場所をとっていること、そしてそれが常に名誉心の反映されている目標であることがわかる。たいていの空想は、「いつか大人になったら」とか、それに似たような言葉で始まる。いつかはようやく大人になるはず、と思いながら、相も変わらず生きているかのような大人もいる。力をめざす指針の明確な刻印は、あらかじめ目標が定められていなければ、心の生活は発達できないことを示してもいる。人間の文化においては、この目標は、自分を認めさせるという目標である。当たり障りない目標であることは、ほとんどない。なぜなら、人間の共同生活には絶えざる自己評価がつきもので、優位に立つことに対する憧れや、競争に勝ちたいという欲求がそのなかで生じてくるからである。子どもたちの空想に見られる予見の形態が、通例は力の表象であることは、このことから説明できよう。

この表象の範囲、つまり空想の大きさを、規則で定めることはできない。言葉を換えれば、この場合も、普遍化するという過ちを犯してはならないのである。この今述べたことは、多くの場合に当てはまるが、しかし個々の場合には異なった性質を持つことが確認できる。生を敵意にみちた眼で観察する子どもたちが、他の子どもたちより強く空想を発達させることは当然と思われる。またそうした心の態度は通例、強く緊張した予見と結びついている。したがってしばしば生でひどい目に合わされている虚弱体質の子どもたちは、強い空想を持ち、空想に耽る傾向がある。

この結果、空想が現実の生からそっと逃れるための助けとなる発達段階が起こることがしばしばあり、その場合、空想はいわば現実の生を断罪するために利用されているように思われる。その空想は、低劣な生を見下した人間の、権力の陶酔なのである。

空想で確認できるのは、力をめざす指針だけではない。共同体感覚もそこで大きな役割を果たしている。子どもたちの空想は、子どもの力だけがそこで影響力を発揮しているようにはあまり見えず、この力は何かしら他の人びとの役に立つように使われていると思われる。たとえば救済者になったり、助力者、人間に危害を加える怪物を退治する人などを内容とする空想の場合である。自分が実は育った家庭の生まれではないという空想は、よく見られる。多くの子どもたちが、自分の本当の出身家庭は別で、いつの日か真実が判明し、実の父親（常に誰か高貴な人）が自分を連れ戻しにやってくるだろうと信じているのである。これはたいていが、強い劣等感を持っているか、困窮家庭の子どもたち、冷遇に耐え忍ばねばならなかったり、または周囲の人びとの情愛に満足していない子どもたちである。子どもたちの外面的な態度に、すでに誇大な理想が覗いていることがよくある。こうした子どもは、自分がもう大人であるかのように振る舞う。空想はほとんど病的に常軌を逸することがあり、たとえば、子どもが山高帽や葉巻用の小パイプを特に好むという形で、あるいは少女が男性になろうと決心するときに見いだされる。むしろ少年に似合う態度や衣服を好んで選ぶ、多くの少女がいるのである。

また、あまりにも空想が少ないと親が嘆く子どもたちもいる。それは明らかに間違った結論である。このような子どもたちは、思っていることを述べないか、あるいは別の理由から、空想が心に浮かぶことに葛藤を感じているのである。子どもは、空想しない方が強い人間なのだ、という感情を持っているのかもしれない。現実に順応しようと必死に努力していると、この子どもたちには　空想は非男性的で子どもっぽいように思われて、空想が拒否されてしまうのである。この拒否が度を超してはなはだしく、空想がほとんど完全に欠如しているように見える場合があるのだ。

## 4　夢（一般）

上述の白日夢のほかに、ごく早くから現れて、非常な有効性を示し発達もする、もうひとつの現象がある。睡眠中の夢である。一般的に、睡眠中の夢では、白昼夢を子どもが見るのと同じやり方で夢を見ていることが確認される。昔の経験豊かな心理学者たちは、人間の夢から、その人の性格をたやすく明かすことができる、と指摘している。実際、夢というものは、いつの時代にも特に人間に考えることを要求してきた現象なのである。白昼夢は、人間が未来への道を切り拓き、しっかりした足どりで歩もうとしているときに現れる、予見の願望に付随する現象だが、睡眠中の夢もまた、そうなのである。目立つ相違は、人は白昼夢のことはまだかろうじて理解するが、ほかの夢の場合はごく稀にしか理解できないという点である。この理解できないということが特に奇妙であり、そしてこの点から、こうした現象は不必要なしるしだと推測されやすいのである。さしあたり強調しておくが、夢にも、未来をしっかりつかもうとし、直面する問題を克服しようと努力する人の、またしても同じ、力をめざす指針が現れている。夢は人間の心の生活を考察するときに、重要な手掛かりを私たちに提供してくれる。その心の生活の考察に、私たちはもう一度引き返すことにしよう。

## 5 共感

予見という機能は、動く生物には絶対に必要不可欠なものである。なぜなら、動く生物は常に未来の問題に直面しているため、現実に起きていることを知覚するだけではなく、たとえば未来に起こることを身体で感じ、察知する能力が、心の器官にも手助けになるからである。この事象は「共感《アインフュールング》」と呼ばれている。この能力が、人間には非常に強く発達している。それは心の生活のどの場にも見いだせるほど、広く行きわたった事象である。条件になるのは、ここでもまた、予見の必要性である。というのも、心に浮かんだ問題を想像し、いかに対応するかを考えざるをえないときには、私もまた、まだ起きていない状況から生じうる感覚について、確固とした判断に迫られるからである。はじめて経験する状況から生じるだろう思考や感情、感覚を、あらかじめ統合してはじめて、ある特定の事柄に関して、特に力を入れて努力すべきか、あるいは特に慎重に回避すべきか、という立場が獲得できるのである。誰かと会話するときには、すでに共感は起こっている。もし他人の状態への共感がなければ、誰かある人とつながりを持つということはありえない。演劇における共感は、特別な芸術的作業での経験である。共感のその他の現象は、他の人に危険が迫っていると気づいた人が、独特の感情に襲われる場合に現れる。この場合、共感がしばしばとても強く、自分は危険にさらされていなくとも、無意識に防御運動をとることがある。さらに知られているのは、たとえばコップを落としたときに手を後ろに引っこめる動きである。ボウリングをするときによく見られることだが、プレーヤーたちはそれぞれ、いわばボールと動きをともにしようとし、全身でボールの疾走を先取りして、まるでボールに影響を及ぼそうとしているかのようである。誰かが高層階の窓を拭いているのを見たり、あるいは演説者が不運にも言葉に詰まるのを見た人が襲われる感情もまた、さらなる共感の例である。劇場では、ともに感じ、種々の役柄を心でともに演じずにはいられないだろう。――私たちのすべての体験は、共感と密接に関連しているのである。

自分がまるで他者であるかのように感じることのできるこの機能が、どこに由来するのか、その起源を探すならば、生まれながらに共同体感覚が備わっているという事実でしか説明がつかない。これは本来、宇宙的な感覚で、あらゆる宇宙的なものとの関係が私たちにまだ残って生きているということである。私たちはその宇宙的な感覚を、完全に放棄することはできないが、それが私たちに、私たちの身の外部の物や事柄に共感する能力を与えているのである。

共同体感覚にさまざまな程度があるのと同じように、共感にもさまざまな程度があることは、すでに幼年期に観察できる。あたかも生きているかのように人形の世話をしている子どもたちもいるし、またほかの子どもたちは、人形の内部がどうなっているか調べることにだけ関心を持っている。共同体的な結びつきの相手が、仲間の人びとから、生きていない、ほとんど意味のない事物に逸《そ》れると、人間の発達が完全に破綻することさえある。子どもにしばしば見られる動物虐待の事例は、他の生き物の感情への共感がほぼ完全に欠けてしまっているとしか考えられない。

それがさらに続くとこうした子どもたちは、自分が仲間の人間へと成長するためには意味のない事物に興味を持ち、他の人たちの興味は完全に無視して、自分のことだけを考えるようになる。こうした現象はすべて、共感の程度の低さと関連している。共感が欠けていると、ついには、共同作業の受け入れを完全に拒むことになる。

## 6 他の人に与える影響（催眠と暗示）

そもそもどうして他の人に影響を与えることができるのかという問いには、個人心理学においては、ここでも互いに結びついているという現象が重要だ、という返答となる。私たちの生はすべて、人間は相互に影響を与え合うことができる、という前提のもとに進行している。この相互の影響は、教師と生徒、両親と子どもたち、夫と妻のような特定の事例では、特に強くなる。共同体感覚に影響されて、他者からの影響には、ある程度までは譲歩が成り立つ。しかし、どの程度まで影響を受けるかは、影響を受ける側の正当性が、及ぼす側によってどこまで保証されているかにかかっている。不当な扱いをしている相手に持続的に働きかけても、その人が影響を受け入れるとは考えられない。相手の人が、自分の正当性が保証されていると感じているとき、もっともよく影響を与えることができる。このことは、とりわけ教育にとって、重要な視点である。ほかの形態の教育が提唱されたり、実行されたりすることさえもありえようが、この視点を考慮に入れた教育は、もっとも本源的なもの、つまり互いに結びついているという感情につながっているために、効果があるのである。教育が役に立たなくなるのは、故意に社会の影響から免れようとする人が問題になるときだけである。しかしその人も、簡単にそうなったわけではないだろう。かなり長い闘いが先行し、その間にしだいに周囲の人びととの関係が乏しくなって、共同体感覚と完全に対立するにいたったのに違いないのである。その場合には、いかなる種類の影響も困難か不可能であり、いかなる影響の試みにも対抗行動で応えるという光景（反骨精神）が見られることになる。

したがって、周囲の人びとからの何らかの抑圧を感じている子どもたちの場合、教育者たちの影響に従う能力や傾向は少ないと予想して差しつかえない。外からの抑圧があらゆる抵抗をはねのけるほど強い例や、影響をすべて受け入れて遵守しているように見える例も、なるほど非常に多い。しかし、この服従に何の生産的な意味も認められないことは、すぐに納得できよう。それは生き方がわからないという異様な仕方で現れることがしばしばあり、常に必要な行為や措置を指図されるのを待っている人（盲目的従順）となる。この行きすぎた服従が非常な危険を秘めていることは、こうした子どもたちがしばしば、権力をほしいままにする人なら誰にでも服従し、命令によって犯罪にさえ手を染めてしまうという事情から、判断できる。彼らが犯罪者の一味に加わると、親玉はたいてい直接手を下すことはなく、彼らがいつも実行役となるため、特に恐ろしい役割を果たすことになる。一味が犯した目につく犯罪行為のほぼすべてで実行を担っていたのは、この種の人だった。こうした人たちは、信じられないほどの行きすぎた従順ぶりをはっきり示しており、そこに名誉心の満足さえも感じることができるのである。

しかし、影響の標準的な事例だけを取りあげると、共同体感覚をもっとも抑制されていない人が、もっとも強く影響を受け入れて了解し折り合いをつける傾向があり、一方、優位に立つことへの憧れが特に強い、上昇指向のある人が、もっともうまく影響を受けられないことがわかる。日々の観察が、このことを教えているのである。両親が子どもについて嘆くときには、子どもの盲目的従順が原因であることはめったになく、たいていは子どもが従順でないためである。こうした子どもたちを診察すると、彼らは自らの環境から抜け出て成長しようと努力しており、また誤った処置のために教育による干渉を受け付けなくなっているので、この機会に自分のまだ幼い生の規範を突破しようとしていることが判明する。したがって、力を求めてもがいている子どもの努力は、教育できるということとは逆の関係にあるわけである。それにもかかわらず、私たちの家庭教育は多くの場合、子どもの名誉心を特に刺激して、子どもの心に偉大な人物になりたいという考えを呼びおこすことを願っている。これは、たとえば無思慮だからではなく、私たちの文化自体にこのような偉大な人物という考えを好む傾向が染みとおっているので、その傾向が家庭教育に、こうした心の衝動を与えることになるのである。その結果子どもは、家庭や私たちの文化の中で、個人が人生の特別な栄光に輝いて、できるだけすべての他の人たちを何らかの方法で凌駕することを、まず第一に重視するようになる。名誉心のためにはこの教育方法がいかに不適当か、また心の生活の発達はどのような困難に遭遇して挫折することになるのか、嫉妬に関する章で、もっと詳しく述べることにしよう。

　催眠の被験者もまた、絶対的に服従する自らの傾向において、周囲の人びととの要求に行きすぎたやり方で応じる、あの人たちと似たような状態にある。人に要求されることとすべてをともかくしばらくはする、と決意して実行しさえすればよいのである。この種の経過が、催眠を受ける準備の基礎をなしている。一般にこの件では、次のことが認められる。ある人が、自分は催眠を受けたい、と語るか思うか、するにもかかわらず、その人には服従しようという心の準備が欠けているかもしれない。断固として異議を唱えるものの、心の中では服従する準備ができていることもありうる。催眠は、その被験者の言葉や思っていることではなく、もっぱらその心の姿勢が問題なのである。この事実が誤認されていたために、大きな混乱が起きていた。なぜなら、催眠とはたいてい、催眠誘導者の要求に抵抗しているように見えて、結局は屈服しがちな人を使って行なわれるものだからだ。この進んで被験しようという気持にはいろいろな限度がありうるので、催眠の結果は、その人それぞれで異なる。しかし、催眠を進んで受けようとする気持の限度は、いかなる場合にも、催眠誘導者の意志にではなく、催眠被験者の心の持ち方にかかっている。

　催眠の本質に関して言うと、一種の睡眠状態なのである。謎めいているのは、この眠りが他の人の指示に従ってはじめて生じるからである。その指示は、受け入れる用意のある人に遭遇したときにしか、作用しない。ここで決定的なのは、すでに述べたように、催眠被験者の人格の本質と発達である。ある人が、いろいろな他人の影響を無批判に受け入れるときにだけ、この奇妙な睡眠状態を引きおこすことが可能になる。この睡眠状態は、自然な睡眠以上に運動能力をさえぎるので、最後には、運動中枢をも誘導者がふたたび動けるようにするしかなくなるほどになる。通常の睡眠は、一種の夢うつつ状態でしかなくなり、催眠被験者は、そうさせるつもりが誘導者にある時に限って、催眠中の出来事について記憶を保つことになる。もっとも強く封じられるのは、私たちの文明にとってきわめて重要な、心の器官の獲得したもの、批判である。催眠被験者は、言ってみれば、催眠誘導者の長くのばされた手、彼の器官であって、彼の指示に応じて機能するのである。

他人に影響を与えたがる性癖のある人は概して、次のように見なしている。つまり、そもそも影響を与えることができるこの能力は、自らの醸《かも》しだす不可思議な雰囲気という、自らに固有の特殊な力に、その源があるのだと。このことが、とりわけ精神感応者と催眠誘導者の法外な放縦という、おそろしく馬鹿げた、常軌を逸した結果を招いているのである。こうした人びとについては、彼らは人間の尊厳をこれほどにまで貶《おとし》めたのだから、どんな手段をとってでも彼らの悪事をやめさせるように、本来は主張されなければならないだろう。その際に、彼らがやって見せている現象はいかさまだ、と言ってはならない。そういうことではなく、人間という被造物は、非常に服従する傾向が強いので、創造主めいたポーズをとって現れる人物の、犠牲にされやすいのである。なぜなら大多数の人間はしばしば、相手を検討もせずに服従し、権威者を称賛し、ハッタリにごまかされて熱狂し、無批判に順応する風潮のなかで、漫然と日々を送っているにすぎないからだ。もちろんこうした一切合切は、人間の共同生活に秩序をもたらすはずもなく、服従者たちは何度も、おくればせながらの反乱を起こす結果になった。かなり長いこと、実験に成功した精神感応者や催眠誘導者はいなかった。彼らが偶然に出会ったいわゆる催眠被験者が、彼らを単に「だました」だけだったことが多かった。催眠被験者に反応させようとしたすぐれた学者たちが、すでにこのことを経験している。また、催眠被験者がいわゆるだまされたいかさま師であって、人をだましてもいるが、自分も服従をしているという混合事例も、少なくない。しかし、一見ここで働いているように見える力は、決して催眠誘導者の力ではなく、常に、服従しようとする催眠被験者自身の志向なのである。催眠被験者に影響を与えているのは、神秘的な魔力ではなく、せいぜいのところ催眠誘導者のハッタリをかませる技術にすぎない。しかし、すべてを自分で考え、たやすく他者の決定を受け入れない生活を送る習慣の人は、もちろん催眠をかけられることはないし、また精神感応《テレパシー》という特殊現象を呈することもないであろう。なぜなら、これらの現象はすべて、盲目的服従の表出にすぎないからである。

これに関連して、暗示についても言及しなければならない。暗示は、広い意味での印象の一部と考えると、はじめてその本質が理解できる。人間が、その時々の印象を受け入れるのみならず、たえずその作用を受けてもいることは、言うまでもない。印象を受け入れることに意味がまったくないわけではないが、印象には、また新たな作用がある。もし印象が他の人の要求であり、納得させ、説得する試みであるならば、それは暗示と言えるのである。暗示を受ける人は、現在のものの見方が変更したり強化されたりするが、それはその人の心に明瞭に現れる。暗示の場合のより難しい問題は、人間は外界からくる印象に対して多様な反応をするという事情によるものである。この作用もまた、それを受ける人の自立性の程度と関連している。人間には二つのタイプがあることを特に考慮しなければならない。ひとつは、他人の意見を高く評価するが、自分自身の見解の正当性については、その正誤にかかわらず、ほとんど重んじないタイプである。彼らは、他の人たちの価値を買いかぶっているので、その意見に迎合しやすいのだ。彼らは、目覚めているときの暗示や催眠に、非常にうってつけなのである。もうひとつは、外界からくるものすべてを侮辱のように受けとり、自分の意見だけを正しいと見なして、他人がもたらすものは正しいかそうでないか気にもかけず、すべてはねつけてしまうタイプである。二つのタイプにはともに無力感が潜んでいる。第二のタイプは、不本意ながら他人から何事かを受け入れるということを、甘受できない人たちである。人と衝突しやすいのに、自分では他人の暗示に特にかかりやすいかのようにしばしば考えている人びとが、よく見うけられる。しかし彼らがこの考えを強くするのは、暗示にかからなくなるためなのであり、そうでなくとも彼らの扱い方はなかなか難しいのである。

# 第五章　劣等感と自分を認めさせる努力

## 1　幼児期の状況

　ここまでくれば、すでにおわかりだろうが、自分は不当にないがしろにされていると思っている子どもたちは、人生や人間に対して、生きる歓びを早くから理解している子どもたちとは異なる姿勢をとる傾向があるのである。劣等器官を持つ子どもたちがみな、人生との戦いに巻きこまれやすく、それが共同体感覚を抑えこむことになって、他の人たちのことよりも、自分のことや周囲の人びとに与える印象にますます専念するというひな型に容易にはまることは、ひとつの原則とすることができる。劣等器官について言えることは、また、子どもに働きかける外部からのさまざまな影響についても当てはまる。それらの影響は、多かれ少なかれ子どもには重い圧力と感じられ、周囲の人びとに対する敵対的立場をとらせてしまう。決定的な変化は非常に早く現れ、二歳になるともう、次のようなことが見られる。すなわち、えてしてこうした子どもたちは、自分は他の子どもたちほど物を与えてもらえず、同じ身分でもなく、同じ権利も持たず、他の子どもたちと仲間になることも、一緒に何かをすることもない、と考えがちであり、もろもろの不如意に由来する欠乏感から、他の子どもたちよりも強い期待感や要求の権利を表明する傾向がある。本来、子どもは生に対しては劣等なのであって、身近な人びとに充分な共同体感覚がなければとても生きていけないことを考慮すれば、また、子どもがまだ幼く動きもぎごちなく、その状態が長く続いて、人生に対処するのは難しいという印象しか子どもに与えないことを考え合わせれば、誰でも心の生活の発端には、多かれ少なかれ深い劣等感があることは了解せざるをえない。劣等感は、子どものあらゆる努力が生まれ、発達する場であり、推進力でもあって、自分の未来の人生の平穏と保障を期待するひとつの目標を設定し、この目標の達成にふさわしく思われる道を切り拓くものなのである。

子どものこの特異な態度選択は、その器官の能力と密接に関連して影響を受けているが、この態度選択のなかに、子どもの教育可能性の基礎がある。この教育可能性は、いかに劣等感がどの子どもにも共通してあるのだとしても、特に二つの要因によって、揺さぶられている。そのひとつは、強化され徹底されて長く持続する劣等感であり、もうひとつは、もはや単なる慰安や安心、対等を保証する目標ではなく、力を得ようとする努力を発達させる目標である。それは、周囲の人びとに対して優位に立てることを約束している。この道程には、いまだにいつでも、子どもたちの姿を認めることができる。彼らはいかなる状態にあっても、いつも自分は冷遇されていると感じ、生まれながらに不利に扱われていると思い、またしばしば、それが正当だろうと不当だろうと、周囲の人たちからも冷遇されていることが彼らにはわかるのである。これらの関連すべてをより正確に調べれば、ゆがんだ、さまざまな失策の重なった発達が、どのような必然性から生じうるのか、判断することができよう。

子どもたちはみな、このような状況にあるので、どの子どもも実際はこの危険にさらされている。どの子どもも周囲を大人たちに囲まれているために、自分を小さくて弱いと見なし、不完全で劣等であると評価せざるをえなくなる。こうした気持でいては、自分に自信を持ち、与えられた課題を、要求されているように円滑に間違いなく果たすことはできない。たいていの場合、この段階ですでに教育の誤りが始まっている。子どもに要求しすぎることによって、自分には価値がないという感情を、子どもの心に強く押しつけることになる。それどころか、自分たちが取るに足らぬ存在でしかなく、小さく劣等であることを、たえず意識させられる子どもたちがいるのである。さらに、なぶり者や慰み者として利用されるか、特別に保護しなければならない財産と考えられ、あるいはわずらわしい重荷と見なされる子どもたちもいる。またこれらすべての努力はしばしばひとつに統合して現れ、子どもは、あるときはこの面、あるときは他の面から、自分は大人たちを喜ばせるためか、あるいは立腹させるために存在しているのだと意識させられる。深い劣等感がこのようにして子どもたちに培養され、私たちの人生のある特色によって、いっそう強められる。ここで問題になるのが、子どもの言うことを本気で聞かない習慣や、子どもはそもそも何者でもないとか、子どもに権利はないとか、大人たちにいつも先を譲らなければいけないとか、静かにしていなければいけないなどと子どもに諭《さと》す習慣である。たとえそれがもっともだとしても、このような繊細さを欠いたやり方で子どもたちに話すのだとしたら、彼らがそのために興奮するのも無理はない。さらに、無数の子どもたちが、何をしても笑い者にされるのではないかという絶えざる恐怖感の中で成長している。子どもを笑い者にするという悪習は、子どもの発達に極度に害がある。このような笑い者にされてしまうことに直面した子どもたちの恐怖は、彼らの生涯に長く残り、大人になってもこの恐怖から逃れられないことがよくある。子どもたちに本当でないことを語ったり、子どもたちに本気で対処しない傾向も、非常に有害であって、その結果子どもたちは、周囲の人びとの真面目さや、人生そのものの真面目さをも疑うようになりやすい。いくつかの事例では子どもたちは、学校に上がった当初、教室に座っていても笑ってしまい、学校に関することすべてを両親の冗談だと思って、まったく真面目に受け取れなかったと、折を見てようやく打ち明けている。

## 2　自分を認めさせ、他者に対して優位に立とうとする努力

劣等感や不安感、不完全感は、人生の目標を設定するように強《し》い、それを整える助けをするものである。幼年期のごく初期にすでに、何とかして目立ちたがり、両親の関心を自分に向けさせようとする欲求がはっきり現れる。それは、自分を認めさせる人間の努力が胎動しはじめる最初の徴候である。自分を認めさせる努力は、劣等感の影響下に発達し、周囲の人びとに対して優位に立っていると感じられるという、目標の設定へと子どもを導くのである。

優位に立つという目標の設定には、共同体感覚の大きさがともに関わっている。子どもであれ大人であれ、彼らが備える共同体感覚と、力と他者に対する優位を得ようとする努力の関与とを

比較してみなければ、私たちにはその人を判断することはできない。目標は、それが達成されれば、優位に立っていると感じられるように、あるいは自分の人格を、人生は生きるに値すると思えるまで高めることのできる可能性を示すように、設定される。この目標はまた、感覚に価値を与え、知覚を操作して影響を及ぼし、表象を形成し、創造力の方向づけをしているが、この創造力を使って私たちは表象をつくり、記憶に留めたり消したりしているのである。考えてみれば、その感覚すら決して絶対的に重要なものではなく、同じようにすでに心の生活をみたしている、目標をめざす努力の影響を受けているのだ。もっとはっきりさせるならば、私たちの知覚には常に、ある密かな意図から生じる選択が伴っているし、表象も同じく絶対的価値があるものではなく、この目標の影響を受けているものであり、またさらに、私たちはどんな経験からも自分に適していると思われる面をいつも引きだそうとして、目標を常に念頭に置いているのである。そうであってみれば、これらすべては引きつづき相対的なものにとどまり、動かしがたい確実な価値は、ただあるように見えるだけでしかないことが理解できる。ひとつの虚構の産物なのだが、私たちは現実の創造力のようにして、現実には存在しない、ある固定点に依存しているのである。この仮定は、そもそも人間の心の生活が不完全であることに誘発されているが、子午線で地球儀を分割するような、存在はしないが仮定としての価値は大きい、科学と人生の多くの試みによく似ている。精神的な仮説のあらゆる事例において目標は、次のような現象と関わっている。すなわち私たちは、詳細に観察すれば実際には存在しないと納得せざるを得ないのだが、ある固定点を仮定するのである。しかし私たちがそうするのは、人生の混沌における方向確認をして、目算を立てられるようにするためにすぎない。感覚から始まったものすべてを私たちは、そこでならしかるべき処置をとることのできる、計算可能な領域に置き換えるのである。これが、人間の心の生活を観察する際に揺るぎない目標を想定することが私たちに約束するメリットである。

このようにして、個人心理学のこの表象圏から、〔試行錯誤を重ねて解決を発見する〕発見主義的方法が発達する。この方法ではさしあたり人間の心の生活を、あたかも先天的な潜在力から生じ、設定した目標に影響されながら、その後年の状態にまで成長したかのように見なして、理解するのである。しかし私たちは経験と印象によって、この発見主義的方法は、研究の補助手段以上の意味を持っており、そして基本的には、あるときは意識的に体験され、あるときは無意識のうちに開発された、心の発達の現実の過程とほとんど一致する、という確信を強めている。したがって、目標をめざす心の努力は、単に私たちの見解の形態であるだけではなく、基本的な事実でもあるのである。

力を得ようとする努力のような、この人類の文化のなかでも顕著な害悪に対して、どのように立ち向かい抵抗するのがもっとも有利かという問題に関しては、この努力の生じるのが、子どもと意思の疎通をはかるのが難しい時期である、という難点がある。問題点を解明し、誤りのある発達を改善する介入を始めることができるのは、ようやくはるか後になってからである。にもかかわらずこの時期の子どもと共同生活をすれば、どの子どもにも備わっている共同体感覚を発揮させて、力を得ようとする努力が度を超すのを抑えられる可能性は与えられる。

さらに別の困難は、もうすでに子どもたちは、力を得ようとする自分たちの努力を必ずしも率直には話さないで隠し、好意や優しい感情で言い繕《つくろ》って、密かに実行に移そうとしていることである。彼らは慎み深げに、それに気づかれまいとしている。力を得ようとする努力の抑制がきかなくなって増大すると、子どもの心の生活は悪い方へ変わっていくことになる。その結果、安全と力を得ようとする極端な衝動にかられて、勇気は厚かましさに、服従は臆病に変わり、細やかな心遣いは他の人を譲歩させ服従させ屈服させる悪知恵となりうる。そしてすべての性格特性には、明らかになった本性と並んでその上さらに、優越に対する強く狡猾な願望というおまけもが含まれることになるのである。

子どもに意識的に働きかける教育は、意識的にせよ無意識にせよ、子どもを不安状態から救いだし、生きる上での対処法や知識、経験を積んだ理解力、他者に対する感情を子どもに持たせるための心のはずみとなる。このような措置は、どちらの側からなされるにせよ、まず第一に、成長しつつある子どもを、不安感と劣等感から解放してくれる、新しい道を拓《ひら》く試みとして理解すべきものである。子どもの側で起こることは、性格特性という道の上で起こるのであり、特性とは子どもの心で起きていることの表現なのである。

不安感と劣等感が影響を及ぼす度合いは、主として子どもがどう解釈するかにかかっている。たしかに劣等性の客観的な度合いは重要な意味を持ち、子どもにもそれは感じられるであろう。しかし子どもがこの点でも、正しい評価をすると期待してはいけない。それは大人の場合でも、めったにないことである。こういうわけで、困難はかなり大きくなる。とても複雑な状況で成長した子どもが、自分の劣等性や不安の度合いについて思い違いをすることは、ほとんど自明と言える。自分の状況をもっとよく評価できる子どももいるであろう。しかし全体として見ると、子どもの感情は日ごとに揺らぐので、最終的に感情の安定を得て、それが自己評価として現れるまで、常に考慮しなければならない。自己評価がどういう結果になるかによって、子どもが劣等感のために求めている埋め合わせの補償ができ、それに応じて目標も設定されるであろう。

補償するように努力するという心のメカニズムのゆえに、心の器官は劣等感に対して常に、このつらい感情を埋め合わそうと努力して応えているのだが、それに類似しているのが、生物の生命である。生命にとって重要な器官が衰弱すると、その器官に生きるのに必要な力がありさえすれば、出力を異常に増大させて応え始めるという事実が、実証されている。血液循環を脅かす故障があるときには、心臓は力を強化して機能する。この力を心臓は有機体全体から引きだすのだが、同時に心臓自身も大きくなり、正常に機能している心臓より肥大化する。同様に、小さいことや弱いことや劣等感という事情のもとでは、心の器官は激しく緊張して、この感情を支配し、取り除こうと試みるのである。

さて劣等感に特に苦しめられている場合には、子どもは将来の生活で損をしないか心配し、単なる埋め合わせでは満足せず、高望みをすることがある（過剰補償）。力と優越を得ようとする努力は、極端なものとなり、病的なまでに高められる。こうした子どもたちは、普通の人生の関係では満足できないだろう。彼らは、自分たちの高く掲げた目標に応じて、派手な目立つ活動をしようとする。大急ぎで、はるかに度を超えた強い衝動に駆られて、周囲の人びとを顧慮することもなく、彼らは自らの立場を保障しようとする。このようにして彼らは、他の人びととの人生に目立つ形で干渉するので、必然的にどうしても防御される。彼らはあらゆる人たちと対立し、そしてあらゆる人たちが彼らと対立する。しかしあらゆることが、一様に最悪の意味で進行するわけではない。こうした子どもは、外面的には正常に見えるかもしれない道を長いあいだ進むことができるし、この道をとってはじめて自分のものとなる性格特性、つまり名誉心を、他の人びととまだ公然とは衝突しないやり方で、働かせることもできるのである。しかし、子どもの進むその道は、私たちの文化では承認しがたく見えるので、子どもがしようとしていることは誰も喜ばないし、また本当に有益な作用はもたらさないことが、しばしば認められる。というのも彼らは、幼年時代には自分の名誉心を、有益に作用するように仕向けたり、働かせたりすることはまったくできないので、おおむね、とことんまで推し進めてしまい、他の人びとにとっては常に邪魔になるからだ。後になると通常、社会的な機構という意味での人間社会では、敵意を告げることになる別の現象が、さらに加わる。この現象に属するのは、何よりもまず虚栄心や高慢であり、何が何でも他の人びとを圧倒しようとする努力であるが、それは、自分自身を高く上昇させようとする努力ではなく、他の人たちが下降すれば満足することが明らかである。そこでは子どもにとっては、他の人たちとのあいだの、格差の増大する隔たりだけが問題なのである。しかし、このような人生に対する態度選択は、周囲の人びとの気持をかき乱すだけではなく、これらの現象の推進者自身にも、人生の否定的側面ばかりで、本当の生きる歓びが生じないので、不愉快な思いをさせることになろう。

懸命な努力を傾けることによって、これらの子どもたちは、他のすべての人びとを凌駕しようと願っているが、そのために、人びととの義務である共同の課題と矛盾するようになる。この力を渇望しているタイプの人を共同体の理想的な人間像と比較すれば、ある人が共同体感覚からどの程度遠ざかっているか、おおよそ確かめる評価の練習をいくらか経験できるだろう。

さて、たとえ非常な慎重さを要するにしても、人間知に通じた者が、肉体的、精神的な欠陥に目をとめるならば、心の生活の発達が阻害されてきたに違いないとおそらく推しはかりたくなるのは当然である。このことを念頭に置くならば、私たち自身の共同体感覚が充分に発達している場合に限るのだが、それらの欠陥は何の害にもならないし、むしろ有益でありうることがわかるだろう。この主旨は、まず第一に、整っていない容貌ないし好感のもてない性格特性の持ち主に、そうなってしまった責任を負わせずに、守られていない彼の権利をできるだけ遵守することであり、また、この点に関しては充分な配慮をしなかったのだから、社会的な不幸については共犯であるという、私たちみなの共同責任を自覚することである。この私たちの立場をとれば、安堵できるであろうし、人間のゴミや退化物であるかのようにこうした人びとに接することは、もはやなくなるであろう。このような認識に立って私たちは、発達がより自由になり、周囲の人びととの関係で自分が対等で同格であると評価しやすくなる、そういう雰囲気をまずつくらねばならない。先天的に劣等性のあることが外見から明白な人を目にすると、不快な思いをすることがよくあるのを思いおこせば、共同体感覚という絶対的真実と調和をはかるために、まず私たち自身がどういう教育作業を優先させなければならないか、文化がこの人びとにどれほど責任を負いつづけているか、見きわめることができるだろう。言うまでもなく、劣等器官を持って生まれてきた人びとこそ、他の人びとが受けずにすむ人生の重みをただちに感じとって、悲観主義的な世界観を発達させやすいのである。そして、さほど目立たない器官の劣等性であっても、当然にせよ不当にせよ、同じように劣等感をかかえこんでいる子どもたちも、みな同じ状態にあるのだ。その子どもたちが、特殊な状況、たとえば厳しい教育を受ける時期によって劣等感が高められると、その効果においては同じことになる。ごく幼い日々に彼らに差し込まれた棘《とげ》は、もはや抜きとられることはなく、冷淡な扱いを受けるとひるんでしまい、彼らは周囲の人びとにそれ以上親しもうとしなくなって、その結果、自分とは無関係な、愛情のない世界に向き合っていると信じるようになるのである。

ひとつの事例をあげよう。ある患者は、いつも精神的な重荷に苦しめられているようにもったいぶって歩き、いかに自分の義務の観念が強く、いかに自分は重要な行為をしているか、常に強調するので、注目を引いていた。彼は妻と、考えられる最悪の状況で暮らしていた。双方ともに、厳密にひとつの指針に基づいて行動する人たちであり、ゆきつくところは、一方が他方を凌駕することしかなかった。その結果、不和と争いが起こり、やがて相互の非難がますます激しく、ひどくなって、最終的には夫婦の絆が絶たれてしまい、もはや互いの関係を修復することはできなかった。たしかにこの患者は、共同体感覚の一部を持ちつづけてはいた。しかし、自分の妻や友人やその他の周囲の人びとに対しては、自分の優位を認めさせたいという性癖に抑えられて、それを示すことができなかったのである。

彼は自分の一生の物語の中から、次のようなことを語った。彼は十七歳まで身体的には成長せず、発育が悪かった。声はまだ少年のままで、髭も生えなかった。身長は、彼は仲間うちで一番小さかった。今、三十六歳である彼には、目をひく点はひとつもないし、見かけの男性的容貌にもまったく申し分がない。自然は、十七歳まで彼に与えないでいたものを、すべて埋め合わせたのである。しかし彼は八年にもわたってこの発達中断の憂き目を見、これがおのずと消えてしまうことを、その当時は知るすべもなかった。それで彼はその間じゅう、自分の身体は発育が遅れたまま、「子ども」としてずっと暮らすことになるのだろう、という考えに苛《さいな》まれた。後年彼に見られるようになったものの萌芽は、当時すでに現れていた。誰かと会うやいなや彼は、自分は子どものように見えるが子どもではないと、のべつ幕なしに説明しようとしたのである。こうした結果、彼はいつも自分をひけらかして勿体ぶるようになり、あらゆる活動や表現手段を、自分に注目を集める努力に捧げるようになった。こうして次第に、今日彼に見られる固有の性質ができあがったのである。妻に対しても彼は、自分は元来、妻が思っているよりも偉いのだから、今よりもはるかに大きい価値が自分には与えられてしかるべきなのだと、たえず理解させようと努めた。一方、よく似た性質を持つ妻は、彼は本来、自分で考えているより取るに足らない人間だということを、彼に指摘し返した。このような状態では親密な関係が生まれるはずもなく、婚約時代にすでに明らかな不和の徴候を見せていたこの結婚は、完全に破綻してしまった。しかしそれと同時に、そうでなくともこの人の自意識はひどく弱っていたので、この失敗のために深い衝撃を受けて、医師を訪れたのである。そして医師と協同で、どういう誤りを人生で犯したか理解するために、はじめて人間知の習得に従事せねばならなかった。自分は劣等だと誤解した少年時代の思い込みが、彼の一生を貫いていたのである。

## 3　主導指針《ライトリーニエ》と世界像

このような診察をするときに望ましいのは、幼年時代の印象に始まって現在の状況まで、あたかも一本の線を引くかのようにして関連づけてみることである。この方法で多くの事例で、人がこれまでそれにもとづき行動してきた心の指針の線を、うまく引くことができるだろう。それが、その人の生が幼年時代以来、それにもとづいて型にはまったようにたどってきた行動の指針なのである。ひょっとすると、あたかもこれは人間の運命を軽く見る試みであるかのような、そして私たちには自由な裁量を、つまり、運命は自分の手でつくるものだという言い伝えを否定する傾向があるような印象を、かなりの人たちに与えるかもしれない。この後者は、事実、当たっている。なぜならば、実際に作用しているのは常に、ある人間の行動の指針なのであって、その形態はおそらく何らかの部分的変更がなされているにしても、そのもっとも重要な内容やそのエネルギー、その意味は幼年時代以来ゆるぎなく変化せずに持続しているからである。周囲の人びとという子どものころの環境との関連は無視できないものの、それは後には、もっと大きい人間社会という環境と交替することになる。こうした診察の際には、ある人間の生い立ちを幼年時代の最初期にまで、たえずさかのぼって追跡してみる必要がある。というのも、乳児期の諸印象がすでに、子どもに一定の方向に向かうように指し示し、人生の問いには一定のやり方で答えるように、指示しているからだ。子どもが生まれながらに備えている、発達の可能性のあるものすべてが、この人生の問いに答えるために使用される。そして、子どもが乳児期にすでにしてさらされている抑圧が、早くもその人生観の性質や世界像に、根源的なやり方で、影響を与えることになる。

したがって、人間の生に対する姿勢が、その現れ方はごく幼いころとは異なるにせよ、そもそも乳児期以来さほど変化していないのだとしても、驚くにはあたらない。だからこそ、乳児のときから、間違った人生観を得ずにすむ境遇に身を置くことが大切なのである。ここで決定的なのは、何よりも子ども自身の力と辛抱強さ、また子どもの社会的位置と教育者の特性である。たとえ初めのうちはただ機械的、反射的にしか子どもが応答しないとしても、子どもの姿勢は、目的にかなっているという意味では、まもなく変化して、もはや欲求が満たされないことによる外的なさまざまな要因が子どもの苦しみや幸運を形成するだけではなくなり、時とともに自分の力で、これらの要因の抑圧から逃れることができるようになるのである。このような子どもたちは、人から良い評価を得ようと努力し、教育者の抑圧を振り払おうと努めて、対立者になっていく。この過程は、いわゆる自我の発見の時期、つまり子どもが自分自身について、あるいは一人称形式で話しだす時期に、ほぼ重なる。この時点ですでに子どもも、自分と密接な関係にある周囲の人びとが、必ずしも公正中立ではないことに気づくようになる。周囲の人びとは、子どもに対し、態度を決めて周囲の人びととの関係を調整し、子どもの周辺世界の像という意味でだが、健全な生活を求めるように強いるのである。

さて、人間の心の生活にある、目標めざして努力する傾向について、これまで述べてきたことが了解されているならば、この行動の指針には、特徴的なしるしとして、確固たる統一性が貫かれていることがおのずから明らかであろう。このことはまた、一人の人間を統一ある人物として理解するということでもあり、それはある人間が、相互に矛盾し合うように見えるさまざまな表現行動を示すときに、とりわけ重要である。学校にいるときと家庭とではその行状が完全に食いちがっている子どもたちがいる。そのほかに人生では、その性格特性が一見すると非常に矛盾したかたちで現れているので、本当の人となりに惑わされるような人間に出会うこともある。同様に、二人の人間の表現活動が表面的には完全に一致していても、より詳しく調べて、その根底にある行動の指針を見れば、二人はもともと正反対の人間であると証明されることもある。二人が同じことをしても、それは同じ意味ではない。しかし二人が同じことをしなくても、同じ意味になることもあるのだ。

まさに肝要なのは、心の生活のさまざまな現象を、その多義性にしたがって、個別に互いに孤立したものと見なすのではなく、その真逆に、相互の関連の中で、しかもそのすべてが統一的にひとつの共同の目標に向けられたものと見なすことである。問題は、ある人間の生のあらゆる関連の中で、ある現象がその人にとってどういう意味を持っているか、ということなのだ。その人に起こる現象はすべてある統一的な方向に属していると考えてはじめて、その心の生活を理解する道の障害物が排除されるのである。

人間の思考や振る舞いが、目標をめざす努力のもとに置かれ、確固たる目的によって制約され、方向づけされることを了解すれば、間違いの最大の原因がどこに由来するかが理解できる。その間違いの原因は、個人にとっては、その人の人生の成功やその他の長所をまたしても彼の特性にすべて関連させて、彼自身の個人的なひな型や主導指針を強化するという意味で利用することにある。それが起こりうるのは、あらゆることを吟味することなく、意識と無意識の闇の中で受けいれて処理しているからである。科学によってはじめて、この闇に光が射しこまれ、すべての過程を把握し、理解し、ついには改変することも可能になったのである。

この点についての分析を、ひとつの事例をあげて閉じることにしよう。その際、個々の現象を、これまでに得た個人心理学の認識の助けを借りて分析し、説明を試みたいと思う。

ある若い夫人が診察を受けにきて、克服できない不満について訴えたが、その原因を彼女は、あらゆる種類の多くの仕事のために一日じゅう煩《わずら》わされている、という事情のせいにしようとした。表面的に観察したところ、彼女はゆとりのない性格で、落ち着かない目つきをしていたが、買い物に出るとか、その他何かの仕事を始めようとすると、非常な不安に襲われると訴えたのである。彼女の周囲の人びとから聞いたところでは、彼女はあらゆることを深刻に考えて、仕事の重荷に押しつぶされそうに見えるという。さしあたり彼女から受けた一般的な印象は、すべてを非常に重大に考える人間というもので、これは多くの人間に見られる現象形態である。ここで特徴的なのは、彼女の周囲のある人が、「彼女はいつも作り話をしていた」と述べていることだ。

自分の義務である仕事を特に困難で意義深いものとして受けいれる性癖の重要性と、こうした振る舞いが人間の集団や結婚生活の中で持つ意味とを考えて、検証してみよう。そうすると、この性癖は、必要不可欠な仕事でさえすでになかなかできなくなっているのだから、これ以上の負担はとても無理と周囲の人びとへ訴えているようなもの、との印象を拭いきれないのである。

これまでに得たこの夫人についての知識では、まだ充分ではない。もっと彼女が語りつづける気になるように努めなければならない。このような診察の際には、相応のデリカシーが必要で、治療者の大所高所からの主観的な物言いは禁物であり、そうするとすぐに患者が反抗的態度を示す恐れがあって、それくらいなら推測混じりか、尋ねたりしない方がましなのである。対話のできる可能性が生じれば――この私たちの事例のように――、彼女の全存在、全振る舞いがそもそも示しているのは、おそらくご主人に、なのであろうが、誰かに理解してもらいたいということ、これ以上の負担には耐えられないし、慎重な取り扱いと思いやりのある言葉を要求しているということなのだと、徐々に解釈を示すことができよう。そうすれば、すべてのことがかつてどこで始まり、そして促進されてきたのか、引きつづき感じ取って、解釈を示すことができるし、彼女が数年前、とうてい優しさの感じられない扱いを受けた時期を耐えねばならなかったことを、自ら認められるようになるだろう。それによって私たちは、彼女の態度行動は、思いやりを求める要求の促進であり、また、温もりを求める願望が傷つけられる状況に戻ってしまうことを避ける努力であると、よりはっきり識別できるのである。

私たちの所見は、さらに続く彼女の語りによって、裏づけられる。彼女は一人の女友だちのことを話し、多くの点で自分とは反対で、不幸な結婚生活をしていて、そこから逃れたがっていると言った。あるとき、彼女がこの友人と会うと、友人はちょうど一冊の本を手にしており、うんざりしたような声で自分の夫に、今日の昼食をその時間に用意できるかどうかわからないと、それとなく言った。そのため夫は興奮して、彼女の性質を夢中になってはげしく批判した。この出来事に付け加えて患者は語った、「私がこの件をちゃんと観察しているのなら、私のやり方の方がずっとましですよね。私をあんなふうに非難する人はいません。だって私は朝から晩まで働きどおしですから。我が家で昼食が時間どおりにできなかったとしても、私の時間はてんてこ舞いでいつも気をいら立たせることでいっぱいなのですから、あんなことを私に言える人はいません。私はこのやり方をやめた方がいいのでしょうか？」

この夫人の心の生活で何が行なわれていたか、おわかりだろう。比較的害のない方法で、ある優越を得て、あらゆる非難を免れ、自分にはいつも思いやりある扱いと活動が必要なのだと宣言する企てがなされている。これに成功すると次に、それを断念しようとする要求が、あまり明確にではないが、現れる。しかしこの行動の背後には、もっと別なものが潜んでいる。思いやりを求める訴えは、結局は同じように、他の人びとを凌駕することを求めているのであるが、それはいくらやってもとても満足させられないのである。そして、この連関の中でさまざまな種類の不快なことが起きる。何かを紛失したり、見当たらなかったり、混乱が生じたり、細君がいつも頭を痛める「家計」しかり。彼女は落ち着いて眠れないのだが、それは彼女が、自分がいかに奮闘しているか、強調することに常に心を砕いており、しかもその心労を過大視し、誇張しているせいなのである。他の人から招待されることは、それだけでもう容易ならぬ用事で、それに応じるためには、なみなみならぬ準備が必要とされる。ごく小さな仕事でさえ、彼女には過度に大きく思われるので、客としての訪問は彼女にとっては重大な仕事であって、そのためには数時間、いや数日間の時間が必要になる。このような場合には、訪問の辞退、少なくとも遅刻という結果になるものと、かなり確実に見込まれよう。交際は、このような人間の生活では、一定の限度を超えることはない。

さて、夫婦のような二人の人間の間柄では、このような思いやりを要求する訴えがなされたために特に浮き彫りになる相互関係がたくさんある。夫は、職業の必要上、留守にしなければならないことがあり、また彼には友人仲間があって、一人で訪問しなければならないことも、彼が属しているクラブの集会に出なければならないこともある。こうした場合、夫人を家に一人で残すことは、思いやりやいたわりを求める要求に反しないだろうか。最初の要因では、とかく私たちにありがちなことだろうが——そしてしばしば現実にそうなのだが——、夫婦の間では相手をできるだけ家庭に束縛する権利が容認されているのではないだろうか。この要求は、非常に共感できる部分もあるように見えるかもしれないが、何かの職に就いている人間にとっては、何ともしがたい困難を意味している。したがってお定まりの騒動となり、私たちの事例のように、夫が慎重に戸を閉めて、おずおずとベッドに寝に行くと、夫人がまだ目を覚ましていて、非難をこめた顔つきで迎えるので驚かされることになる。この種の状況はおなじみのことだから、ここでこれ以上述べることはしない。それにまた、夫人のささいな欠点だけではなく、同じような目に合っている夫たちも同じくらい大勢いるということも、見逃してはならない。しかしここで重要なのは、特別な思いやりを求める要求が、時には別の方策をとることもありうると示されている点である。私たちの事例では、こうした出来事はいつも次のように起こる。夫がある晩、家を空けなければならなかったとき、夫人は、あなたが会合に出ることはめったにないのだから、今夜はそんなに早く帰らなくともいいのですよ、とはっきり言うのである。彼女はこのことを冗談めかした口調で言うのだが、その言葉には非常に慎重を要する核心が含まれている。一見したところこの言葉は、これまで描いてきた彼女のイメージとは矛盾するように思われる。しかしよりつぶさに眺めれば、矛盾していないことがわかる。この夫人は非常に聡明なので、あまり厳格な態度をとるつもりはなかった。また彼女は表面的には、すべての点で、非常に感じのいいイメージを見せていた。私たちの事例はそもそも、まったく非のうちどころはなく、私たちはただ心理学上の関心から扱っているにすぎない。彼女が夫に語った言葉の本当の意味は、今や夫人が命令を下した、というところにあるのである。今回は、彼女がそれを許可した以上、遅い帰宅は許されているけれども、もし夫が自発的にそうしたならば、彼女は非常に感情を害したことだろう。したがって彼女の発言は、すべての関連をカムフラージュする作用をしていた。今では、夫人が指示を出す立場にあり、夫は、社会的な義務には従うものの、夫人の願望と意志に任せるようになっていたのである。

　さて、特別な思いやりを求める要求を、この夫人は自分でうまく指揮をとることができる、という私たちの新しい認識と結びつけると、すぐに次のことを思いつく。つまり、この夫人のすべての生は、二番手の役割を演じまいとし、常に優位に立とうとし、いかなる非難によってもその地位から落とされまいとし、常に周囲の小世界の中心であろうとする、途方もない衝動で貫かれているに違いないということである。この指針は、どんな状況においても彼女に認めることができる。家政婦を替えることが問題になったときもそうだった。このとき彼女は明らかに、これまでなじんできた支配権を新しい家政婦が来ても維持できるかどうか心配して、非常なパニックに陥っている。彼女が外出の支度をするときと同じように、である。自分の支配権が無条件に保証されていると思える領域で生活することと、家を出て「見知らぬ領域に」、突然何ものも彼女の意志に従わず、人間が車を避けねばならない、人間がほんの小さな役割しか演じない街路に赴くこととは、彼女にとっては異なっている。つまり、この夫人が家庭内でどのように絶大な支配力を要求しているかを熟慮してはじめて、この緊張した状態の原因と意味は明らかになるのである。

こうした現象は、こんな人間に悩みがあるなんて当初はまったく考えつかないほど、とても感じのいいパターンの人間に、しばしば現れる。この悩みは非常に深まることもあるが、私たちの事例と同じような緊張状態が、ただ単に増大したものと考えればよい。路面電車を利用することに躊躇する人びとがいるが、それは、車内では自分の思うように動けないからである。このような人びとは、しまいにはもう、まったく家から出たがらなくなることがある。

私たちの事例は、さらに発展させると、人間の人生に幼年時代の印象がいかに繰り返しのちのちまで影響を及ぼすかを示す、有益な範例となる。この夫人の言っていることは、彼女の立場からすれば正しく、それを否定することはできない。というのは、ある人間が、温もりや尊敬、思いやりを求めることに強く集中して照準を定め、全生活をそれに適応させるときには、いつも過重負担で憤慨した態度をとる、という手段は、決して不適切とは言えないからであり、それによってその人間は、あらゆる批判を遠ざけることに成功するだけでなく、周囲の人びとがいつも穏やかに忠告したり、援助したり、この人間の心のバランスを乱すものごとをすべてを回避するように仕向けることができるからなのである。

　私たちの患者の人生の時間を大きくさかのぼってみると、彼女は学校時代にすでに、課題ができないと大変な興奮状態に陥ってしまい、教師は彼女を思いやり深く扱わざるをえなくなったと言われている。それに加えて、彼女は次のように述べている。彼女は三人きょうだいの長姉で、すぐ下は弟、その下が妹だった。弟とはいつも争ってばかりいた。弟はひいきされていると彼女は常に思っていたが、とりわけ彼女の腹立ちの種になったのは、人びとが彼の学業成績にはたえず非常に注意を払ってきたのに、当初は優等生だった彼女の良い成績にはまったく無関心だったことで、なぜ自分は不平等な尺度ではかられるのかと、もはや彼女はほとんど我慢できず、いつもあれこれ思い悩んでいた。

　この少女が対等を求めていたこと、また幼年時代から強い劣等感を持っていて、それを解消しようと努めていたことは、すでに理解できた。学校で彼女は、劣等生になるという方法でそれを実行したのである。学校の成績を悪くすることによって、倫理的な意味ではなく、子どもらしい意味でだが、弟を凌駕しようとしたのだったが、それは両親の関心を特に強く自分に惹きつけるためだった。この経緯は、いくらか自覚されてもいた。なぜなら、悪い生徒になるつもりだった、と彼女は今日、はっきり断言しているからだ。しかし彼女の成績が悪くても、両親は少しも関心を持たなかった。そして、再び興味深いことが起こる。彼女は突然、また良い成績をとるのである。だが今度は、末っ子の妹が、目につくやり方で舞台に登場してくる。というのも妹も成績が悪かったのだが、母親はほとんど弟と同じくらいに、それも風変わりな理由から、妹の成績を気にかけていたのである。すなわち、私たちの患者の悪い成績は、単に学科だけだったのに対し、妹は素行の評価が劣っていた。素行の点が悪いとまったく別の効果があるので、妹はこうしたやり方で、姉以上に関心を惹くことに成功したのだ。素行の点数は特殊な措置に結びついているので、両親はこの子どもを姉以上に気にかけずにはいられなかったのである。

かくして、対等を求める闘いはとりあえず挫折した。ここで強調しなければならないのは、対等を求める闘いの挫折は、この係争の過程に中休みが生じる結果には決してならないということである。こうした状況に耐えられる人はいない。ここから繰り返し新しい動きが始まり、新たな努力が生じるであろうが、それらがこの人間の性格形成に寄与するのである。今やまた私たちは、この彼女のする作り話や性急さ、そして気は滅入るし過重負担だといつも他の人びとに言う努力を、よりよく理解できるようになった。すべては母親に向けられていたのであって、弟や妹と同じように自分にも関心を惹こうとしての、両親に対する強迫だったのであり、同時に、他のきょうだいよりも扱いが悪いことに対する非難でもあった。この当時に作られた根本にある心の状態が、今日まで保存されていたのである。

彼女の人生は、さらにもっとさかのぼることができる。特に印象深い幼年時代の体験として、三歳のときに、生まれてすぐの弟を木片で叩こうとしたが、母親が用心していたために大事にならずにすんだことを彼女はあげている。この少女は並外れて鋭い感知力を持っていて、自分が冷遇され軽視される原因は、自分が単に女の子でしかない境遇にあるためだと、当時すでに突きとめていたのである。あのころ、男の子になりたいという願いをいかに数多く口にしたことか、この夫人は実によく記憶している。つまり、弟が生まれたために、これまでの温かい巣から引きだされただけでなく、彼女よりもはるかに良い待遇が少年の彼に与えられるのを見て、彼女の心は特に憂鬱な状態になったのだ。この不公平を補償する努力をしているうちに、いつも過重負担状態でいるという方法を、彼女は次第に思いついたのである。

ある人間の行動の指針がその人の心の生活にいかに深く根を下ろしているか、さらに夢の事例をひとつあげて示そう。この夫人は、家の中で夫と話し合いをしている夢を見た。しかし、夫は全然男性のようには見えず、女性のように見えた。この夢の詳細は、体験や人びととの関係を処理するときの彼女のパターンを象徴的に示している。つまりこの夢が意味しているのは、彼女が夫と対等であることを発見したということである。夫はもう、あの頃の弟のように他を凌駕した男性ではなく、すでにおおよそ女性と変わらないのである。二人の間にはもう優劣の差はない。そもそもすでに幼年時代にいつも望んでいたことを、彼女は夢のなかで実現したのである。

このようにして私たちは、ある人の心の生活の二つの点を結びつけることによって、その人の生の指針を、主導指針を暴きだし、その統一像を獲得することができた。これを要約するなら、私たちが相対しているのは、愛すべきさまざまな手段で、他を凌駕するという役目を果たすべく努力している、一人の人間なのである、とすることができよう。

# 第六章　生《せい》に対する準備

個人心理学の原則は、心の生活の現象はすべて念頭にある目標に対する準備と理解されるべきだ、ということである。これまで記してきた心の生活の形成は、私たちにとっては、個人の願望が実現すると思われる、未来に対する準備という意味を持っている。それは人間に普遍的に見られる現象であって、人間はみなこの過程を通過しなければならない。いつの日か到来する、あるいはすでに過去になった理想の状態を熱く述べる古い神話や伝説、聖人譚も、このことを物語っている。ここで重要なのは、あらゆる民族に見られる楽園喪失の確信であり、未来にはいかなる困難も克服されるだろうという、この人類の憧憬があらゆる宗教に響きわたっていることである。指し示されているのは、まさに浄福や永劫回帰であり、魂は繰り返し新たに形成されうるとする信仰にほかならない。すべてのメルヒェンは、幸福な未来に対する希望が決して人類から消え去らなかったことの証明書なのである。

## 1　遊び

子どもの生活には、未来に対する準備であることが明瞭に示されているひとつの現象があるが、それは遊びである。遊びは、両親やその他の教育者たちの気まぐれな一種の思いつきでは決してなく、教育の替わりとなるもの、精神や空想力や技能を刺激するものと見なされるべきである。遊びにはいつもきまって未来に対する準備が、遊ぶ方法やその選択に、そして子どもが遊びにどんな意味を認めているかに、現れている。同じように遊びにはいつも次のことが現れる。つまり、子どもの周囲の人びととの関係はどうなのか、仲間の人たちに対する態度はどうか、友好的か敵対的か、なかんずく支配的な性向が強くないか、というようなことである。また子どもの生に対する考え方も、遊びの中で見てとることができる。遊びはしたがって、子どもにとっては特別な重要性を持っている。これらの事実は、子どもたちの遊びを未来に対する準備と解することを教えている。そのことを明らかにした教育学のグロース教授(3)はまた、この傾向が動物の遊びにも通底していることを示した。

ここまでではまだ、すべての観点が論じ尽くされたわけではない。とりわけ遊びは、共同体感覚の現れる活動でもある。共同体感覚は子どもには非常に強いので、子どもはどんな場合にもこの感覚を満足させようとするし、またこの感覚に魅了されてもいる。遊びを避ける子どもたちは、いつも失敗を恐れているのである。家に引きこもりがちな子どもたちは、ほかの子どもたちと引き合わされると、たいてい遊びを台なしにしてしまう。これらは主として、高慢や低い自己評価、それゆえの自分の役割を仕損じないかという恐れから起きている。一般に子どもたちの共同体感覚の度合いは、彼らが遊んでいるときに正確にはかることができるのである。

遊びに非常に明瞭に姿の現れるその他の要素は、命令や支配することを好む性向で露見する、他者の優位に立とうとする目標である。これは、子どもが出しゃばるか、どう出しゃばるか、またこうした性向を満足させ、支配的役割を演じる機会を与える遊びを子どもがどの程度まで好むかで、判定できよう。人生に対する準備、共同体感覚、支配欲というこれら三つの要素のどれにも関わっていない遊びは、ほとんどないであろう。

しかし遊びには、さらに別の要素が付随している。それは子どもにとっては、遊ぶことが活動になっている可能性である。遊んでいるときには子どもは、多かれ少なかれ自立していて、その行動は遊びを通じて他の子どもと関連を持たざるをえなくされる。創造的な要素が特に目立っている遊びも、数多くある。特に、子どもの創造的な素質を活動させる広い分野を提供する遊びは、将来の職業のための重要な要素を含んでいる。そして多くの人びとの一生の物語には、たとえば当初は人形のために作った衣服を、後には大人のために作るようになった、というようなことがたしかに見られるのである。

遊びは、子どもの心の発達と分かちがたく結びついている。遊びはいわば子どもの仕事なのであり、そのように理解しなければならない。したがって、遊んでいる子どもを妨害することは、決して無害ではない。遊びを時間の空費と解してはならない。未来に対する準備という目標を考慮するなら、どの子どもにも、未来の大人としての姿がすでに思い描かれているのである。したがって、ある人の子ども時代をも知ることは、私たちにとってその人を診断するうえで重要な助けとなるのである。

## 2　注意力と注意力散漫

人間の作業能力として大変重要な心の器官の能力は、注意力である。私たちの感覚器官を、私たちの身の外部や内部の出来事に注意深く結びつけると、私たちは特別な緊張感を抱く。しかもそれは体じゅうに広がるのではなく、特定の感覚領域、たとえば眼に限定される。私たちはこのとき、何かを準備しているかのような感覚を持つ。この場合に重要なのは、運動の過程（私たちの〔眼の〕事例では視軸の焦点を合わせること）であり、それがこの特別な緊張を感じさせていることが、実際に確認できる。

さて、注意力の行使が私たちの心の器官と運動機構の特定の領域に緊張を呼びおこすとき、それと同時に言えるのは、それ以外の緊張は封じられなければならないということである。それにより、私たちがある事柄に注意力を集中するや、その妨げとなるものはすべて排除しようとすることの説明がつくのである。つまり心の器官にとって、注意するということは、待機している状態で、現実とのまったく特殊な結合であり、やむをえない必要や異常な状況から生ずる攻撃ないし防御活動のための準備をしていることを意味している。その際には、全力をあげて、ある特別な目的に従事しなければならないのである。

人間は誰でも、病気か知的障害がない限り、注意力を働かせる能力を持っている。それでもやはり、ある人には注意力がないと気づくことがよく起こる。その原因はたくさんある。注意力を発揮する能力を阻害する要因は、まず第一に疲労か病気である。さらに、注意力に欠陥がある人びとがいるが、それは、その人たちの注意を向けなければならない対象が、その人たちの生に対する考え方や行動の指針に適合しないので、まったく注意を向けるつもりがないからなのである。だがしかし、彼らの人生の指針と何か関連している要件になると、彼らの注意力はすぐに眼を覚ますことになる。注意力に欠けるもうひとつの原因には、反対することを好む性癖がある。子どもには、容易に人に反対したがる性向があり、そうした子どもたちは人から何か差し出されると、何にでも、いやだ、と答える。このとき彼らに、これ見よがしに反対を誇示させてはならない。こうした場合には、差し出す対象を、子どもの意識されていない人生計画や主導指針と結びつけて、言ってみれば子どもを納得させるのが、とるべき教育方法であり、教育的な思いやりというものである。

あらゆることを見たり聞いたりでき、いかなる現象や変化もとらえることのできる人びともいる一方で、いわば視覚器官だけで世界に相対《あいたい》している人びともいれば、聴覚器官だけで相対している人びともいる。後者は、眼に見える事物が問題である限り、何も見えないので、何も注意をせずに、何も手に入れないことになる。これもまた、本来なら注意が向けられてしかるべきところに、しばしば注意が向けられない理由である。

注意力を喚起するもっとも重要な要素は、本当に深いところに根ざしている関心である。関心は、注意力よりはるかに深い心の層にある。関心があれば、注意を払うのは当然で、教育が影響を及ぼす必要はまったくない。教育は、関心のある領域を一定の目的に応じて自分のものにするための手段にすぎない。人間は何の失敗もせずに成長するものではなく、決まって誤った道をさまようものである。こうしてある人が誤ってしまうと、むろん彼の関心もそれに伴うので、その結果、人生に対する準備と考えれば意味のない事物に対して、関心が向けられることがある。そのように、ある人の関心が、たとえば本人自身に、特に彼の持つ権力的な力に向けられるとき、その力に対する関心に関する限り、そこで彼が何を得ようが、彼の力が脅かされようが、彼はどこにでも注意を向けていることが判明するであろう。そうでない場合には、彼の注意はそれほど長く力に拘束されず、力に対する関心に替わって、別の関心が現れるであろう。特に子どもたちの場合、彼らにとって人に認められることが問題なときは、すぐに注意深くなり、何も得られないと知るとたちまち注意を喪失することが、明瞭に見てとれるのである。ここでは、非常に多様な関連や注目に値することが生じているようだ。

注意力散漫とは、本来、ある人間が注意を向けると期待されている事柄から、むしろ逃《のが》れようとしているということにほかならない。注意を逸《そ》らすとは、単に注意をその他のことに向けさえすれば起こることである。したがって誰かある人が、注意を「集中する」ことができない、と言うとしたら、正しくない。その他のことに関してならば充分に集中できることは、いつでも明らかであろう。この集中力喪失の場合と変わらないのが、いわゆる意志薄弱、または活力喪失の場合である。ここでもたいていの場合、まさに強固な意志や活力が見られるが、しかしそれは異なった方向に向けられているのである。

こうした事例の診療は容易ではない。こうした人の人生計画の全体を明らかにしなければ、治療はできないだろう。どの事例においても、異なったものを得ようと努力しているために不足が生じる、ということは受け入れられよう。

注意力散漫は、多くの人びとの永続的な性格特性である。ある種の仕事を割り当てられると、何らかの方法で拒否するか、または完全にはやり遂げずに他人に厄介をかける人びとが、しばしばいるものだ。注意力散漫は彼らの永続的な性格特性であって、必要な行為に彼らが取り組まなければならなくなるや、たちまち姿を現わすのである。

## 3　過失と健忘症

過失について語られるのは、通例、どうしても必要な配慮を注意力散漫で怠ったり、おろそかにして、ある人の安全や健康が脅かされるときである。過失とは、ある人の注意力がまったく足りないことを意味する現象である。注意力不足は、仲間の人たちに対する関心が不足していることに起因している。過失のこうした特性から、たとえば子どもたちが遊んでいるときに、自分たちのことの方を考えているか、それともほかの子どもたちのことを充分に考えているか、見てとることができる。この種の現象は、ある人の公共心や共同体感覚をはかる確実な尺度である。仮に刑罰で威嚇されたとしても、ある人の共同体感覚の発達が不充分なときは、他の人びとへの関心は苦労しなければ持つことはできないが、公共心が発達している人の場合は、たやすく持てる、というか、すでに持っているのである。

過失とはしたがって、共同体感覚が欠乏しているということである。それでも、あまりに偏狭に考えすぎるのも、この場合にはふさわしくないだろう。というのは、どうしてある人は私たちが期待した関心を持たないのか、ということも常に探求しなければならないからである。

注意力が低下することによって、物忘れや大事なものの紛失が起こる。この場合、おそらくよく注意もし、関心も払っているのだろうが、しかしそれは最初からそうなったのではなく、何となく気が進まなくなって、紛失や忘れ物が始まり、それが助長され、健忘症となってしまうのである。それはたとえば、子どもたちがノートを失くすような事例である。たいていは、まだ学校の事情によく慣れていなかったことが容易に確かめられるだろう。さらに、しょっちゅう鍵を置き忘れたり、失くしたりする主婦たちがいる。この場合もたいていは、主婦の仕事によくなじむことのできない女性たちであることが判明する。

物忘れしやすい人たちは、公然と反抗することは好まないが、物忘れすることによって、自分の課題に関心がないことを、こっそり打ち明けているのである。

## 4　無意識

ここまで論じてきて、すでに目についていたであろうが、しばしば扱われているのは、そのたいがいの当事者にはあまり供述することのできない出来事や現象なのである。注意深い人であっても、たとえばなぜ自分にはたちどころにあらゆることが見えるのか、申し述べることのできる人はめったにいないだろう。つまり心の器官には、意識の領域では見いだせない能力があるのである。意識的な注意力は、ある程度までは、無理すれば手に入れることができるが、しかし注意を喚起するきっかけは、意識ではなく、関心にあり、そして関心は多くの場合、無意識の領域に存在する。無意識とは、その周辺領域すべてを含め、心の器官の成果であって、同時に、心の生活のもっとも強力な要因でもある。ある人の行動の指針やその人の（意識されていない）人生計画を形成する力は、無意識のなかで求められ、また見いだされる。意識の中には、その名残が反映されているにすぎず、ときにはその反対のことさえある。たとえば、虚栄心の強い人間はたいてい、自分の虚栄心には気づかないで、逆に、自分の謙虚さをみなにひけらかす振る舞いをするのである。虚栄心が強くなるには、虚栄心を意識したり、実感したりする必要などまったくない。それどころか、この人の目的のためには、良いことですらない。なぜなら、もし自分の虚栄心を意識したらその人は、謙虚な態度をとったりできないだろうからだ。自分の虚栄心には目をつむり、注意を何か他のものに向けているときにだけ、しばしば彼は俳優気取りで落ち着いて振る舞うことができる。こうして、全過程の大部分は闇の中で進行する。このことについて彼と話そうとしても、くるりと背を向けて、こっそり逃げ出そうとし、いわば邪魔されまいとするので、それを実現するのは非常に難しいことに気づかされるだろう。しかしそれも、私たちの見解を裏づけるだけである。この人は自分の演技をさらに続けようとして、そのベールを剝《は》がそうとする人は誰でも邪魔をする人と感じ、抵抗するのである。

この振る舞い方で、人間を次のように分類することもできよう。つまり、自分の心で生じていることについて、人並み以上に知っているか、知らないか、その意識の範囲が人並み以上に大きいか、小さいかである。これはたいていの事例で、次のことと一致する。すなわち、ある人は人生の小さなことに〔注意力を〕集中し、またある人は多方面にアンテナを張って、人間の生活や世の中の出来事に広く関心を持っているのである。また、私たちにはすでに理解できているのだが、すなわち、苦境にあると感じている人たちの多くは、人生の小さなひとこまだけで自足しているし、人生に背を向けている人びとは、ほかの良き仲間たちのようには、人生の諸問題をはっきり直視していないのだ。彼らには限定された関心しかないために、微妙な点までは理解できないし、人生という重大問題のごく一部を見ているだけで、人生のすべてを仔細に検討することはできないだろう。人生の個々の現象に関しては、しばしば次のようなことが認められる。ある人は、自分の生活能力について何も知らずに過小評価しているが、自分の欠点についてもあまりよく知らされずに、実際にはすべてをエゴイズムから行なっていながら、自分を良い人間と見なしている。あるいは逆に、自分をエゴイストと見なしている人が、親しく相手をしてみると、話し合いによく応ずる人だったりする。ある人が自分自身についてどんなことを考えているか（あるいは他人がその人についてどんなことを考えているか）が問題なのではまったくなく、人間社会の中でのその人の見解や態度選択の総体が重要なのであって、それによってその人がこの世界で何を望むのか、何に関心を持つのか、そのすべてが規定され、支配されるのである。

実際に、人間の二つのタイプを問題にしてみよう。ひとつは、より意識的に生き、より客観的に人生の諸問題に対峙し、偏見にとらわれることのない人びとであり、もうひとつは、偏見をもって人生や世界の小さなことにだけ目を向けて、いつも無意識のうちに指揮をとり、無意識のうちに論証している人びとである。したがって、ともに生きている二人の人間が、一方がいつも反対するために面倒なことになることも、珍しくはないが、両者がたえず反対しあう頻度の方がおそらく高いであろう。しかし当人はそのことを意識しておらず、それどころか、自分はいつも平穏の味方で、協調をもっとも尊重していると思いこんでいて、それを論証しようとさえする。しかしいろいろな事実が、それは誤りであることを証明している。実際には、一人が一言でも言えば、もう一人は必ずその側面を衝いて反論するのだが、このことは表面的には目立つことも気づかれることもないであろう。より詳しく観察すれば、そこには敵意のこもった戦闘的な気分が含まれていることが判明する。

このように、多くの人びとはそれと意識せずに自ら効力のある力を発達させているのである。この無意識の力は人間の生活に影響を及ぼしていて、それが明らかにされないと、重大な結果を招きうる。ドストエフスキーは、このような事例をその長編小説『白痴』で、常に心理学者も舌を巻くやり方で表現している。それは次のような出来事である。ある貴婦人があるパーティーで偶然に、小説の主人公である侯爵に、幾分皮肉な調子で、あなたのそばにある高価な中国の花瓶をひっくり返さないでくださいね、と言い、それに対して彼は、注意します、と受け負った。しかし二、三分後にはもう、花瓶は壊れて床にころがっていた。そのパーティーの誰もこれを偶然の出来事と見なそうとはせず、貴婦人の言葉に侮辱を感じたこの男の性格全体に起因する、まったく首尾一貫した行為と見なした。

ある人間を判断するとき、私たちは、その人の意識的な行為や発言だけから結論を引きだすわけではない。彼の思考や行動の、自分では気づいていないちょっとした細部によって、はるかに正確で確実な手掛かりの得られることが非常に多いのである。たとえば、爪を噛んだり鼻をほじくったりする悪癖を示す人びととは、それによって、自分が反抗的人間であると暴露していることにまったく気づいていない。彼らは、この悪癖を招いている関連を認識していないのである。このような悪癖のために繰り返し注意されたに違いない子どもが、にもかかわらずそれをやめないならば、その子どもは明らかに反抗的な人間である。私たちの眼がもっと熟達していれば、その人のことを何も知らなくとも、ある人間の全活動からほぼ完璧な結論を導き出すことができるはずである。なぜなら、これらすべての些事の中に、その人の本質全体が潜んでいるからである。

次に二つの事例をあげることにする。そこで述べることになる事の成り行きは、無意識のうちに留まっており、また留めざるをえなかったのだが、それが意味するところは、人間の心には意識を統御する能力があり、心の運動の立場にとってそうすることが必要ならば、あることを意識させるし、逆に同じく必要と思われればあることを潜在意識に留めておく、あるいは意識させない能力があるということである。次の二つの事例はそのことを示している。

最初の事例で扱うある男性は、第一子として妹とともに成長したが、彼が十歳のときに母親は死んでしまった。それ以来、非常に聡明で優しく、道徳的に非常にすぐれた男性である父親が子どもの教育に当たらなければならなくなった。その際に常に父親は、息子の功名心をあおり鼓舞しようと努めた。息子もいつも先頭に立つべく努力し、素晴らしい成長を示し、実際に道徳的にも学問的にもその資質に関しては仲間でいつも第一位になって、父親を非常に喜ばせた。息子は早ばやと父親によって、人生で重要な役割を演ずるように指名されていたのである。

しかし生に対するこの青年の振る舞いのなかに、父親を心配させ、それを矯正させようとするものが多く現れるようになった。若者にとって妹は、強情な競争相手に成長した。彼女も同様に非常に優秀な成長ぶりを示したが、兄より弱いという武器を使って勝とうとし、兄を犠牲にして自分が認められるようにいつも努めた。彼女はまた小さな家庭生活で、かなりの活動の場を得ていたので、兄にとっては、この闘いはきつい作業だった。成長するにつれて、同僚の側からは決まって与えられていた名声や威信、一定の服従など、ほかでは容易に手に入るものを、彼は妹からは手に入れられなかったのである。父親はすぐに気づいたのだが、息子は特に思春期になると、まったく社交的でなくなり、知人や未知の人びとと会うのさえ嫌がり、少女と知り合うようなときにはまさしく逃げ出すという、奇妙な態度を社交的な生活でとるようになった。はじめのうちは父親にはこれはもっともなことと思われた。しかし後になるとこれらの現象は、もはやほとんど家から出なくなり、夜遅く以外の散歩さえも不愉快に思う次元にまで進んだ。彼は非常に人を嫌うようになって、知人に挨拶することもしなくなった。それでいながら、学校や父親に対するときの態度には非難すべき点は常にまったくなく、いつでも彼の資質については評価することができたのである。

もはや彼をどこへも連れ出すことができないまでに進行すると、父親は医師を訪れた。そして何回か面談をし、次のことが確認できた。すなわちこの若者は、自分の両耳が小さすぎ、そのため人びとに醜いと思われていると考えていたのだった。実際には決してそんなことはなく、その逆だったので、いくら彼が言っても賛同が得られなかったのだが、彼は自分の歯や髪も醜いと主張し、仲間たちとの交際を逃れようとしたのである。歯や髪も、やはり同様に事実ではなかったが。しかるに彼は、とてつもない名誉心で満たされていることが明らかになった。このことに彼は気づいており、父親がいつも、努力して高い地位に就け、としつこく要求したことにその原因の一端があると思っていた。彼の将来計画の最終段階は、学問に没頭することだった。そのことは、それが共同体やその人びととの交際を避ける性向と結びついていなかったら、それ以上に人目につくことはなかったろう。どうして彼はこんな、それこそ子どもじみた根拠づけにたどりついたのであろうか。その論拠が正しかったら、彼は当然、用心して脅えながら人生を歩みだすことになったであろう。外見の醜さが困難をもたらしていることは、当人にとっては、疑いようもなかったのだから。

さらに診察を続けた結果、次のことが判明した。その若者はある目標を持っていて、それを激しい名誉欲で追求していた。彼はこれまで首席だったし、今後もそれを続けたいと思っていたのである。この目標達成のためには、集中力や勤勉などさまざまな手段を講じることが必要だが、彼には明らかにそれが不足しているように思われた。おまけに彼は、不要と思われるものをすべて、自らの生活から病的なまでに排除しようとした。おそらく彼は、きっぱりと意識して自らに言い聞かせることができたであろう、「有名になって、学問的な仕事にまるごと専念したいので、社会的な関係はすべて、やむなくあきらめなければならない」と。しかし彼はそのことを、言いも、考えもしないで、この目的のために、彼が自称する醜さという些細なことに目を向けたのである。それゆえ、この取るに足らない事情の強調は、彼が実際に望んでいることを彼が容認するという意味を持っていた。彼は偽りの論証をし、誇張した根拠づけをし、密かな目標を実現するために入用な情熱を奮いおこしさえすればよかった。もし彼が首席になるために禁欲者のように生きたいのだ、と言ったのであれば、誰もがすぐにそのことを見抜いて理解しただろう。首席の役割を演じたいという考えは、彼の心のなかでは親しいものだったけれども、彼の意識のなかには見いだされなかった。というのも彼は、この目標のためにはほかのものをすべて失うことも覚悟しよう、とは考えなかったからである。この目標を挫《くじ》くことなく実現するためには、自分は弱すぎる、とも感じていなかった。もし彼が、目標のためにあらゆるものを犠牲にしようと意識して決心したならば、自分は醜い、世の中に出てはならない人間だ、と述べたときほど、長く安心してはいられなかっただろう。またある人が、自分は首席になりたいから、仲間の人たちとの関係を断念するつもりだと公言したら、その人は周囲の人びとの前で物笑いの種になり、またその人自身もこの考えにびっくりするだろう。こうした考えそのものが、とても考えられないものなのである。他の人たちのために、また自分自身のためにも、明確に表現したくない考えというものがある。この考えはしたがって、当然なことに彼に意識されないままだったのである。

このような、自分の態度を保持するために自分自身はっきり理解することを禁じている人に対して、この主要動機を明らかにするならば、もちろん、彼の心の機構全体をかき乱すことになる。なぜならそうなると、彼が阻《はば》まなければならないもの、つまり誰にも考えられず、彼にも考えられない思考過程の明白化が起きて、それが意識化されると、彼のもくろみが妨げられるからなのである。自分の妨げとなる考えは無視して、自分の立場を促進する考えは取りあげようとするこの現象をよく考えてみれば、これは人間一般に見られる現象であることがわかるだろう。なぜなら、人間はみな多くの場合、自分たちの見解や立場に有益な事物だけを考量するからである。したがって、私たちにとって有益なものは意識され、私たちの根拠づけを妨げるものは無意識に留まるのである。

第二の事例は、非常に有能な青年が対象となるが、彼の父親は教師で、息子に常に首席でいるように非常に厳しくせきたてた。この場合も、青年は誰が見ても優秀だった。彼がいるところ、決まって彼は首席だった。仲間のなかではもっとも愛すべき人間の一人で、何人かの友人もいた。

およそ十八歳の頃、大きな変化が生じた。彼はあらゆる人と関係を断ち、何も喜ばなくなり、やる気をなくして不機嫌になった。友達ができても、すぐにうまくいかなくなった。彼の生活態度には誰もが腹立ちをおぼえ、それは彼の父親にまで及んだが、父親は息子の引きこもり生活を、息子がそれを望み、それでますます学問に身を入れることができるのであれば、好都合だと思っていた。

治療の際に青年は、自分の人生を台なしにしたのは父親であり、自分には自信や生きる勇気を奮いおこすことはできないし、自分には人生を孤独のうちに過ごすことしか残されていないと、たえまなく訴えた。彼の学問の進歩はすでに停止していて、大学も落第していた。彼が語るところでは、あるとき仲間うちで近現代文学の知識が少ないために笑われたことから、変化が始まったのである。同じようなことがたびたび繰り返されると、彼はますます孤立し、あらゆる人間関係を断念し始めた。それと同時に彼は、自分の失敗に責任があるのは父親だという考えで頭がいっぱいになった。二人の関係は、日ごとに悪化していった。

この二つの事例は、多くの点で似通っている。第一の事例では、患者は妹の抵抗にあって挫折し、妹の勝利となった。後者の事例ではそれは父親であって、父親とのあいだには闘争的な関係があった。二人の患者とも、私たちが英雄的理想像と呼ぶ習慣の理想像を、主導指針として持っていた。二人とも英雄の陶酔から醒《さ》めた結果、まったくやる気をなくし、すっかり引きこもってしまったのだ。しかし、後者の患者がかつて、「この英雄的な生存を続けることはできないし、他の人たちの方が私を優越しているので、私は引きこもるが、私にとって人生はつらいものになるだろう」と思ったのだとしたら、それは考え違いであろう。たしかに彼の父親は正しくなかったし、教育も悪かった。ひときわ目立つのは、彼はこの父親の教育が悪かったことを繰り返し力説しているのに、それ以外のものにはいっさい目を向けなかったことだ。彼はこの立脚点に立ち、たえず自分が受けた教育の悪さを強調することによって、引きこもることが正当であると示したかったのである。それによって同時に彼は、もはや敗北を喫することは無くなり、自分の不幸の責任をいつも父親に押し付けることができるようになった。ともあれ彼は、自らの自負心と評価を救うことに成功したのである。何といっても自分には輝かしい過去があったのだが、その勝利を歩みつづけることは、ひとえに父親の悪い教育で発展を妨げられるという致命的事実によって、阻《はば》まれてしまったのである。

　したがって彼の心には、およそ次のような思考過程が無意識のうちに留められていた、「私は今や人生の最前線に近づき、首席になることはもはや私にはさほど簡単ではないことがわかったので、人生から降りてしまうことに全力を傾けるつもりだ」。しかし、この考えには無理があり、こんなことを思う人はいないだろう。にもかかわらず、この考えが方針通りのものであるかのように行動することはできる。彼はそれを実行し、ほかの根拠を採りあげる。父親の教育の失敗にたえずかまけることによって、彼は人との交際と人生の決断を回避することに成功するのである。上述の思考過程を意識し自覚しても、彼の密かなもくろみが邪魔されるだけなので、思考過程は無意識のうちに留まらざるをえなかった。彼は輝かしい過去を持っていたので、自分は無能な人間だと思うことができなかった。なぜなら彼は、今勝利できないのであれば、その責任を負いたくなかったからだ。そしてそのとき、自分の行動によって、いわば父親の教育が悪かったことの証拠を提出する機会が到来したのである。彼は一人で裁判官と原告と被告を兼ねていた。彼はこうした立場を見逃すべきだったろうか？　息子は、自分が望み、自分が手にするレバーを用いる限り、父親には責任があるということを見通していたのである。

## 5　夢

人間の心の生活は夢から推論することができる、とはすでにずいぶん以前から主張されている。ゲーテの同時代人であるリヒテンベルク[4]は、ある人の本質や性格は、その人の言動からより、夢からの方がはるかによく推定できる、と述べている。これはおそらく言いすぎであって、私たちは、個々の夢を慎重に扱い、他の現象と結びつけてはじめて解釈できる、という立場に立っており、ある夢から得た私たちの見解を補強するものをどこかよそから得ることができたときにのみ、夢からその人の性格を推論することにしている。

夢の考察は、太古の時代からの歴史を持っている。文化の発展とその没落における、特に神話や伝説のさまざまな要因から、古代人は現代人よりもはるかによく夢に取り組んでいたと想定できる。またその時代には、夢をはるかによく理解していたように思われる。たとえばギリシャで夢の果たした大きな役割や、さらにキケロが夢について一冊の本を書いたこと、聖書において夢が語られ、しかも思慮深く解釈されていることが、想起されよう。あるいは、ひとつの夢が語られるだけで、それが何を問題としているのか、誰にでもすぐにわかったのである（たとえばヨセフが兄弟たちに語った、穀物の束の夢）[5]。まったく異質な文化基盤にあるニーベルンゲン伝説からも、夢には当時、そうした根拠となる力があったことが窺《うかが》われるのである[6]。

私たちは、夢から人間の魂《プシュケー》を解明するための手掛かりを得るべく取り組んでいるが、夢には何か超自然的なものが強く影響していると当て推量する、あの夢解釈の空想的方向とは遠く隔たっている。私たちは経験によって実証された道だけを歩んでおり、ほかの所見でも補強されるときのみ、夢を手掛かりに得た私たちの見解を拠り所にするのである。何はともあれ人目を惹くのは、未来に関して夢に特別の意味を与える傾向が、今日まで保たれていることである。この際あの空想家たちにもちょっと触れなければなるまいが、彼らは自分の夢に支配されてさえいたのである。ともあれ、私たちの患者の一人は、立派な職業をどれも捨てて相場師になってしまった。彼は、自分が見た夢に従って、そうしたのである。夢に従わなかったら、事態はいつも自分に不利になっていたろうと、彼は記録まで持ちだして立証することができた。

彼が、目覚めた状態でも常に注意を向けている対象の夢しか見ないだろうこと、そうでなければ、彼がいくらか事情に通じているときには、夢のなかでヒントが生じているということは、まず考えられる。それゆえに彼は、自分の夢の影響を受けてたっぷり利益をあげた、とかなり長い間主張することができたのである。

だがしばらくすると彼は、もう夢を重要視していない、と語った。彼はつまり、あらゆるものをまた失ってしまったのである。もちろん、夢がなくともそういう成り行きになったであろうし、何も不思議に思うことはない。なぜなら、集中的に何かある課題に取り組んでいる人は、夜も休息しないからだ。そうした人たちのうち、ある人は、およそ眠ることができずにいつでも考えをめぐらし、他の人たちは、たしかに眠りこそするが、夢でも自分の計画を抱きしめているのである。

睡眠中に私たちの思考の世界で独特な形で起きていることは、前日から翌日へ橋を架けることにほかならない。ある人がいつもは人生に対してどんな姿勢をとっているか、また、どうやっていつもこの未来への橋を架ける習慣なのか、それがわかったなら、夢のなかの彼の不思議な架橋工事を理解し、結論を引きだすこともできるであろう。したがって、夢の基礎になっているのは、人生に対する態度選択なのである。

ある若い夫人は、次のような夢を語っている。彼女の夫が結婚記念日を憶えていなかったので非難した、という夢である。――この夢はそれ自体がすでに少なからぬことを意味している。そもそもこうした問題がもちあがるからには、この結婚にはこの女性が抑圧を感じる方向の困難がある、ということなのである。たしかに、彼女の説明によれば、彼女も結婚記念日を憶えていなかった。しかし結局、彼女は思い出したのに対して、夫は彼女に注意されてはじめて思い出している。であるから、彼女の方がましである。さらに質問すると彼女は、こういうことは実際にはまだ起きたことはなく、夫はいつも憶えていると説明した。夢はつまり、そういうことがいつかは起きるかもしれないという、未来に対する懸念について展開しているのである。したがって、次のように推論することができる。この夫人には、非難すべき点を見いだして、具体的でない論証をする傾向があり、ひょっとしたらいつかは起きるかもしれないというだけのことで夫を非難する傾向がある、と。

さて、私たちの推論を裏づける、もっとほかの証拠を入手しないうちは、私たちはまだ確信できない。子ども時代の最初の印象を質問すると、彼女は、いつも記憶に残っているある出来事について語った。彼女はかつて三歳のとき、木を彫ったスプーンを伯母から贈られて、非常に喜んだ。彼女がそれで遊んでいると、それは小川に落ちて流されてしまった。そのため彼女は何日も悲しんで、周囲の人たちの注意を引いたほどだった。

この夢と関連して注目せざるをえないのは、彼女はいままた、何かが、つまり結婚が自分の手から「流れ去ってしまう」かもしれない可能性を予期していたことである。ひょっとしたら夫は結婚記念日を忘れてしまうのではないか！

別のとき彼女は、夫が彼女を高い建物の上に案内する夢を見た。階段はますます高くなり、高く上がりすぎたのではないかと考えたとき、ひどいめまいに襲われ、恐怖の発作を起こして、崩れ落ちてしまった。目覚めている状態でも、そういう目に合うことがある。高所でめまいを起こすときは、高度に対してよりも深度に対する恐怖の方がはるかに反映しているのである。この夢を最初の夢と結びつけ、二つの夢に含まれる思考と感情の素材を融合させるなら、夫人は深いところへ墜落する不安を抱いている、つまり不幸を恐れている、という明瞭な印象を受ける。それは何か、うすうす感じることができる。夫の愛情が失われるとか、そういったことだ。夫が何らかのやり方で結婚生活に適さなくなり、障害を引きおこすならば、何が起こるだろうか。女性が絶望する場面で幕をあけ、彼女が死んだように崩れ落ちることでおそらく終わるだろう。事実このことはあるとき、彼女の家庭の場面の進行中に起きたのである。

ここまでで私たちは、夢の理解にすでにだいぶ近づいてきている。夢を見ているあいだに人間の思考や感情がどんな素材を使って具現されているかとか、どんな素材を使って自分の問題が表現されているかとかは、この素材が自分を表現するために何らかの方法で役に立ってさえいるのであれば、重要なことではない。夢では、ある人の人生の問題は比喩的に現れている（高く上がりすぎるなかれ！　そうすれば深く落ちることはない）。ここで私たちは、ある夢を詩に再現したゲーテの「婚礼の歌」[7]を思い出す。一人の騎士が地方から戻ってきて、自分の城が荒廃しているのを見いだす。彼は疲れてベッドに横たわり、夢のなかで小さな人影がベッドの下にやってくるのを見る。彼は眼の前で小人の結婚式が執り行なわれているのに気づく。彼は自分の夢に感動する。それはあたかも、妻を迎えなければという彼の考えを強めようとしているかのようである。彼がここで小さい形で見たことは、その後まもなく大きい形で実現される。彼は自分自身の結婚を祝っているのである。

この夢には、すでに周知の要素が含まれている。この背後に、詩人自身の結婚の問題に煩《わずら》わされていたときの記憶が隠れているのは確かだ。ここに見てとれるのは、この夢を見た人が自分の置かれた苦境の中で、現在の生き方に対する立場を明らかにした、結婚を求めて叫ぶという態度選択なのである。彼は夢のなかで結婚の問題をじっくり考え、その翌日、自分も結婚するのがもともと一番いいのだと決心する。

次は二十八歳の男性の夢である。その夢のなかで、下へまた上へと交互に引かれている指針の線は、体温曲線と同じように、この人の心の生活を満たしている活動を示している。上へ向かう、つまり優越を得ようとする努力は、劣等感に由来しているのだが、劣等感は夢のなかに明瞭に認められるのである。――彼は次のように語っている。

私は大勢の仲間と小旅行をしている。乗っている船が小さすぎて、途中の港で下船し、私たちは町で宿泊しなければならない。夜、船が沈むという報告があり、ポンプで水をくみ出して船が沈むのを防ぐために、参加者全員が招集される。私は手荷物の下に高価なものを置いたのを思い出し、船へ急ぐが、船ではもう全員がポンプのそばにいる。私はこの仕事はパスすることにし、手荷物室に行く。窓越しに自分のリュックサックを引っぱりだすのに成功する。そのとき、私はリュックサックのわきに折り畳み式懐中ナイフがあるのを見つけ、それが大変気に入り、ポケットに入れて持っていく。船がますます沈んでいくので、出くわした知人と一緒に、私は人目につかない場所で海に飛びこみ、すぐに岸に着く。防波堤は高すぎるので、さらに歩いていくと、ある深い、険しく傾斜した峡谷へ着き、そこを下っていかなければならない。私はすべり落ち――

船を見捨ててからは同行の男の姿はもう見えなかったが――、ますます速度が加わるので、私は死んでしまうのではないかと恐れる。結局は下に着き、私はある知人のちょうど前に倒れる。ちなみにそれは若い男で、私はあまり親しくなかったが、ストライキ中はストライキを指導して非常に活発に活動していたし、彼の親しみやすい性質もあって、私は悪くない感じを受けていた。彼は、あたかも私が他の者を船に見捨ててきたことを知っているかのように、咎めるような叫び声をあげて私を迎える、「お前はここで何を探してるんだ?」私は峡谷から出ていこうとしたが、いたるところ険しい岩壁に囲まれていて、その壁にロープがぶら下がっていた。ロープは非常に細かったので、私はあえてそれを利用する気になれなかった。よじ登ろうと試みたが、何度もすべり落ちた。私は結局、上に達した――どうやったのかはもうわからないが。夢のこの部分は、いわばいらいらして跳び越えようとするように、わざと夢に見なかったのだと、私には思われる。峡谷の上のへりには道路が通っていて、峡谷からは手すりで防護されている。ここを人びとが通りすぎてゆき、私に親しげに挨拶する。

この夢を見た人の人生に戻ると、彼は五歳までたえず重い病気にかかっていて、それ以後もたびたび病気で寝込んでいたことを、まず最初に私たちは聞かされた。病弱なために両親は彼を心配し、庇護したので、この時期には他の子どもたちとほとんど知りあうことがなかった。彼が大人たちと親しくなろうとすると、両親は、子どもは出しゃばってはいけないし、大人たちの仲間ではないと言って、追い払った。このようにして彼は幼いころ、仲間の人たちとの共同生活から得られるもの、他の人びととたえず接触するときにしか習得できないものを得る機会を逸したのである。もうひとつの結果は、彼は同年輩の仲間たちからいつもひどく取り残されて、彼らと歩調を揃えることができなかったということである。それゆえ、彼が仲間内ではいつも間抜けと思われて、まもなく仲間の恒常的な嘲笑の的になっていたとしても不思議ではない。こういう状況だったので、彼は友人を探すことも見つけることもできなかった。

彼の異常に強い劣等感は、このような出来事によって強められた。彼の教育は、善良ではあるが短気な父親（軍人）と、体が弱くて分別のない、しかし非常に支配欲の強い母親とによって行なわれた。両親は自分たちの善意を繰り返し強調したけれども、この教育はかなり厳格なものだったと指摘せざるをえない。そのなかで特別な役割を演じていたのが、謙譲である。彼がまだ三歳のときに、母親が半時間ものあいだエンドウ豆の上にひざまずかせた出来事が、特徴的であり、かつまた彼の幼少年期の最初の記憶として、彼の心に刻まれている。彼が従順でないというのがその理由であったが、不従順の原因は――それを母親は、子どもが理由を述べたので、非常によく知っていた――彼が〔街を母親と歩いていて出会った〕騎兵を恐怖して、母親への注意を怠ったからなのであった。もともと彼は、ムチで打たれることはめったになかった。だが打たれるときはいつも、何本もみみず腫れのできる犬用のムチで打たれ、後から彼が赦しを請うても、さらに、なぜ自分はムチ打たれたかを言わないかぎり、決して許されなかった。「自分のしたことがどういうことなのか」と、父親はいつも言っていた、「子どもは知らなければならないのです」。そして、彼が不当にムチで打たれることがまたしても起きて、なぜムチで打たれたのか、その後で何も言えないと、もう一度、それも非常に長く、彼が何か悪行を認めるまで、ムチで打たれたのである。

このように、両親と子どものあいだには早くから闘争的な気分があった。子どもの劣等感はそこまでの次元には達していなかったので、人の上に立つという感情をまったく知らなかった。彼の人生は、学校でも家庭でも、多かれ少なかれ恥辱のほとんど切れることのない連鎖であった。どんな小さな勝利でさえ――彼にしてみれば――許されなかった。学校では、十八歳になっても、いつも笑いものにされるだけだった。あるときなど、教師の側からさえも起きたことがあった。教師は彼の稚拙な論文を全員の前で読んで聞かせて、言葉鋭く嘲笑《あざわら》ったのである。

こうした出来事が彼をますます孤立に追いこみ、彼自身もしだいにわざと他の人たちとの関係を絶ちはじめた。両親との闘争では、たしかに効果はあるけれども、彼にとっても容易ならぬ、ある闘争手段を思いついた。いっさい話をしなくなったのである。そうすることで彼は、周囲の人びとと接触するもっとも重要な結合手段を放棄したのだった。まもなく彼は、誰とも言葉を交わすことができなくなった。完全に孤独になった。誰にも理解されず、誰とも、とりわけ両親とも話をせず、また誰からも話しかけられなくなった。彼を他の人たちと和解させる試みは、すべて失敗した。そして後に――彼は非常に困難だと感じていたのだが――恋愛関係を結ぼうと試みても、すべて失敗したのである。

彼の人生は二十八歳まで、このようにして進行した。彼の心情は深い劣等感で貫かれていたので、その結果、比類のないほどの名誉心や、高い評価と優越を得ようとする抑えがたい努力となって、彼に安らぎを与えず、彼の共同体感覚は極度に弱まっていたのだ。会話が少なくなればなるほど、彼の心の生活では、日夜あらゆる種類の夢想や勝利や凱歌で満たされることが、ますます活発に進行していたのである。

そのようにしてある晩、先に述べた夢を彼は見たのだが、その夢には、彼の心の生活が依拠して営まれていた指針《リーニエ》が、明らかに反映されている。

最後の事例は、もっとも有名な予言的な夢のひとつ、キケロ(8)が語った夢である。詩人のシモニデス(9)はあるとき、ある見知らぬ人の遺体が顧《かえり》みられずに道ばたに横たわっているのを見て、相応な葬儀を手配してやったところ、後に船旅に出ようとしていたときに、恩義を感じている死者から、もし出かけたら船が難破して生命を落とすでしょう、と夢で警告を受ける。彼は船に乗らなかったが、船で出かけた者はみな死んでしまう。ある研究の報告によれば、この事件は夢との関連で、何世紀にもわたって大変な注目を集め、深い印象を人びとに与えてきたのだという。

この出来事に対する態度を決める際には、何よりも私たちは次のことを押さえておく必要があるだろう。すなわち、あの時代には船が沈むことは常に多かったろうし、さらに加えるなら、当時おそらく多くの人びとが船の沈む夢を見たために、ことによると旅行を断念せざるをえなかったのかもしれず、そしてこれら多くの夢のなかでほかならぬこの夢は、夢と現実が一致することを表現していて、この夜の世界の特殊性のゆえに語り継がれている、ということである。神秘的な連関を追い求める傾向のある人たちが、こうした物語を特に好むことは理解できるが、それに対して私たちは、客観的にこの夢を次のように解釈する。すなわち、詩人は、無事に帰れるか心配で、あまり旅行する気はなかったろうが、決断するときが近づくと、自分に感謝しているはずの死人を来させて、いわば援軍としたのである。彼がそのとき旅に出なかったことは、言うまでもない。そして、もしこの船が沈まなかったら、世界がこの話に巡り合うことは、おそらくなかったであろう。私たちが巡り合うのは、私たちを不安に陥れたり、天と地のあいだには私たちが夢見る以上に知恵が隠されていると教えてくれたりすることばかりなのである。夢における予言のようなものは、夢と現実の両者の内容に、ある人のとる同じ態度が現れる場合には、よく理解できよう。

必ずしもすべての夢がこのように単純に理解できるわけではないという事情も、また考えてみなければならない。そもそも理解できる夢は、ごくわずかしかない。夢はすぐ忘れてしまうか、あるいははっきり夢の印象が残ったとしても、たまたま夢解釈を学んで身につけていれば別だが、ふつうは、その裏に潜むものを理解することはできない。夢は比喩的、象徴的にある人間の行動の指針を反映していると先に述べたが、それはこれらの夢にも当てはまることだ。比喩の主な意義は、私たちが強く共鳴できる状況に私たちを導き入れることにある。人が問題の解決に取り組み、人格を一定の方向に向けるときには、その人は経験によれば、心の高ぶりを求めているのである。夢には、人がある問題を解決するためにある意味で必要となる興奮や情熱を高める働きがある。夢を見る人がこの関連を理解していないとしても、この事実が変わるものではない。夢を見る人には、夢の素材と心の高ぶりがあれば、それで充分なのだ。また夢には、夢を見た人の行動の指針を暗示している痕跡が残され、何らかの方法で表現されている。つまり夢は、どこかで火が燃えていることを告げる、煙のようなものなのである。経験豊かな人なら煙から、燃える木の手掛かりさえ、引きだすことができるだろう。

したがって要約すれば、ある人の夢は、その人が人生の問題に取り組んでいること、そしてどのようにその問題に対する態度を決定するかということを、暗示していると言える。特に言えるのは、夢にもあの二つの要素、すなわち共同体感覚と力を得ようとする努力の影響が現れており、周囲の世界に対する態度決定にあたって、実際に夢を見る人に影響を及ぼしている痕跡が、少なくとも認められるということなのである。

## 6 生得能力

ある人の本質について私たちが推論を引きだし、判断を下すことを可能にする心の現象のうち、人間の思考の領域に属し、認識能力に関わるある現象を、私たちはこれまで気に留めないできた。誰でも道を誤ることはあるし、利己的で道徳的な本性などのさまざまな関心や考量によって、自分の心情が修正されるように感じるものだという確信から、私たちは人が自分自身について考えたり述べたりすることには、ほとんど価値を認めてこなかった。にもかかわらず私たちは、ある思考過程とその言語による表現から、限られた範囲でではあるが、推論を引きだしてもさしつかえないし、また可能でもある。ある人について判断を下そうとするとき、思考と発言の領域を、私たちの考察から除外するつもりはない。

さて、人の判断能力に関しては——一般に「生得能力」と呼ばれているが——多くの観察や分析があり、とりわけ子どもと大人の知能を査定しようとする試験が知られている。能力試験のことである。これまでずっとこの試験は、成果をあげられなかった。というのも、一定数の生徒たちがこの試験を受けると決まって、試験せずとも教師にはすでにわかっていた結果しか出なかったからであり、この状況は当初こそ実験心理学者たちに誇りをもって取りあげられもしたが、にもかかわらず同時に、この試験がほとんど無駄であることを露呈していた。さらに、この試験の実施に対するもうひとつの疑念は、子どもたちの思考能力と判断能力は一様には発達しないので、能力試験の結果が悪い子どもたちでも、数年後に能力が急に非常に良い発達を示すことが少なくないという事情である。さらに別の要因は、大都会の子ども、または生活にゆとりのある階層の子どもは、単にある種の習慣から生じたにすぎない機転を利かせて、生得能力が大きいと見せかけ、それによって、このような土台となる準備の得られなかった他の子どもたちを大きく凌駕してしまうということである。ブルジョワの子どもたちは通例、八歳から十歳まではプロレタリアの子どもたちより優れた機転を利かすことは、よく知られている。だがこれは、ブルジョワの子どもの能力の方が優れているという意味ではなく、その原因は、ひとえにこれまでの生い立ちの事情にあるのである。

したがって能力試験は、とりわけベルリンやハンブルクで、能力試験の成績が良かった子どもたちの大多数が後に大成しなかった、という悲しい結果を考慮に入れると、あまり進展しなかった。この現象は、能力試験が子どもの良好な発達を確実に保証するものではないことを意味している。これに対して個人心理学は、はるかによく保証するものである。なぜなら個人心理学は、子どもの発達の立脚点を確定するだけでなく、その理由や原因をも把握し、必要ならば救済の手だてをも提供できるからであり、個人心理学はまた、子どもの思考能力と判断能力を子どもの心の生活から引き離すことなく、関連づけて考察するからなのである。

# 第七章　男女両性の関係

## 1　分業と男女両性

ここまで詳述してきて明らかになったように、心のなかでは二つの照準指針《リヒトリーニエ》が支配して、精神的な出来事すべてに影響を与え、すべてを引きおこしている。つまり人間は、生存条件を整えて確かなものにするときや、人生の三つの主要課題（愛、職務、社会《ゲゼルシャフト》）をかなえるときには、自らの共同体感覚を働かせることもあるし、良い評判を求め、力と優越性を得ようと努力することもできるのである。いかにありふれた心の現象であれ、そこではこの二つの要因が、質的にも量的にも互いにどういう割合になっているかを見て、判断する習慣を身につけなければならないし、常にそれにもとづいて診察し研究することを定例にしなければ、心をよく理解しようとすることはできない。なぜなら、この二つの要因の在り方によって、ある人間が共同生活の論理をどこまで理解し、その論理から生じる分業にどこまで順応できるかが、決まってしまうからである。

分業は、人間の社会を維持するためにどうしても必要な要因である。そのため、誰もがどこかで自分の任務を果たさなければならないことになる。もしこの要請に応えなければ、その人は、共同体の生活の維持を、いや、そもそも人類の維持を否定し、仲間の人間としての役割から外れて、ゴタゴタを起こす邪魔者ということになる。その軽度の例を挙げるなら、いたずら、乱暴、偏屈であり、重度の例は変人奇人や非行で、さらに進行すれば犯罪行為となる。こうした現象で厳しく非難されるべきは、もっぱら、共同体の生活の要請に応えず、相容れないことである。したがって、ある人が共同体の分業で割り当てられた職務をどのように果たしているか、そのやり方が、その人の価値を決めることになる。その人は、共同体の生活を是認することによって、他の人たちにとって重要な存在となり、人間の生活が営まれる土台の、何千もの鎖の連なる環の一員になるのである。この鎖の環を無視することは、社会生活が崩壊でもしないかぎり、ほぼできない。個人それぞれに能力があり、それに応じて、人間社会の全生産過程における職務が割り当てられる。もっともこの割り当てでは、何度も大混乱が生じた。それは、力を得ようとする努力や他者を支配しようとする欲求、その他多くの誤りがこの分業の成立を妨害し、阻止したからであり、人間の価値を判定する間違った根拠が持ちこまれたからである。あるいは、個人それぞれに割り当てられた職務が、何らかの理由でふさわしくなかったからである。換言すれば、個人の権力欲や誤った名誉欲に由来するさまざまな障害が、この種の人間の共同生活や共同作業を、自らの利己的な利害のために阻止するのである。その他の混乱は、社会の階層分化が原因である。利益の豊かな職は、個人的な力ないし経済的な利害が労働の配分に影響を及ぼすことによって、さらなる力を与えられ、ある特定の社会集団のものとなったからであり、一方、他の集団はそこから締め出されてしまったからだ。力を得ようとする努力がこの現象で果たしている非常に大きな役割を知れば、なぜ分業の経過が円滑に進まなかったのか、理解できよう。権力《ゲヴァルト》がたえず介入してきて、ある人たちにはある種の特権へ、他の人たちにはある種の抑圧へと、労働を変容させたのであった。

さてこうした分業は、人間に男女両性があることによっても、もたらされた。女性は、その身体的性質のゆえに初めから一定の仕事から除外されているが、それに反して、その有用性の点で、男性にはそもそも向いていないために男性には割り当てられなかった労働もある。この分業は、まったく先入観にとらわれずに実施されたであろうし、女性解放運動は、運動のただなかで行きすぎてしまわないかぎり、この観点の論理を取りいれた。女性解放運動は、女性から女性らしさを失わせることも、男性と女性のそれぞれに適した労働の機会をもたらす、両性の自然な関係を壊すこともしなかった。人間が発達するにつれ、分業が形成されて、以前なら男性のものだった労働の一部を女性が肩替わりするようになり、そのため男性は再びその能力をより有効に役立たせることができるようになったのである。この分業は、それによって労働能力を無駄に使ったり、精神的肉体的な力が乱用されたりすることがなくなるので、道理にかなっていると言えよう。

## 2　現代文化における男性の優位

力を得ようと努力する方向で文化が発展することによって、とりわけ特権を確保しようとしてきた特定の個人や社会階層の尽力によって、分業は今日もなお支配的で影響力のある特別な道をたどり、人間の文化は男性の優越性を重視する性格を持つにいたっている。分業には、特権を持つ集団である男性たちが特典を確保しているという性質があり、また、その優越的地位を利用して、生産過程における分業での女性の地位に、自分たちの思うように、自分たちの利益になるように、影響を及ぼす性質もある。すなわち男性たちは、女性が生きる領域をあらかじめ指定することによって、自分たちに好都合な生き方を強制し、この男性たちの見解の言いなりになる生き方を女性のために定めることができるのである。

現在までの状況では、男性の側には、女性を凌駕しようとする不断の努力があり、それに呼応して女性の側は、男性の特権に対する不満をたえず持っている。男性と女性が親密なカップルになると、この種の緊張、つまり精神的調和のたえざる動揺が大きな攪乱を起こし、そこから、男性と女性の双方が特別につらい思いをするという、一般的な心情が生まれるのも当然である。

私たちの慣行や伝統的な取り決め、法律、風俗、習慣はすべて、男性の特権的地位を証明している。それらは男性の特権的地位に合わせられ、その地位によって保持されている。さらに子どもの躾《しつけ》にまで入りこんで、子どもの心に非常な影響を及ぼしている。この関連を子どもが深く理解しているとはたしかに評価できまいが、しかし子どもの感情に深く根を張っていることは感じざるをえない。たとえば、ある少年が女の子の服を着るという無茶な要求をされて、激しい怒りの発作に応じたような現象では、この関連を跡づけてみる根拠は充分にあるのである。ここで私たちは、別の面からふたたび、力を得ようとする努力の考察に戻ることになる。

少年は、良い評判を得ようとする努力が一定程度に達すると、いたるところに認められる男性の特権を自分に保証してくれるように思える道を、とかく歩みがちである。すでに触れたように、まさに今日の家庭教育は、力を得ようとする努力を、ひいては男性の特権を高く評価し、それを得ようとして努力する傾向を促進することにしか役立っていない。なぜなら、子どもの前に力の象徴として立ちはだかるのは、たいていは男性、すなわち父親だからである。父親は、その謎めいた姿を子どもに見せては〔仕事に赴くために〕立ち去るので、母親よりもはるかに子どもの興味を惹きつける。子どもはすぐさま父親の占めている優越的役割に気づく。父親は指揮をとり、指図をし、すべてを裁量している。つまり、誰もが父親の命令に従っているように見え、母親はたえず彼に伺いを立てているように見えるのである。子どもにとって、その男性はどこから見ても強者、権威者であると思える。父親が非常に権威あるように見えるので、父親の言うことはすべて神聖なことに違いないと信じ、自分の主張を裏づけるために、父親がこう言っていた、とだけ答える子どもたちもいる。父親の影響がそれほど顕著に現れない場合でさえ、家庭の負担はすべて父親にかかっているように見えるので、子どもたちは父親が優位に立っているという印象を受ける。実際には、分業によってようやく、父親はその力を有効に使えるようになるのだが。

男性の優越的地位の史的由来については、それは自然の法則に則《のっと》って生じた事実ではない、と指摘しなければならない。男性の支配を確立するためには多くの法律が制定されねばならなかったという事情が、このことをすでに暗示している。この事情は同時に、男性の優越的地位が法律的に確定される以前には、男性の特権がまださほど確実ではなかった別の時代があったに違いないことをも示唆している。この時代は、実際に歴史的に実証されている。すなわちそれは、母権の時代であって、その時代には人生や生活で、なかでも子どもに対して、母親、すなわち女性がより重要な役割を演じ、子どもに対しては一族の男性全員がある種の義務を負っていた。たとえば、どの男性のことも子どもに今日もなお、おじさん《オンケル》、にいさん《フェター》と呼ばせている、ふざけた慣習のごとき風俗習慣が、それを示している。母権から父権への移行には、激しい権力闘争が先行していたが、そのことが立証しているのは、男性がとかく今日、生まれながらに手にしていたと見なしがちなこの優先権は、はじめから与えられていたわけでは断じてなく〔原註――この発展過程はアウグスト・ベーベル著『女性と社会主義』(邦訳『婦人論』)の中に適切かつ詳細に述べられている〕、それを得るためには闘わなければならなかった、ということである。男性の勝利は、すなわち女性の屈服を同時に意味する。そしてこの屈服する過程については、とりわけ法律の制定される経過が雄弁に証言している。

したがって男性の優越的地位は、自然の法則に則った事柄ではなかった。隣接する諸民族とたえず戦う中ではじめて、男性の優越的地位が不可欠であると明らかになったことが、その前兆だった。男性は、この戦いで重要な役割が与えられていたので、最終的にはそれを利用して主導権を決定的に自分のものにしたのである。この発達と並行して、私有財産と相続権の発達も進行したが、この二つは、ふつうは男性が収入を得て財産を持つ側なので、男性の優越的地位の基礎をより強固なものにしたのであった。

成長しつつある子どもは、この主題に関する書物を読むまでもない。子どもは、これらの事柄について何も知らなくとも、また、古来伝えられてきた特権を、見識ある父親や母親が権利の平等のために喜んで放棄する気があったとしても、父親が収入も優先権も有する側であるという事実の影響を感じとるものである。家庭内の仕事をしている母親が、父親と同等の権利を持つパートナーであることを子どもに悟らせるのは、きわめて難しい。一人の少年にとって、生まれたその日から、いたるところで男性が優位に立っているのを目の当たりにすることがどんな意味を持つか、想像してみるがいい。すでにして誕生の際に、女の子よりもはるかに喜んで迎えられ、彼は王子として祝福される。両親が男の子の方を欲しがるのは、誰でも知っているよくある現象である。少年は、男の子孫としてひいきされ、たえずその価値を高く設定されていることを感じさせられる。話しかけられるさまざまな言葉や、ときおり小耳にはさむ言葉から、男性の役割が女性より重要なことを子どもは繰り返し思い知る。男性原理の優越はまた、女性の家族が評価の低い仕事をさせられ、自分の周囲の女性たちも、所詮は必ずしも男性と対等であると確信して生きているわけではないという形で、子どもに示される。女性たちは普通、従属的で価値の低い役割を演じている。どんな結婚でもその前に女性たちは、女性にとって非常に大事な質問を男性にしなければならないはずだ。文化全般で、とくに家庭で男性原理がきわめて重要視されていることをどう思いますか？　と。たいていの場合、生涯にわたって決着のつく回答はない。その結果、ある女性は夫と対等な立場に立とうと強く努力するようになり、また他の場合には、その程度は人によるものの、一種のあきらめが現れる。一方、男性、すなわち父親は、少年の時ですら、男性として重要な役割を果たさなければならないと信じて疑わず、それをそのまま一種の義務と感じながら成長するので、生や共同体から突きつけられる問いに、常に男性の特権の利益になるように答えることになる。

　こうした状態から生ずるさまざまな状況に、子どもはことごとく居合わせ立ち会う。そこから子どもには、女性の本質について無数のイメージや見解が生まれるが、そこでは概して女性は低く評価されている。このようにして少年の心には、成長するにつれ、男性的な特徴が混入してゆく。力を得ようと努力するなかで、努力に値する目標と少年が感じることができるのは、ほとんど例外なく男性に固有の性格であり、男性的に表明された意見である。すでに述べた力関係から一種の男性的な美徳が生まれるが、その美徳それ自体がまるごと、この由来を示唆している。ある種の性格特性が「男性的」で、それ以外は「女性的」であるとされるが、この評定を正当なものとする根拠となる何か事実があるわけではない。なぜなら、もし少年と少女の心の状態を比較して、そこにこの分け方が正しいと証明できそうなものを見いだそうとしても、自然のままの事実からはそれはできず、すでに一定の枠内に組みこまれ、一面的な力の判断によって人生計画《レーベンスプラン》や主導指針が定められている人びとで確認できるだけだからだ。この力関係がその人びとに、発達を求めざるをえない場を強制的に割り当てたのである。したがって、男性的な性格特性と女性的な性格特性を区別することは正しくはない。両方の性格とも、力を求める努力の要求をみたしうることや、「女性的」な手段、たとえば従順や服従をもってしても力を行使しうることが、理解されよう。従順な子どもは、従順でない子どもよりも、どちらも力を求める努力が働いているにもかかわらず、その受ける利益によって、事情しだいで、はるかに注目を集めることができる。一人の人間の心の生活を洞察することがしばしば困難になるのは、力を得ようとする努力が、人に受け容れられようとして、さまざまな性格特性を選び身につけるからである。

少年は成長するにつれて、自分が男性であることが重要になって、ほとんど責務と化してしまう。少年の名誉心や力と優位に立つことを得ようとする努力は、男性であることの責務と完全に結びつき、まさしく一体化する。力を得ようとする少年たちの多くは、単に男性であることを自覚するだけでは満足しない。自分は男性であり、したがって特権を持たなければならない、ということをいつも他人に呈示し、証明しようとするために、一方では、常に自分を特別扱いして目立たせ、それと同時に自分の男性的な性格特性を誇示し、他方ではまた、身のまわりの女性たちに対して、自分に抵抗する度合いに応じて、自分の優越性を明らかにすべく、あらゆる暴君のごとく、駄々をこねて激しく憤慨したり、あるいはずる賢く狡猾に振る舞ったりするのである。

人は誰でも、特権をもつ男性という理想を尺度にして評価されるので、少年たちが常にこの尺度を突きつけられ、ついには自分で自分には男性らしさが欠けていることに気づき、自分の生きてきた過程はいつも男性的だったか、自分はすでに充分に男性的かなどと、自問したり自省したりするとしても、不思議ではない。今日では「男性的」として思い浮かべられるものはすべて、よく周知されている。とりわけもっぱら利己的な、自己愛を満たすもの、そして他を凌駕し、他から卓越することであり、次のような、一見すべて能動的に見える性格特性の助けを借りているものである。すなわち、勇気、強さ、誇り、あらゆる種類のとくに女性に対する闘いの勝利、役職の獲得、威厳、称号、「女性的」な動きに抵抗する傾向、その他である。凌駕することが男性的とされているので、個人的な優越性を得ようとする闘いがたえずなされている。

このようにして少年は、もちろん成人男性だけを、なかでも父親を手本に借用して、さまざまな特性を身につけるだろう。この人工的に培養された誇大妄想の足跡は、いたるところでたどることができる。少年は早くから、過大な力と特権をわがものにしようとたくらむ誘惑にかられる。これらは少年にとっては、「男性らしさ」を意味している。下手をするとそれはしばしば、よく知られた現象である粗暴や残忍へと悪化する。

男性であることがいろいろ見せる利点は、女性にとっては強い誘惑を意味する。少年たちが男性的な理想像を、主導指針として、あるいはかなわぬ憧憬として、ないしは自分の言行を判断する尺度として、または振る舞いや活動のマナーとして、心に抱いている例がしばしば見られるとしても、驚くにはあたらない（カント「文化においては、女性はみな男性であることを願うであろう」）。抑えきれない衝動から、身体の適性ではむしろ少年向きの遊びや行為を好んでする少女たちも、この例に属する。それで彼女たちは、たとえばあらゆる樹木によじ登ったり、少年たちと仲間になって歩きまわることを好み、女性の仕事はすべて恥辱のように拒絶する。総じて彼女たちは、男性的な行為でのみ満足を見いだす。これらの現象はすべて、男性を優遇することから生ずるものとして理解されるべきである。ここで明瞭に見てとれるのは、卓越した地位をめぐる闘いや、優位に立とうとする努力は、現実や人生における実際の立場よりは、外見に多く関係しているということである。

## 3　女性の劣等性についての偏見

男性の優越的地位を正当化するために、この地位は生まれつき与えられているものだという論拠のほかに、男性の側はたいてい、女性は劣等な存在であるという論拠もあげている。女性の劣等性に関する見解はあまねく行きわたっていて、まるで全人類の共有財であるかのように見える。それと並行して、男性のある種の不安も進行しているが、この不安はおそらく女性が実際に男性の不安の要因をなしていた、母権に対する闘争の時代に由来しているだろう。というのも私たちは歴史や文学の中で、いつでもこの種のことのヒントに遭遇するからだ。ある古代ローマの文人は「女は男を錯乱させるものである」と言っている。教会の公会議では、女性は心を持っているか、という問題が活発に論議されたし、女性はそもそも人間なのか、という問題について学術論文がいくつも書かれた。中世の魔女信仰が数世紀続き、魔女の火刑[10]が行なわれたことは、この問題についての、あの時代の誤解やひどい不信、混乱を示す悲しむべき証拠である。しばしば女性は、この世のあらゆる災いの原因と称されている。すなわち、聖書の原罪の叙述やホメロスの『イーリアス[11]』では、一人の女性の存在は全民族を不幸に突き落とすに充分であると語られている。あらゆる時代の伝説やメルヒェンで、女性の道徳上の劣等性や欠点、悪意、偽善、気まぐれ、不信用が暗示されている。「女性の軽率」は、法律制定の論拠としてあげられてさえいる。同様に女性は、仕事の有能さや力量に関しても、見くびられている。あらゆる民族の慣用句や笑い話、ことわざ、小咄は、女性を見くびる批判に満ちていて、けんか好き、時間を守らない、卑しい根性、愚かなこと（スカートは長いが、考えるのは短い）が非難されている。女性の劣等性を論証するために、非常に鋭い洞察力が動員されているが、これら一連の人びと——ストリンドベリ、メビウス、ショーペンハウアー、ヴァイニンガー(12)――だけでなく、少なからぬ数の女性たちが加わっている。彼女たちはあきらめて、女性の劣等性についての見解や女性に与えられた従属的な役割に甘んじるにいたったのだった。女性の労働の報酬にも、女性の軽視が現れている。女性の労働は男性の労働と対等か、ということは顧慮されず、男性の労働よりもはるかに低く評価されているのである。

能力試験の成績を比較すると、ある特定の科目、例えば数学では、少年の方が能力に恵まれているが、他の科目、たとえば語学では、少女の方が能力を示していることが実際に見られた。事実、男性の職業の準備となるような諸科目では、少年の方が少女よりも能力に恵まれていることが判明した。しかしこのことは、男性の能力が女性よりもどうやら高いらしいと語っているにすぎない。少女の状況をより詳細に観察すれば、女性の能力が劣っているというのは作り話であって、真実のように見える嘘であることがわかる。

少女は、自分たちが無能力で、軽度の従属的な仕事にしか適していないことを、常にいたる所で、いわば毎日さまざまなバリエーションで耳にしている。子どもである少女は、このような判断の正当性を吟味する力がまだないので、女性の無能力を女性のどうすることもできない運命と見なして、ついには自分でも自らの無能力を信ずるようになるだろう。意気阻喪して、このような分野の科目に対して――そもそもそれらを履修することができるとしてだが――早くからもう必要な関心を示さなくなるか、あるいはまったく関心を失ってしまうだろう。こうして少女はこれらの科目に対して、対外的にも内面的にも準備不足になるのである。

こうした事情のもとでは当然、女性の無能力が証明されているように見えるに違いない。この誤解には二つの原因がある。この誤解は――しばしば一方的で、まったく利己的な動機から――依然としてビジネスの観点で評定された成果で人間の価値が判定されていることによって、助長されている。ただしこの観点からは、成果や成果を出す能力が心の発達とどの点において関連しているのか、という問題は追究が見送られてしまう。一般的にその問題にもっと注目していたら、女性は成果を出す能力が劣っているという誤解のもとになっている、もうひとつの主要な原因についても、手掛かりがつかめよう。幼年時代から少女には、全世界がしつこく偏見を吹きこんでいるということが、しばしば無視されているのである。この偏見は、自分の価値についての少女の信念や自負心を揺さぶり、何か立派なことをなし遂げたいという希望を徐々に失わすことにしか役立たない。少女はこの偏見をただ確信してしまい、いかに女性には従属的な役割しか割り当てられていないかを理解すると、勇気を失い、もはや仕事をしようとする気がなくなって、ついには人生のさまざまな課題を前にしてひるむようになるが、それも理解できることである。そうなるともちろん、彼女は役に立たなくなり、使いものにならなくなる。だがもし私たちが、ある人に向かって、住民にふさわしい敬意をいだかせることに習熟し、その人から何かをなし遂げるという希望をすべて奪い、かくしてその人の勇気を失わせておいて、そのあげくにその人には何もなし遂げられないことに私たちが気づくのだとしたら、私たちは正しかったと言ってはならないし、不幸はすべて私たちのせいなのだと認めなければならない。

そういうわけで、私たちの文化では、少女が自信と勇気を持ちつづけることは容易ではない。

ちなみに能力試験の際に、十四歳から十八歳までのある特定の少女のグループが、他のあらゆるグループや少年のグループよりもすぐれた能力を示したという、注目すべき事実すら判明した。調査の結果それは、夫のいる母親も、あるいはシングルマザーたちも、自立した職業を持っている家庭の少女たちだったことがわかった。このことは、これらの少女たちはとくに、母親が自らの手腕で生計を立てているのを見ていたので、女性は成果を出す能力が劣っているという偏見を家庭内で感じさせられることがなかったか、少なかった状況にあったことを意味している。それゆえ彼女たちは、この偏見と結びついたあらゆる障害にほとんど影響されることもなく、はるかに自由に自立して成長できたのである。

この偏見に対するさらに別の反証は、少なからぬ数の女性たちが実にさまざまな分野で、特に文学や芸術、工学、医学の分野で、男性たちにまったくひけをとらない傑出した業績をあげたことである。ちなみに、何の業績もあげないどころか、極度の無能ぶりを示す男性たちの数は非常に多いので、女性の場合と同じ数の証拠をあげて、むろん同じように不当にだが、男性は劣等であるという偏見を主張することができるかもしれない。

すでに述べてきた状態は、重大な結果を招く現象であり、女性的なものはすべて劣等であるというこの偏見は、慣習の中に現れているように、独特な二つの概念に分かれることになる。そのひとつは、男性的↓価値がある↓力強い↓勝利を収める、という概念であり、もうひとつは、女性的↓従順↓奉仕的↓従属的そのものに同定する、という概念である。この思考方法は、人間の思考の深くに錨《いかり》をおろしているので、私たちの文化では、あらゆるすぐれたものは男性的な外見を持っており、一方、あらゆる価値の少ないもの、あらゆる忌避されるものは、女性的とされている。周知のごとく、女々《めめ》しいと言われるほどひどい侮辱はないと思っている男性たちがいる一方で、少女たちの場合には、男性的であることは不利益なことを意味しない。いつでもこのように強調されるので、女性を思わせるものはことごとく劣等と見なされるのである。

この偏見をはっきりと代弁しているさまざまな現象は、したがってもっと詳しく考察すると、まさに、心の発達の阻害された結果でしかないのである。私たちは、どんな子どもでも、いわゆる「才能がある」、高度の成果を出す能力がある人にできると主張するつもりはない。しかし私たちは、どんな子どもでも才能がない人にする能力ならば、いつでもあると思う。もちろん私たちはまだそんなことは実行したことはないが、他の人たちがそれに成功したことは知っている。そしてこうした運命が、今日では少年より少女によく起こるであろうことは、容易に考えられる。わたしたちにはかつて、まさしく才能のない子どもが才能のある子どもに変身したかのように、ある日、非常に才能豊かに姿を現わした、このような「才能のない」子どもたちと会う機会があった。

## 4　女性の役割からの逃亡

男性を最優先することは、女性の心の発達を著しく妨害し、結果として、女性は自分の役割にほとんど共通して不満を持つようになった。女性の心の生活は、自分の地位に強い劣等感を持っているすべての人たちと同じ行路を、同じ前提のもとに動いているのである。いまや女性の心の発達には、それを困難にする要因として、彼女たちは生まれながらに劣等であると誤解している偏見が、新たに加わっている。それにもかかわらず多くの少女たちがある程度妥協しているとすれば、それは、彼女たちの性格を形成した教育や、彼女たちの知性、場合によってはある種の特権のおかげでもある。しかしこれらの特権は、ひとつ間違うとすぐに新たな間違いを生むことを示しているものにすぎない。こうした特権とは、解放や贅沢、女性に対する丁重さなどで、少なくとも見かけ上は女性を優先している。それらは女性への敬意を装い、最終的にはある理想化を行なうことによって、もともとは男性の利益のためにつくられた、女性の理想像を創造することを、結局のところふたたび目指すことになるのである。かつてある女性は的確に述べたものだ、女性の徳は男性のすぐれた発明品である、と。

女性の役割に対する闘争では、一般に二つの女性のタイプに類別される。ひとつのタイプは、すでに触れた、行動的で「男性的」な方向に発達する、あの少女たちである。彼女たちは非常にエネルギッシュで、名誉心が篤く、勝利の栄冠を得ようと奮闘する。自分の兄弟たちや男性の同僚たちを凌駕しようとし、男性という種族に留保されている職に特に好んで取り組み、さまざまなスポーツその他に精を出す。しばしば彼女たちは、恋愛や結婚という関係にも抵抗する。そのような関係になっても、そこでもいつも相手よりも何かしら優れている、あの相手を支配するパートナーであろうと努めるので、関係を損なうことになる。家政のあらゆる用事に対する敵意を彼女たちは、直接、あからさまに表明することによって、あるいは間接的に、自分にはその才能はないと認め、時には家政の仕事の能力がないことの証拠を提出しようとすることによって、はっきり示している。

これは、一種の男らしさで不利な点を償おうとするタイプである。女性の役割に対する防御の姿勢が、彼女たちの在り方全体の基本的特色なのだ。彼女たちには「男まさりの女性」という表現が使われることがある。しかしこの表現は、誤った理解が根拠になっている。この表現からは多くの人たちは、こうした少女たちには、この種の立場をとらせている、先天的な要素である男性的な実体が備わっている、と思うであろう。しかし、文化の歴史全体が私たちに教えているのは、今日もなお女性が従わされている弾圧と制約とが、ある人にとって耐えがたくなると、その人は反抗せざるをえなくなるということである。こうした女性が、一般に「男性的」と認められている方向をとるときは、それは、この世界で進むべき道を選ぶには二つの可能性しかないという理由からである。すなわち、理想的な種類の女性になるか、同じく男性になるかである。したがって、女性の役割から逸脱することはすべて男性的に見えるに違いなく、その逆もまたある。しかしこの場合、不可解な実体が役割を果たしているからではなく、空間的にも精神的にもそれ以外に可能性がないからである。したがって、少女の心の発達がいかなる困難のもとで遂げられているのか、忘れてはならない。女性の場合、男性と対等の権利が認められないかぎり、人生との和解を、私たちの文化の実相や、私たちの共同生活という形態との完全な和解を期待してはならないのである。

一方、一種の諦念を持って生き、信じられないほどの順応や従順、謙遜を示しているタイプの女性たちがいる。彼女たちは見たところ何にでも順応し、何の仕事でもできるようだが、しかしその際に彼女たちは何か不器用な偏狭さをさらし、何も進展させることができないので、人は疑念を抱くに違いない。彼女たちはあるいは神経過敏の徴候を呈し、自分は弱くて考慮されてしかるべきであるということをまさに見せつける。そして、それによって彼女たちは同時に、こうした調教めいた訓練は一種の暴行であって、それがいかに普通は神経系の病気という処罰結果を引きおこし、社会で生活する能力をなくしてしまうかを示している。彼女たちは世界でも最良の人間であるが、残念ながら病気で、望まれた諸要求を満たすことはできない。結局のところ彼女たちは、自分の周囲の人びとの満足を得ることができない。彼女たちの屈服や謙遜、自己規制は、前述のタイプの場合と同様に、反抗の根拠になっていて、これは決して楽しみに満ちた生活ではない、と明言しているように思えるのである。

第三のタイプの女性たちは、女性の役割を拒否こそしないが、にもかかわらず劣等な存在として従属的な役割を果たすように運命づけられている、という意識に責め苛《さいな》まれているかに見える。彼女たちは、女性が劣等であり、男性だけが立派な仕事をする資格があるということを、完全に納得している。したがって男性の特権的地位をも弁護する。その結果、男性にだけあらゆる成果をあげる力量を与えることを認め、男性の特殊な地位を要望する声の合唱を増大させている。彼女たちは自分の無力感を、あたかもまさにその承認を求め、支援を要求しているかのように、あからさまに示す。しかしこの態度もまた、古くから準備されてきた反抗のほとばしり出た突発なのである。この突発は、女性が結婚生活での自分がやらねばならない課題を、これは男性にしかできないのだからと率直に表明して、ひっきりなしに夫に押しつけることによって、しばしば明らかにされる。

人生のもっとも重要かつ困難な課題のひとつである教育が、女性の劣等性という偏見が広く支配しているにもかかわらず、ほぼ大半が女性に委ねられていることを顧慮して、この三つのタイプの女性たちは教育者としてどうなのかというイメージも描いてみたい。そうすることによって、三つのタイプの差異を、もっと具体的なものにすることができるだろう。人生に対して男性的な態度をとっている第一のタイプの女性は、暴君のように意のままに振る舞うだろう。大声でわめき、たえず罰を与えながら勉強させ、こうして子どもたちに強い圧迫を加えるだろう。もちろん子どもたちはこの圧迫を免れようとするだろうが、そこで達成できるのはせいぜいのところ、調教めいた訓練にすぎず、何の価値もないものである。子どもたちは通例、こうした母親はもともと無能な教育者なのだ、という印象を受ける。わめき声やガミガミののしる大声、無駄な骨折りは、きわめて好ましくない効果しかないし、また少女にはそれを模倣しようと思わせ、反対に少年にはこれからの人生をたえざる恐怖心で満たす危険が生じる。このような母親の支配下に成長した人びとの中には、苦々しい思いをすでに植えつけられてしまい、女性のことをもはや決して信頼できなくなってしまったかのように、女性をはるかに遠ざける人が多く目につく。こうして男女両性のあいだには、不和が続くようになる。男性性と女性性の誤った割り当てについていろいろ言う人たちもいるが、私たちはこの不和は、明らかに病的なものだと感じている。

ほかの二つのタイプも、教育者としては同じく実りがない。片方のタイプの女性たちは非常に疑い深い性質を明らかに示すので、子どもたちは母親には自信がないことを容易に探り出し、母親の手に負えなくなる。母親はさまざまな試みを繰り返して、たえず注意を与え、時おり、お父さんに言うわよ、と脅したりもする。しかし、いつでも男性の教育者の様子を窺《うかが》っているために、彼女は自らの教育的な活動が良い成果をあげるとは思っていないことを、またもや露呈してしまう。そして彼女は、つまり男性だけが有能なのであって、したがって教育にもどうしても男性が必要だという自らの立脚点を正当化することが課題であるかのように、教育からも退却することを念頭に置いている。あるいは、もう片方の女性たちは、自分には何も能力がないと感じて、教育的な活動をそもそも忌避し、教育の責任を夫や女性家庭教師などに転嫁するのである。

特に「高邁な」理由から、たとえば修道院に入るなど、独身制と結びついた職業に就いて、人生から身を引いてしまう少女たちの場合、女性の役割に対する不満はもっと極端に現れる。彼女たちも、そもそも女性の役割と和解できないまま、女性本来の職業に対する準備を放棄する女性たちに属する。多くの少女たちがすぐに職業に就こうと努力する原因は、職業と結びついた自立が、あまり簡単に結婚生活に入らなくてすむための予防策のように見えるからなのである。この態度選択も、伝統的な女性の役割に対する反感がまた推進要因となっているのは明らかである。

結婚が成立し、したがって女性はこの役割を喜んで受け入れたのだと考えて当然である場合でさえ、婚姻の締結を、女性の役割と折り合いをつけた証拠だと必ずしも考えてはならないと判明することがしばしばある。現在三十六歳になる女性の事例は、この典型的なものである。彼女はいろいろな神経系の苦しい思いを訴えて医師を訪れた。彼女は、年配の男性と支配欲のとても強い女性の結婚で生まれた第一子であった。非常に美しい少女だった母親が年配の夫を選んだという事情から、この結婚の際にすでに、女性の役割に対するためらいが加担して、夫の選択に影響したのではないかと推測される。両親の結婚生活は円満ではなかった。母親は家庭では叫ぶようにして話し、自分の意志を遠慮なく押しとおした。年配の夫は、ことあるごとにすぐ片隅に追いやられた。娘が語るところでは、母親は、父親が休息しようとしてベンチでときどき体を伸ばすことさえ、許さないことがよくあったという。母親は、自分があらかじめ定め、みんなに遵守するように求めた原則に従って家事一切を営もうと、常に努めたのである。

私たちの女性患者は、非常に能力のある子どもとして、父親にひどく甘やかされて成長した。母親はそれに反して、決して彼女に満足せず、常に彼女の敵だった。下に男の子が生まれると、母親はその子にはるかに多く愛情を注いだので、彼女はその状況にまったく我慢ができなくなった。父親は普段はとても無気力で妻の言いなりになっていたが、娘が問題になるときは妻に激しく抵抗できたので、少女は父親が支持してくれるのを意識して、母親と粘り強い闘いを続け、ほとんど母親を憎むことに成功した。この闘いで少女が好んだ攻撃対象は、母親がこだわって極度に高められた清潔好きだった。母親はたとえば、家政婦がドアの取っ手に触れると、後で拭き清めなければ我慢できなかった。少女はおもしろがって、いつも本当に汚らしい、だらしない服装であちこち歩きまわり、何もかも汚した。総じて彼女は、母親の期待する特性の正反対のものだけを伸ばしていった。この実情は、性格特性は先天的なものだという想定に、明白に反している。母親を死ぬほど怒らせるような特性だけを子どもが発達させるときは、意識的ないし無意識的な計画が必ずその根底にあるのである。この闘争は今日もなお続いており、これ以上に激しい敵対関係はほとんどないほどである。

少女が八歳だったときには、およそ次のような状況が支配していた。すなわち、父親はいつも娘の側にいるが、母親はいつも厳しい怒った顔つきで辛辣な意見や非難を述べ、少女は当意即妙に、小生意気で途方もない冗談を飛ばして、母親の努力をことごとく無に帰していた。さらに困ったことに、母親のお気に入りでやはり甘やかされて育った弟が心臓弁膜症にかかり、そのため母親の心配がますます強くつのるという事態が加わった。この両親の子どもに関する努力がたえず行き違いになっていることに、注目していただきたい。少女はこうした事情のもとで成長したのである。

そのころ彼女は、誰にも説明できない神経系の病気に本当にかかっているような様相を呈していた。彼女は母親に向けられた悪い考えにいつも苛まれていて、その結果何をするにもその考えに邪魔されていると思うようになっていた。結局彼女は突然――何も得られなかったが――宗教に没頭した。しばらくたつと、これらの考えは消えていったので、何か薬のおかげだとされた。だがやはり、母親がほんの少し守勢に追いこまれたのであろう。唯一残ったのは、彼女の奇異なまでの激しい諍《いさか》いを恐れる気持だった。少女は、自分の心がけが悪かったから激しい諍いが起きたのだ、そんな良くない考えを持っていたら、いつの日か自分に不幸が起こるだろう、と思いこんでしまったのである。子ども自身がすでに、いかに母親に対する憎悪から自由になろうと努力していたかが、それでわかる。子どもの発達はこうしてさらに進行し、最後には素晴らしい未来が待ち受けているかに見えた。しかしあるとき、ある女性教員の言葉が彼女に特別な印象を与えることになった。その女性教員はこの少女に、望みさえすれば、何でもなし遂げることができるのよ、と言ったのである。こうした言葉自体はたいして意味のないものだが、この少女にとっては大きな意味があった、何かをやり遂げようと望めば、自分にもできるんだ、と。こう理解した結果は、母親に対する闘いをさらに熱望させただけだった。

思春期が来て、少女は美しく成長し、結婚の許される年齢に達すると、多くの求婚者が現れた。しかし彼女は辛辣な口をきいて、交際の可能性をことごとく壊してしまった。一人の年配の男性とだけ彼女は親しくしており、強く彼に惹かれるのを感じていたので、彼と結婚するのではと常にはたから危惧されていた。しかしこの男性もしばらくすると去ってしまい、二十六歳までずっと彼女には求婚者がなかった。これは、彼女の属する階級では非常に目立つことだったが、誰も彼女の生い立ちを知らなかったので、説明することができなかった。幼年時代以来、母親に対して行なってきた激しい闘争のために、彼女は協調性のない、口うるさい人間になっていた。彼女にとって闘争とは、勝利を収めることだった。少女は母親の態度に苛立つと、いつでも勝利を得ようとした。もっとも好んだのは、激しい口喧嘩だった。そこに彼女の虚栄心が現れていた。また、彼女がこうした、相手に勝つことが肝要な勝負だけを好んでいることにも、その「男性的な」考え方が示されている。

二十六歳のときに、彼女は非常に尊敬すべき男性と知り合い、彼は彼女の闘争好きな本性に思いとどまることもなく、真剣に求婚した。彼はとても謙虚で従順だった。彼を夫にするように親類の者たちに強く勧められると、彼女は、彼に非常な嫌悪を感じるし、彼と結婚してもうまくいかないだろうと繰り返し説明した。彼女の本性からすれば、こうした予想をすることはもちろん難しいことではなかった。二年間の抵抗の末に彼女は、この男性はすでに自分の奴隷なので、結婚しても自分の望むようにできると確信して、ついに承諾した。ひそかに彼女は、あらゆる点で常に自分に甘かった父親の複製のような人を望んでいたのである。

すぐに彼女は、自分が間違っていたことを悟った。婚礼後二、三日たつとすでに、夫がパイプをくわえて部屋に座り、くつろいで新聞を読んでいるのが見られた。毎朝彼は事務所へと姿を消し、食事の時間にはきちんと帰ってきたが、用意がまだできていないと、ぶつぶつ言った。彼は、彼女が思っていた以上に口うるさく、清潔や繊細な心遣い、几帳面さなど、彼女が覚悟していなかった不当な事柄を、要求した。その関係は、かつて彼女と父親とのあいだにあった関係とは、大きくかけ離れたものだった。彼女の夢はみな破れてしまった。彼女が要求すればするほど、夫はいっそう彼女の望みに応じなくなり、夫が彼女の主婦としての役割を指摘すればするほど、ますます彼はそれが果たされなくなるのを見るようになった。その際彼女は、あなたにはもともとこうした要求をする権利がない、なぜなら自分はかつて、好きではない、とはっきり言ったのだから、とたえず彼に警告することをやめなかった。しかし彼には少しも効果がなかった。彼は譲歩することなく要求を続けたので、彼女は将来を考えて暗くなった。実直で義務感に満ちた夫は、有頂天になって我を忘れて求婚したのだったが、彼女を確実に所有したと錯覚すると、すぐにそれも醒《さ》めてしまったのである。

二人のあいだの不調和は、彼女が母親になっても何も変わらなかった。彼女は新しい義務を引き受けなければならなかった。その上母親との関係は、母親が断固として義理の息子に味方したので、ますます悪化した。家庭内の闘争はたえず激しかったので、夫が時おり見苦しく傍若無人な振る舞いをしたとしても、妻の言い分の方が正しいことがあったとしても、驚くに当たらなかった。夫の振る舞いは、彼女自身が愛想がなく、彼女が女性の役割と和解できない結果だった。彼女が元来考えていたのは、常に自分が女主人として、自分の望みをすべてかなえてくれる奴隷をそばに従えて生きていくというやり方でなら、女性の役割を果たすことができるだろう、というものだった。そういうことであれば、おそらく可能だったろう。

　では彼女は、どうしたらよかったのだろう。離婚して母親のもとに戻り、そこで自分の敗北を認めるべきだったろうか。自立することは彼女には、もはやできなかったろう。そのための準備はしてこなかった。離婚は彼女の誇りや虚栄心を傷つけることを意味した。人生は彼女にとって苦しみだった。一方では夫があらゆることにたえず不平を鳴らし、他方では母親がいつでも清潔と整頓だけは守るようにとガミガミ言って説教していた。

　そして突然、彼女はきれい好きになり、几帳面になった。一日中洗濯したり掃除したりし始めた。ようやく彼女は、母親がいつも耳に吹きこんでいた教えを理解したかに見えた。最初はきっと母親は、喜んで笑っていただろう。夫も、突然妻が几帳面になって、たえず戸棚やタンスにしまったり出したりしているのを、いくらか喜んだ。しかし、過ぎたるは及ばざるが如しということもあり、この事例がそうだった。彼女は、家中に一本の糸も残らなくなるまで長いこと洗濯や掃除をした。その際に彼女は、誰かが自分の整理整頓を邪魔しようものなら、同じようにその人の邪魔をすることで、自分の熱心さを見せつけた。彼女が何か洗濯したあと、誰かがそれに手を触れると、また洗い直さなければならず、しかも彼女にしかそれはできなかった。

　このいわゆる洗濯病は、非常によく見られる現象である。この女性たちはみな女性の役割に対する闘士であって、こうすることで、さほど洗濯をしない他の人びとを徹底的に見下そうとしている。無意識のうちに、これらの努力は家庭を爆破することを狙っている。しかし言い添えるなら、この女性のように家庭の汚れている人は、めったにいなかった。彼女にとっては清潔にすることが問題なのではなく、彼女が引きおこす攪乱が問題だったのである。

　女性の役割との実際の和解が、たいていが見かけ倒しにすぎないことは、無数の事例をあげて示すことができる。この女性が一人の女友達も持たず、誰とも親しまず、人を思いやることも知らなかったと聞かされても、それは彼女の本質にこそふさわしいことである。次の時代に文化が私たちにもたらさねばならないものは、人生ともっとよく和解できる道を実現する、女子教育の手段である。なぜなら、今日のこの事例からわかるように、きわめて恵まれた条件下にいた少女でさえ、この和解の実現されないことがよくあるからである。私たちの文化では女性の劣等性は、実際には存在しないし、賢明な人びとによって否定されているとはいえ、依然として法律にも、伝統にもしっかりと根を張っている。これに対しては、公正な目を持ち続けて、私たちの社会体制の、この誤った振る舞いがとっているあらゆる技法を認識し、それと闘わなければならない。しかしすべては、病的なまでに極端な女性賛美からではなく、私たちの社会生活のこのような状態を根絶するためなのである。

もうひとつの現象も、女性を貶《おとし》める批判の口実にしばしば取りあげられるので、この関連で言及されるべきである。つまり危険な年齢であるが、それはおよそ五十歳前後に、ある種の性格特性の先鋭化を意味する精神的な諸現象、諸変化として現れる。肉体も変化する結果、そうでなくとも低かった価値もこれからは完全に失われるのだから、その最後の残滓を苦労も厭わず主張する時代が今こそ来たのだ、という考えが執拗に女性の心に浮かびはじめる。女性は、自らの地位を獲得し主張するために役立ったすべてのものを、この時代の先鋭化された条件の下で、力の限り確保しようとする。私たちの今日の文化を支配している成果主義の結果、老人たちは総じて良くない境遇に置かれているが、老婦人たちははるかに悪い状態にある。老いていく女性たちの価値は徐々に完全に失われたのだが、その損害が別の形態で一般社会でも見られるかぎり、私たちの人生は、ある一日だけで突然に考量され評定されるべきではないのである。ある人が働き盛りの歳月になし遂げたことは、力と影響力を失った時期になっても、その人の功績にされなければならないだろう。だがそうはならず、人間は老年になると、以後の精神的、物質的な関係からさっさと締め出されてしまう。それは老いた女性の場合には、まさしく侮辱へと悪化するのである。成長期にある少女が、自分にもやがてくるこの時期をどんな不安な心で考えているか、想像してみるがよい。五十歳ではまだ女性性は消えていない。この時期以降も人間としての尊厳は減ることなく続いており、また維持されなければならないのである。

## 5　男女両性間の緊張

これらの現象すべての根底にあるものは、私たちの文化の間違った道である。これらの道にひとたび偏見が混入すると、それはあらゆるところに浸透して、あらゆるところで見いだされる。それゆえ、女性の劣等性とそれと関連する男性の傲慢さについての偏見も、たえず男女両性間の調和を妨げている。その結果すさまじい緊張が、特にあらゆる愛情関係にも侵入して、あらゆる幸福の可能性をたえず脅かし、たびたび破壊しているのである。私たちすべての愛情生活はこの緊張に侵されて、枯れはて荒廃している。調和した結婚生活はめったに見られず、子どもたちが、結婚は並外れて困難で危険なものと考えながら成長する原因は、この点にある。上に述べたような偏見や同じような考え方が、子どもたちが人生を真に理解するのを妨げることはよくある。結婚を一種の避難口と見なしている多くの少女たちや、結婚をひとつの必要悪としか見ていない男性や女性のことを考えさえすればよい。この男女両性間の緊張から生じた困難は、今日では巨大なものに育っている。少女の場合、この困難が大きくなればなるほど、強いられた役割に反抗する傾向が、すでに幼年時代からますます強くなり、あるいは男性の場合は、何ら論理的必然性がないにもかかわらず、特権的役割を果たそうとする要求がますます強くなるのである。

男女両性の調和と均衡にとって特徴的な指標は、仲間意識があるかどうかということである。まさに男女両性の関係においても、多民族が共生する場合と同様に、従属の関係は我慢のできるものではない。そこから生じている困難や負担は両性ともに非常に大きいので、誰もがこの問題に注意を払う必要がある。なぜならば、この問題の領域は途方もなく巨大で、一人ひとりの生活すべてを包括してしまうほどだからだ。そしてそれがとても複雑であるのは、私たちの文化は、人生における態度の選択を子どもの手に委《ゆだ》ねているので、結果として子どもは、異性とは一種の対立する関係になるからである。冷静な教育をすれば、おそらくこの困難は片づくだろう。しかし私たちの時代の性急さ、真に信頼できる教育原理の不足、なかでも私たちの生涯にわたる生存競争などの諸現象は、家庭での教育にまで影響を及ぼし、将来の人生の照準指針《リヒトリーニエ》を家庭教育ですでに定めさせているのである。どんなことをしても、策略や「ガールハント」によってでも、男らしさを証明することが男性の課題となったために、多くの人びとが愛情関係の成立する前に尻込みしてしまう。そしてそのことが、愛情における偏見のない信頼を破壊している。ドン・ジュアン(13)はたしかに、自分が充分に男性的であることを信じていない人間だった。そのために彼は、いつも新たな証明を求めてガールハントを重ねたのである。男女両性のあいだを不信が支配すると、親密さはすべて損なわれてしまうが、全人類はそのことに悩んでいる。男らしさという極端な理想は、要求やたえざる刺激、永遠の動揺を意味しているが、そこから生ずるものは、虚栄心からの要求や自分のためだけの利益、そして特権的な地位であり、それ以外の何物でもない。これらは、人間の共同生活にとっては自明の条件に反している。私たちには、これまでの女性運動の、自由と同権という目標に反対する理由はない。というよりむしろ、自発的に支持しなければならない。なぜなら全人類の幸福と生きる歓びは、結局は、女性が女性の役割と和解できる条件が整えられるかどうか、男性が女性に対する関係の問題を解決することができるかどうか、にかかっているからである。

## 6　改善の試み

男女両性間の関係を改善するためにこれまでになされた試みの中で、ここではもっとも重要なものとして、男女共学があげられよう。この制度には疑問の余地がないわけではなく、反対者もいれば支持者もいる。支持者たちは、この制度の主な長所として、男女両性がこの方法で適切な時期によく知りあう機会を得ることができ、それによって不適切な偏見とそれにともなう有害な結果が現れるのをうまく阻止できることをあげている。反対者たちが主に論拠にしているのは、少年と少女のあいだの対立は、彼らが小学校に入学する時期には、すでに非常に強くなっていることが多いので、共学で教育すると少年は圧迫を感じ、この対立がさらに激化するだけだということである。これは、この時期には少女たちの知的発達の方がすみやかに進行することと関連している。少年たちは特権の重荷を負いつつ、より有能であることを証明しなければならず、自らの特権ははかない夢にすぎず、現実の前には水泡に帰すものだ、という認識に突然に直面させられるからである。また少数の研究者たちは、男女共学の場合、少年は少女に対して臆病になり、自意識を喪失することを確認したと主張している。

この確認と論証に何がしかの真実が含まれていることは疑いない。しかしこの論証に充分な根拠があるのは、男女共学を、どちらがより有能かという勝利の栄冠をめざす両性の競争の意味で解するときだけである。教師や生徒たちがそんなふうに男女共学を理解しているとしたら、もちろんこの制度は有害である。そして、男女共学のもっともすぐれた見解、つまり男女共学は男女両性の共同課題に関する、将来の共同作業の練習であり準備であるという見解を持つ教師がいなければ、また、この見解を自らの教育の基礎とする教師がいなければ、男女共学の試みはいつも難破する憂き目を見ることになろう。反対者たちはこの失敗を自分たちの立場を証明するものとしてしか見ないだろう。

ここで詳細な見取り図を示すには、詩人の造形力が必要であろう。私たちは、主要な点を指摘するだけで満足するしかない。すでに述べたタイプと関連することはいつでも存在するし、多くの人は、劣等器官を備えて生まれてきたあの子どもたちについての叙述でも、これと同一の思考過程が見られたことを想起するだろう。成長期にある少女も、自分が劣等であるかのように振舞うことがしばしばあり、そして劣等感の補償について言われたことは、彼女にも当てはまる。その相違はただ、自分は劣等だという確信は少女には外界からもたらされたものだ、という点だけである。少女の人生はこの行路に深く引きずり込まれているので、賢明な研究者もこの偏見に影響されてしまうことがある。この偏見のために、一般に男性も女性も、ついには威信をかけた駆け引きに巻き込まれ、両者相ゆずらぬ役割を演じることになる。その結果、彼らの毒にも薬にもならない人生は錯綜し、両性の関係は公平さが奪われて偏見でみたされるようになり、それに抗して幸福を得る見込みはすべて消えてしまうのである。

# 第八章　きょうだい

すでに何度も触れてきたが、ある人を判断するためには、その人の成長した状況を知ることが大切である。ある子どもがきょうだいの中の何番目の子なのかは、やはり特別な状況である。この観点からでも、人を分類することは可能であり、私たちは充分に経験を積めば、ある人が総領息子か、一人っ子か、末っ子かなど、識別できるようになる。

末っ子はたいてい特別なタイプであることを、人間はそもそもはるか昔から知っていたように思われる。無数のメルヒェンや伝説、聖書の物語から、このことが判明する。それらでは、末っ子はいつも同じように登場し、同じように描かれている。実際に末っ子は、他の子どもたちとはまったく異なった状況で成長する。末っ子は両親にとって特別な子どもであって、一番年下の子として特別な待遇を受ける。末っ子は同時に一番小さいわけだから、他のきょうだいがすでに独立し、成人して大人となった時期に、もっとも庇護を必要とすることになる。したがって末っ子はまたたいていの場合、他のきょうだいたちよりも温かい雰囲気のなかで成長するのである。

この状況から、末っ子のいくつかの性格特性が生じてくる。それは、人生に対する態度の選択に独特な方法で影響を及ぼし、独特な人格を形成する。その上さらに、矛盾しているようにも見える、ある事情が加わる。どんな子どもにとっても、いつも一番小さい子と見なされ、何ら信頼もされず、何も任されないという状況は、喜ばしいものではない。それで子どもは非常に刺激されて、たいていは、自分には何でもできるということを示そうと努力する。その力を得ようとする努力が先鋭化する。こうして末っ子は、えてして、最上の状況にしか満足しない人間、他の人びとをすべて凌駕しようとする努力の発達した人間になるのである。

このタイプの人に出会うことは、現実にとても多い。末っ子たちのなかには、他のあらゆる人びとより優れ、自分のきょうだいたちよりはるかに業績をあげた人がいる。悪い事例もあって、この努力はしたものの、しかし充分な活力や自信を持てなかった末っ子である。やはり同じように、年上のきょうだいたちに対する関係に起因している。このきょうだいたちを凌駕できなかった末っ子は、自分の課題を怖れて尻込みし、臆病ですぐめそめそするようになり、いつも自分の課題を逃れるための口実を探すようになることがある。その末っ子は名誉心を捨てたわけではなく、別の種類の名誉心を手に入れる。つまり、人生の課題から逃亡して、離れた領域で名誉心を満足させ、自らの力量を試される危険を避けるような種類の名誉心を持つようになるのである。

すでに多くの人の注意を引いているだろうが、末っ子は、あたかも自分はないがしろにされてきて、劣等感を抱えこんでいるかのように振る舞うのが通例である。私たちは診察する際に、この感情をいつも確認することができたし、また心の発達に大きな振幅がある理由を、この悩み苦しんでいる不安な感情から推論することができた。この意味で末っ子は、生まれながらに劣等器官を備えている子どもとまったくよく似ている。どの事例でもよいのだが、重要なのは、ある人がほんとうに劣等であるかどうかという客観的事実ではなく、その人が何を感じているかということなのである。私たちはまた、子どもの生活は非常に思い違いをしやすいことを知っている。私たちはそこに山積している、さまざまな問題や可能性、結果に直面する。教育者はどんな行動をとったらよいのだろうか？　この子どもは常に首席をめざしている、ということだけを強調しても、人間の一生にとってはほとんど意味がないだろうし、経験の教えるところでも、首席であることは人生の重要事ではない。この場合、むしろ若干大げさに、私たちは首席の人には用はない、と言った方がいいだろう。そもそも私たちは首席の人に対して、まあ、良い感情は持っていない。歴史や自らの経験を見渡せば、主席ということに神の祝福の与えられたためしはないことに気づくに違いない。こうした原理は、子どもを一面的にし、何よりも良きチームメイトにはしない。なぜなら、たいていの場合にまず現れる結果は、子どもが自分のことや、他の人が自分を出し抜きはしないかとだけ考えるようになることだからである。子どもは嫉妬や憎悪の感情を、自分がこれからも首席を続けられるかどうかという不安を、発達させる。末っ子はその置かれたポジションのためにすでにして、急いで走り、他の人をすべて追い越そうとする傾向がある。末っ子が競争していることは、その振る舞い全体に、それもたいていは、この人の心の生活の関連全体を知らなければ通例目につかないような、ちょっとしたことにだけほのかに露見している。そういうわけでこの子どもたちは、いつでもグループの先頭に立っていないと、あるいは誰かが自分の前に立つと、我慢できないのである。競争者であることは、ほとんどすべての末っ子の特徴である。

このタイプの末っ子は、しばしば変わり者であるが、まったく傑出していると見なされることもある。なかには、時として全家族の救世主になるまで成功する、活動力のある人もよく現れる。目を過去に向けて、たとえば聖書の物語のヨセフ伝説を考察してみると、そこにはこのことがすべて、この上なく見事に表現されており、しかもこの伝説の記者たちは、今日の私たちが非常に苦労して獲得した知識をすでに豊富に備えていたかのように、意図的かつ明白に表現しているのが見いだされる。何世紀も経過するうちに、価値の多い資料が多く失われたのはたしかで、今度はそれを繰り返し新たに発見する必要があるのだが。

これに加えて、第一のタイプから副次的に生じたもうひとつのタイプがある。この急いで走る競争者が突然ある障害にぶつかって、それを克服できるとは思えず、回り道をとる場合を考えていただきたい。このような末っ子が勇気を喪失すると、これ以上は想像できないような最悪の臆病者になってしまう。そうなるとその末っ子はいつも身を引こうとし、いかなる仕事も過大であるように見え、何事にも言いわけをし、何もあえて始めようとはせずに、ただ時間を空費するようになる。多くの場合役立たずとなり、もともと競争のない領域を、やっとのことで発見するだろう。自らの失敗に対しては、あらゆる種類の言いわけを持ちだすだろう。自分には力が足りないとか、周囲の人びとになおざりにされた、あるいは甘やかされたのだとか、きょうだいたちが自分を抑圧したからだ、などと。本当に欠陥があるのなら、こうした運命はいっそう厳しいものとなるだろう。そのときその末っ子は自分の逃亡のために、はじめて正しくこの運命を利用するだろう。

良きチームメイトとは、多くの場合、この二つのタイプではない。最初のタイプの人は、競争がまだ何らかの価値を認められていた時代には、もちろん成功したであろう。このタイプの人が他の人びとを犠牲にすることによってのみ心の平静を保つことができるのに対して、第二のタイプの人は、生涯にわたって劣等感に苦しめられ、人生と和解できずに悩むことになるのである。

長男にも特徴的な性格がある。とりわけ長男には、心の生活の発達にとっては極上のポジションという利点がある。長男がいつでも特別な有利なポジションにあることは、歴史上よく知られている。多くの民族や社会階層において、この特別待遇の地位は伝統的に維持されている。たとえば農民のあいだでは、総領息子はすでに幼年時代から後に農場を受け継ぐという使命を承知していて、そのため、いつかは生家を去らなければならないと感じながら成長する他のきょうだいたちより、はるかに良い状況にあることは疑いない。その他にも多くの家庭で、長男は後にこの家の主人になると思われている。市民や労働者のふつうの家庭のように、この伝統が重要視されていない場合でも、少なくとも長男には多くの力と知恵が要求されて、助力者や監督者にさせられる。このようにしてたえず周囲の人びとのあらゆる信頼を負わされていることが、子どもにとって何を意味するか、想像してみていただきたい。それは彼の気持に、お前は他のきょうだいたちより体も大きく、強くて、年齢も上なのだから、他のきょうだいたちより賢くなければならない云々、というような思考過程となって現れてくるのである。

もしこの方向に滞りなく発達するのならば、長男には、秩序の番人としての性格が形成されることになるだろう。こうした人たちは、特に力を高く評価しており、自分自身の個人的な力を尊重し、同様に力の概念をも高く見積もるのである。長男にとって、力は自明なもので、影響力を持ち、広く認められなければならないものである。こうした人が通常、保守的な性格を持つのは明らかである。

第二子たちの場合には、力と優越を得ようとする努力には、ある特有のニュアンスが見られる。彼らはいわば発車準備が整っているかのように、過度に熱くなって優位を占めようと努力し、彼らの振る舞いにも競争が認められる。それが彼らの人生の形態になっている。第二子は、誰か自分に先んじている人がいると、刺激に感じる。第二子が能力を発達させ、第一子と競争する位置にあるときは、非常に熱中して前に進むのが普通だが、一方、力を所有している第一子は、他のきょうだいが今にも自分を追い越しそうになるまでは、比較的安心している。

この情景は、聖書の双子の兄弟、エサウとヤコブの伝説によってまざまざと思いおこすことができる。ここで見てとれるのは、安らぎのない不安であり、事実よりも多くは外見だけを重視してしまう性向であるが、しかしそれは、目標を達成して先行者を追い越すか、あるいは闘いに失敗して退却が始まるまでは、抑制はできないし、この退却は、神経衰弱という結果になることがよくある。第二子の気分は、冷遇された存在であるというもので、無産階級の人たちの広く浸透した気分である羨望に似ている。第二子は非常に高い目標を立てることがあり、理想や虚構の産物や無価値な外見に惑わされて人生の真相を見すごし、その結果として、一生のあいだこの目標に苦しみ、精神的調和が破壊されることになる。

一人っ子もまた、特別な状況に置かれている。一人っ子は、周囲の人びとの教育的攻撃にまることさらされている。両親はいわば選択の余地がないため、教育的熱意をすべてこのただ一人の子どもにそそぐ。一人っ子は自主性がないことこの上なく、誰かが道を教えてくれるのをいつも待ち、たえず助力を求めている。いつも困難を取り除いてもらえたので、幾重にも甘やかされ、困難が待ち受けているなどと思ってもいない。常に観察の中心になっているので、特別な子どもと見なされているという感情を持ちやすい。そのポジションは非常に難しく、誤った態度をとるようになるのはほとんど避けがたい。ただし、このような状況がどういう意味をもたらすのか、どんな危険が隠されているのか、それを両親が承知していれば、もろもろのことを防ぐ可能性もある。しかし、困難な問題はいつも変わらずあり続ける。人生そのものを特別な重大なものと感じて、慎重すぎるほど慎重に教育に取りかかる両親がいるが、しばしば子どもにはこれが強い重圧と感じられる。たえず子どもの健康に気遣うと、子どもが世界に敵意を抱く考えのきっかけとなるだろう。このようにして子どもは、目前に迫っているさまざまな困難をいつまでも恐れながら、いつでも人生の快適さだけを味わわされてきたために、何の覚悟もないままに成長する。このような子どもたちは、自主的な行為すべてに困難を感じ、人生に適合できなくなるであろう。彼らは失敗しやすい。時として彼らの人生は、他の人びとがその一切を心配しなければならないあいだも、ただ享受しているだけの寄生生物《パラサイト》に似ているのである。

何人かの男女が互いに競争するきょうだいたちには、さまざまな組み合わせがありうる。それだけに 個々の事例の判断は、ますます困難な状態となる。特に困難なのは、一人の少年が数人の少女のもとで成長する状況である。このような家庭では女性の影響力が支配的であり、少年は多くの場合、非常に影の薄い存在で、とりわけ末っ子の場合がそうで、結束した集団に直面していることに、すぐに気がつく。認められたいという衝動を行為で表現しようとすると、大きな障害に出くわす。あらゆる方面から攻めたてられて、私たちの遅れた文化が男性に与えている特権を、正しいとは意識できなくなり、自信がなくなるだろう。大変に委縮しているので、時には男性の立場を、女性より弱いと感じて、その勇気と自信が容易に揺らぐこともあるが、あるいは心のわだかまりが非常に強く働いて、大きな業績をあげることもある。この二つの事例は、同じ状況から生じている。こうした少年が結局のところどうなるのかというと、もちろんさらに詳しい事情が関わってくる。しかしおそらくそこには、ある一貫した特徴が見られるであろう。

　その置かれたポジションによって、子どもが生まれつき受け継ぐすべてのものが、いかに形成され彩られるか、わかるのである。この確認によって、特に、教育行為にとって非常に有害な遺伝学説は退けられたように見える。遺伝的影響の作用が疑いなく確定されているように見える関係や事例はもちろんあり、たとえば、まったく両親と関わりなく成長した子どもが、にもかかわらず両親とよく似た、あるいは同質の性格を示すような場合である。しかしこれに違和感をおぼえたとしても、子どもが発達の際にある種の間違いを明らかに犯しやすいことを思いおこすならば、すぐによく理解できるだろう。たとえば生まれつき身体の弱い子どもの場合、器官が虚弱なために周囲の人びとの諸要求に応じて緊張が引きおこされるが、それはおそらく、父親が同じように生まれつき器官が虚弱であれは、その父親とそっくり同じなのである。この観点からすると、性格特性の遺伝学説は、根拠が非常に薄弱に思われる。

これまで述べてきたことからも明らかなことであるが、子どもが成長の途上でさらされる間違いのなかで、もっとも由々しい結果を招くものは、他の人たちを凌駕しようとし、他の人たちに優越する地位を得ようとする努力である。私たちの文化では当然、この考えが人の心をとらえると、それはほとんど否応なく成長していく。これを防止しようとするなら、さまざまな困難を認識し、理解しなければならない。あらゆる困難を克服する助けとなる一貫した観点があるとすれば、それは共同体感覚を発達させるという観点である。これに成功すれば、あらゆる困難は障害ではなくなる。しかし現代においては、このための機会は比較的少ないので、これらの困難は、強い影響力を持っている。このことを認識したならば、一生のあいだそれを求めて格闘し、人生がつらいものになっている非常に多くの人びとを見いだしても、もはや驚かないだろう。彼らは誤った発達の犠牲者であり、したがって、彼らの人生に対する態度の選択も誤っていることを、私たちは知っている。私たちはそれゆえ、判断は抑制しなければならない。なかんずく、道徳的な判断、すなわち人間の（道徳的な）価値について判断することは抑制すべきである。むしろ私たちは、今では人間の内面をはるかによく思い描くことができるのだから、これからはやり方を変えて人間に立ち向かい、私たちの認識を活用しようとしなければならない。教育にとっても重要な観点が出てくる。なぜなら、間違いがどうして起こるかを認識したことで私たちは、影響を与えることのできる可能性をふんだんに得たからである。人間の心の発達を考察することによって、目の前の人間について、その過去だけでなく、その未来の一部をも同時に見てとることができるようになったのである。それによってはじめて、私たちにとって人間が本当に血の通ったものとなる。人間は私たちにとって、単なるシルエット以上のものとなり、人間の価値について、私たちの文化にしばしばある事例とは異なった判断を、私たちは手にするのである。

# 第二部 性格論

# 第九章　一般論

## 1　性格の本質と成立

性格特性というものを私たちは、人生の課題に取り組んでいる人間の、ある一定の心の表現形態が明瞭に現れたものと解釈している。「性格」とはすなわち、社会的な概念なのである。ある人間の性格特性について語ろうとしても、その人の周囲の人びととの関係を考慮しなければ、できるものではない。たとえば〔無人島の〕ロビンソン〔・クルーソー〕の場合、どんな種類の性格を持っていようと、重要ではあるまい。性格とは、人間がどのように周囲の人びとに対峙しているかという、心の態度の選択、在り方であり、高く評価されたいという衝動がその人の共同体感覚と結びついてできた主導指針《ライトリーニエ》なのである。

すでに確認したように、ある人間のすべての振る舞いは、ひとつの目標によって規定されているのだが、その目標は他者を凌駕することや力であり、他者を圧倒することにほかならない。この目標が世界観に作用し、人間の歩み方や人生のひな型《レーベンスシャブローネ》に影響を及ぼし、人間の表現行動を統制している。性格特性は、一人の人間の行動の指針《ベヴェーグングスリーニエ》が外に現れた現象形態にすぎない。性格特性それ自体から私たちは、周囲の人びとや仲間の人たちに対するその人の姿勢、特に共同体一般や人生の諸問題に対する姿勢を、認識することができる。ここで問題とする現象は、その個性をひきたたせる手段、さまざまな技能のことであり、それらが組み合わさって、生きる方法となっているのである。

　性格特性は、多くの人が考えるような、先天的な、生まれながらのものでは決してない。それはひな型《シャブローネ》のように人間の身に付着して、いかなる状況においてもためらわずに自らの一貫した個性を露《あらわ》にしており、主導指針に比肩するものである。先天的な能力や実体に符合するものではなく、いかに幼い子どもでも一定の対処法をとれるように、習得したものなのである。たとえば子どもにとって、怠惰は生まれながらのものではない。この固有の性質が生きる重荷を軽くし、それでいて自分を重んじるよう主張するにもふさわしい手段に思えるからこそ、怠けるのである。というのも、人間の権力は、怠惰という指針に沿って動くときですら――ある意味において――手もとにあるからだ。人はよく、怠惰を先天的欠点の例として示すが、そうすれば、自分の内面の価値が傷つけられないように思えるからである。そうした自己観察の結果は、いつもおおよそ次のようになる、「この欠点さえなかったら、私の才能は見事に開花しただろうに。ところがあいにくこの欠点があったからなあ」。一方、力を求める努力を抑えきれず、周囲の人びととの闘争にたえず巻きこまれている人は、そうした闘争には欠かせないと思われる性格特性、たとえば名誉心とか嫉妬、不信といったものを発達させるだろう。こうした現象を、私たちは個性と一緒くたにして、先天的で変えることのできないものと思いこんでいる。しかし、より仔細に観察すれば、それらは単に人間の行動の指針にとってのみ必要なものと思われ、したがって後天的に身につけたものであることが判明する。それらは根本的な要因ではなく、副次的なもの、人間のひそかな目標によって余儀なくされたものなのであって、つまり目的論的に考察されなければならない。すでに詳しく論述したことを、思い出してみよう。それによれば、人間として生き、行動し、ある立場を見いだすということは、必然的にある目標設定に結びついている。ある目標を念頭に置かずにものを考えたり、始めたりすることはできない。この目標は、すでに早くから子どもの心にぼんやりした輪郭となって漂っていて、心の発達をすべて方向づけている。それは基本的な形成する力であり、個々の人間それぞれに、特別な統一性、他人とは違う特別な個性を作りだす。なぜなら、すべての活動と表現形態はある共通点を目指しているからで、それゆえに私たちは、一人の人間がその行路のどこにいようと、いつでもその人のことを知ることができるのである。

精神的なあらゆる現象について、とりわけ性格特性の成立について、遺伝を重要視することは完全に否定せざるをえない。この領域での遺伝学〔の有効性〕を想定できる根拠はない。人間の生涯の何かある現象を過去にさかのぼって追えば、当然、生まれた最初の日にまで達するので、あたかも何もかも生まれつきであるかのように見えるのである。ひとつの家族全体に、あるいはひとつの民族、ないし人種に共通する性格特性があると言われる根拠は、単に、人間は他人を見ならうものであり、他人から学びとったり借用したりした特性を自ら発達させるものだということにすぎない。私たちの文化には、成長期にある人間がどうしても真似したくなるような、ある種の専門知識や精神的特色、身体的表現形態がある。たとえば、時には物見高いという形で現れる知識欲は、視覚器官の障害と闘わねばならない子どもたちの場合、好奇心という性格特性に行きつくことがある。しかしこれは、性格特性が必ずそのように発達するということではない。もしこの子どもの主導指針がそれを求めるのなら、たとえば知識欲のひとつの性格特性を発達させることもできようが、その結果として、子どもはあらゆる対象を探求しようとして、それを分解したり、破壊したりする。あるいは、本の虫になったりする。これは、聴覚疾患のある人間の持つ猜疑心と似ている。今日の文明下では、こうした人びとは異常な敏感さで危険を感受しがちである。彼らはたびたび、あらゆる辛辣な言葉（嘲笑や身体障害者として見下されることなど）にさらされているが、それが疑い深い性格の発達を促進する。多くの喜びから締め出されているので、彼らに憎しみに満ちた感情が生じたとしても、それは当然である。彼らは生まれつき疑い深い性格なのだという仮定には、正当な理由がない。このことは、犯罪者的な性格特性が生まれながらであるという仮定についても当てはまる。ひとつの家族に繰り返し犯罪者が現れるという論拠には、次のような反論をもって答えねばならない。伝統や人生観、そして悪い見本が結びついて、たとえば泥棒こそが生きる可能性のひとつとして強く子どもたちに示されているのだ、と。

同様のことは特に、良い評価を得ようとする努力についても当てはまる。すべての子どもが直面するさまざまな困難は、この努力が子どもの成長にとって不可欠であることを明らかにしている。この努力が現れる形態は、結局はいろいろで、交替し、変化して、十人十色の現れ方を見せる。子どもたちはしばしば両親に性格特性が似ているという主張には、子どもは、自分が認められようと努力するうちに、周囲にいる、自らも認められることを要求している人や、すでに認められている人の姿に、惹きつけられるものだ、と返答しなければならない。いかなる世代もこのようにして先人たちから学び、力を得ようと努力し、この上なく困難で混乱したときでさえ、いつまでもその習得を続けるのである。

優位に立とうとするという目標は、秘められた目標である。共同体感覚の作用によって、その目標はひちに秘めてしか展開しえず、つねに愛想の良い仮面の裏に隠れている。しかしそれは、他者をよりよく理解すれば、熱帯植物のように繁茂することはないと、はっきり言っておかなければならない。私たち民衆がもっと良い眼を持ち、仲間たちの性格をもっとはっきり見抜くことができるようになれば、だれもが自分の身をもっと良く守ることができるばかりか、同時に他人の〔力を得ようと努力する〕作業を、もはや引き合わなくなるくらい難しいものにもするだろう。そうなれば、おおい隠されていた力を得ようとする努力は、姿を消すに違いない。それゆえ、この関連をより深く洞察し、獲得した認識を実際に利用することは、やってみる価値があるだろう。というのも、私たちの人間知は、あまり進んでいないからだ。私たちが暮らしている複雑な文化状況の中では、生にふさわしい教育は非常に困難なものになっている。そもそも鋭い洞察力を発揮するためのもっとも重要な手段が民衆から取り上げられており、学校はこれまで、知識の材料をある程度子どもたちの前に広げてみせて、そこから子どもたちのできることや望むことをただ「鵜呑み」にさせるだけで、それ以上のこと、子どもたちの関心を呼びおこすことはしないままだった。そしてこの学校すらが、大部分の住民にとっては、叶わぬ願いにすぎなかった。人間知を獲得するためのもっとも重要な必要条件に対して、これまであまりにも重きが置かれなさすぎたのである。この学校で私たちはみな、人間を判断するための自分たちの基準を得てきた。そこで私たちは、物事は善と悪に二分され、互いにそれぞれ異なっていることを学んだかもしれないが、いつまでもそれが是正されることはなかった。こうして私たちはその欠陥を人生に持ち込み、終生それに苦しめられている。私たちは、子どものころの先入観を大人になってもなお、まるで聖なる法則のごとくに利用しつづけていて、いかに私たちがこの複雑な文化の渦に巻き込まれ、物事の真の認識にとっていかに有害な立場をとっているか、ということに気がついていない。なぜなら、私たちは結局のところ、すべてを私たちの自尊の感情を高めるという立場と意味でしか考察せず、自分の力を増大させようとする態度を選択するからなのである。私たちの考察の仕方は、あまりにも対象に則しすぎていた。

## 2　性格の発達にとっての共同体感覚の意義

性格の発達においては、力を得ようとする努力と並んで、第二のともに作用する要素、すなわち共同体感覚が重要な役割を果たしている。それは、良い評価を得ようとする努力と同様に、すでに子どもの最初の心の活動に、とりわけ愛情や接触を求める活動に現れている。共同体感覚が発展する条件については、すでに別の章で学んだから、この章では簡潔な復習にとどめたい。共同体感覚は何よりもまず、劣等感、及びそこから派生する力を求める努力に、たえず影響されている。人間は基本的に、あらゆる種類の劣等感に非常に影響されやすい。劣等感が生じると、その瞬間にはじめて、そもそも人間の心の生活が動きはじめて、補償を求める不安が生まれ、人生を平安に楽しく過ごせるように、安全で完璧な補償を渇望するのである。劣等感を認識することから、子どもに対して守られるべきいくつかの行動規範が発生するが、それには、子どもの人生をみじめなものにしない、人生の陽の当たらない面をなるべく子どもから避け、できるかぎり陽の当たる明るい面を子どもに伝えるようにする、といった一般的な要求までが含まれる。ここにさらにまた別の条件が結びつく。つまりは生まれながらの経済的な条件であり、その結果、あってはならない境遇で成長する子どもたちが生じる。なぜなら無教養や無理解、貧困は、なんといっても除去されるべき現象だからだ。身体的欠陥も、重要な役割を演じている。身体的欠陥のある子どもにとって、普通の生活の仕方は役に立たず、その生存を維持するためには、特権が認められ、特別な措置がとられなければならない。たとえそれらすべてができたとしても、私たちには次のことを、すなわち、そうした子どもたちが人生を困難なものと感じて、それによって子どもたちの共同体感覚が大きく傷ついてしまう恐れを、阻止することはできないのである。

私たちは人間を判断する場合、その人のすべての振る舞いや思考、行動に共同体感覚の理念を当てはめ、それに照らして判断することしかできない。私たちがこう考えるようになったのは、いかなる個人の立場も、人間社会においては、人生とさまざまに関連している深い感覚を必要とするからであり、そうすれば、私たちが他者に対して果たすべき義務を、多少はぼんやりと、また時には非常に明晰に、感じ、知ることができるからである。慌ただしく生活している私たちが、人間の共同生活の論理の影響下にあるのは事実であって、私たちは判断するための担保を得なければならない。そのための尺度になるのは、共同体感覚の大きさでしかありえない。私たちが精神的に共同体感覚に依存していることは、否定できない。すべての共同体感覚そのものを、本気で否定できるような人はいないだろう。言うまでもなく、仲間に対する義務は忘れてはならない。共同体感覚はたえず警告を発して、それを思い出させてくれる。だからといって、私たちがいつも共同体感覚の趣旨に沿った態度をとっているとは限らないが、しかし、相当な労力を費やさなければ、この感覚を抑制したり、脇へ追いやったりすることはできないということ、さらには、共同体感覚にはあらゆる場面に有効な普遍妥当性があり、誰もが何らかの方法でこの感覚に照らして自らの申し開きをし、行動をしている、ということは言えるだろう。そこから、人間が生きるうえで考え、行なうすべてのことの理由を申し立てる、少なくとも甘やかされたことの理由の申し開きだけはする、という傾向が生じてくる。そしてその人独自の生き方や考え方、行動の仕方は、いつも共同体感覚を備えようとしているか、備えていると思っているか、せめて見せかけの共同体感覚だけでも蘇らせようとしているか、といったことに由来しているのである。要するにこれらの論議が示しているのは、見せかけの共同体感覚のようなものが存在する、ということである。それがベールのように他の性向を隠しているので、そのベールがとれなければ一人の人間を正しく判断することはかなわない。思い違いをしている可能性があるという事実は、共同体感覚の大きさの判断が難しいことを意味している。とにかく、人間を知ることは非常に難しく、したがって人間知は、科学にまで高められなければならない。ここでどんな濫用がなされているかを示すために、次に私たちの経験から、いくつかの事例をあげよう。

ある若者は、かつて何人かの同輩たちと海で泳いで島に渡り、しばらくそこにいたときのことを語っている。同輩たちの一人が岩壁の縁から身を乗り出し、バランスを失って海へ落ちてしまったのだ。その若者は身をかがめて、沈んだ同輩を興味深く見守った。後になってよく考えてみると、あの時の自分には好奇心以外の何もなかったことに気づいた。ちなみに、この件は良い結果に終わった、という。しかしながらこの語り手に関しては、共同体感覚をほとんど持ち合わせていないことを、言っておかなければならない。その上さらに、そもそも生涯でまだ一度も他人を苦しませたことはないし、折にふれて他人と仲良くすることも心得ている、などと聞かされたところで、それによって、この若者には共同体感覚が乏しいという確信の揺らぐことはないだろう。自明のことながら、こんな大胆な確言をするからには、さらに材料が提示される必要があろう。そのために、もうひとつ、この青年の好んだ非現実的な空想を提出するとしよう。この青年がすべての人びととの関係を断ち、森の美しい小屋にいる、というのがその内容である。この光景は、彼が好んで描いた絵のモチーフでもあった。空想に精通している人がこうしたいきさつを知れば、容易に共同体感覚の欠如を認めるだろう。この若者には何らかの瑕疵《かし》のある発達が作用して、共同体感覚の展開を妨げたに違いない、とためらうことなく断言してもいいだろう。

もうひとつ、単なるエピソードでしかないことを望む話をして、正真正銘の共同体感覚と偽りのそれとの違いをさらに明確に示したい。一人の老いた女性が路面電車に乗り込もうとして足をすべらせ、雪のなかに倒れてしまった。老いた女性は起きあがることができなかったが、多くの人は助けようともせず、急いで脇を通りすぎて行った。やっとのことで一人の男が歩み寄り、彼女を立ちあがらせた。その瞬間、それまでどこかに隠れていたもう一人の男が飛び出してきて、その救助者にこう言って挨拶した、「ついに礼儀正しい方が出現しましたね。私はもう五分間もあそこにいて、どなたかがこのご婦人を助けおこすのを待っていました。あなたが最初の方です」。ここに明らかに見られるのは、いかに一種の思いあがりと見せかけの共同体感覚が濫用されているか、ということであり、ある男が裁判官を気取って、自分は指一本動かすことなく、他人の毀誉《きよ》褒貶《ほうへん》を裁定している、ということである。

　事情がきわめて複雑なために、共同体感覚の大きさの判定を容易に下せない事例もある。そういう事例では、共同体感覚の根源にまでさかのぼるしかない。そうすれば私たちは、たとえば戦争にもう半ば負けたとあきらめた野戦の最高司令官が、さらに数千の兵士を死地に追いやるという事例で判定を下さなければならなくても、曖昧なままにはしないだろう。司令官は当然、自分は公益のために行動したという立場をとり、多くの人が彼に賛同するだろう。しかし今日では、彼がいかなる理由を申し立てようと、彼が正しい仲間と見なされることは、まずないだろう。

　そのような事例で、正しい判断を下すために必要なのが、普遍妥当性の認められる立場である。私たちにとって、この立場とは公共の有用性であり、全体の幸福である。この立場をとれば、判定を下すのが困難な事例は、めったにないだろう。

　ある人に共同体感覚がどのくらいあるかは、その人のあらゆる生の表現に示されている。たとえば、他の人を眺める目つきや、握手の手の差しだし方、話しかけ方などに、すでにしばしば表出されている。その全存在がすでにして、私たちに直感的に印象を伝えている。私たちは時によりまったく無意識のうちに、ある人間の振る舞いからいくつかの結論を引き出しているものだが、極端な場合、私たち自身の立場がそれらの結論に依拠していることすらある。こうして検討すると、私たちにできるのは、この経過を意識の領域に移すことしかなく、そうすれば、間違えることを恐れずに試したり評価したりできるようになる。そうなればもはや私たちは、先入観に惑わされなくなる。もしこの経過が無意識の領域で起これば、そこでは私たちには管理も監査もできないのだから、はるかに簡単に惑わされてしまうのである。

もう一度指摘しておくべきだろうが、性格を判断する場合には、常にその人の置かれた位置全体こそが考慮されるべきである。たとえば肉体的条件だけ、環境だけ、教育だけといった個別の現象だけを取りあげて考察しても充分ではない。この確認によって同時に、人類の胸にあるわだかまりが除かれる。というのは、私たちがこの道をしっかり保ち、より完全なものにするならば、より深く自己を認識することができて、より自分にふさわしい行動をとることが可能になるし、さらに他の人に、とりわけ子どもたちに影響を及ぼして、その運命が目に見えない宿命となり、暗い雰囲気の家庭の子どもたちが不幸に陥って抜けだせなくなるのを防ぐことができるからだ。これが実現すれば、人類の文化は一つの決定的な前進を遂げて、自分自身が自らの運命の主人であると自覚した、新しい世代の育つ可能性が生まれるのである。

## 〇 性格の発達する方向

子どもが発達させる性格特性もまた、結果的に、子どもが心の発達で選びとる方向に応じたものになるだろう。この方向は、直線的と感じられる場合も、曲がり角がある場合もあるだろう。前者の場合、子どもはまっすぐに自らの目標の実現に向かって努力し、それによって、攻撃的・活動的で勇気のある性格を発達させる。性格発達の初期段階ではいずれにせよ、この攻撃的・活動的で行動力のある面が見られる。この指針《リーニエ》はしかし、人生のさまざまな障害によって容易に方向転換されてしまう。これらの障害は周知のように、反対者たちの大きな抵抗力によるもので、そのため子どもは指針に沿ってまっすぐに、優越性という目標に達することができない。子どもは何とかしてこれらの障害を回避しようと努めるだろう。この回り道によって、子どもはまた、ある性格特性を身につけるだろう。同様にして、すでに私たちがよく知っている他のすべての障害、たとえば器官の不完全な発達や、子どもの周囲の人びとに責任がある過失なども、性格の発達に影響を与えるのである。さらに重要なのは、さまざまな影響を受ける環境が広がることであり、それはとても逆らうことのできない女性教師として出現する。というのも、〔子どもに影響を与えるのが〕世間から教育者自身の要請や考え、感情に替わることになるからで、その教育者たちは、教育を社会生活や支配的文化に同調すべく調整するように、規定されているのである。

いかなる種類であれ障害は、性格のまっすぐな発達にとって、いつでもリスクを意味する。力という目標をかなえるために子どもが選びとる道は、多かれ少なかれまっすぐな方向を逸脱するだろう。前者の〔まっすぐな〕場合には、子どもの振る舞いは揺るぎなく、常に指針に沿って、まともに障害に向き合っていくが、後者の曲がり角のある場合には、まったく異なる子どもの姿が見られることになる。火事が起こったり、反対者が現れたりする。慎重にやらなければならないことをすでに学んだ子どもである。その子どもは、回り道をして、狡猾なやり方で良い評価や力を求める目標をかなえようとするだろう。子どものその後の発達は、この逸脱の程度に、つまり、極めて慎重かどうか、生の必然性とまだ調和しうるかどうか、ということにかかっているだろう。その子どもはもはや自らの課題に向かってまっすぐには進まず、臆病ないし内気になり、もはや、物事を直視せず、真実を語ることもしないだろう。もうひとつのタイプの子どもも、にもかかわらず、目標は同じである。二人のすることが同じでなくても、それでも目標は同じなのである。

発達方向は二つあるが、ある程度まではどちらも可能である。特に子どもがまだ固定した形をとっておらず、子どもの原則がまだ揺らいでいる場合には、子どもはいつも同じ道に足を踏み入れるとは限らず、充分にイニシアチブをもって融通が利き、片方が不充分と判明すれば、もう片方の形も見いだしていけるのである。

公共の要請に順応するためには、平安な共同生活が前提とされる。子どもが周囲の人びとに対してまだ闘争的な姿勢をとっていないうちは、私たちは容易に子どもにこの順応を教えることができる。力を得ようとする自らの努力を、教育者たちが、子どもの負担や圧迫にならない程度に抑えることさえできれば、子どもの家庭内での闘争は避けられる。その場合、教育者たちが子どもの発達に対して、充分に理解力を働かせることができれば、まっすぐな性格特性が極端に走ったり、勇気が厚かましさに、自主性が無神経なエゴイズムに変質してしまったりするのを、避けることができるだろう。同様にして、何らかの方法で強制的に生みだされた権威によって、順応性から従属が成立するのも防げるだろうし、子どもが内向的になって、心を開いた結果を怖れるあまり、真実から尻込みするのを避けることもできるだろう。なぜなら教育においてしばしば用いられる圧力は、無茶な手段というべきで、たいていの場合、誤った順応性を生むだけだからである。強制された従順は、単なる見せかけの従順である。ここで絡んでいるあらゆる困難が、直接ないし単に間接的に子どもに影響を及ぼすとしても、子どもの心には常に世間一般の境遇が反映し、それに応じて、批判もかなわぬままに、子どもの心を作りあげるだろう。というのは、子どもには批判はできないし、周囲の大人たちはこうした経過を知らないか、理解していないからである。

もうひとつ別のやり方、すなわち、どう障害に立ち向かうかということによっても、人間を分類することができる。楽観主義者とは、その性格がおおよそまっすぐな方向をとって発達する人間のことである。彼らはあらゆる障害に大胆に立ち向かい、深刻に考えることはしない。自分を信じて疑わず、容易に人生における有利な立場を見いだしてきた。自己評価が高く、卑屈にも感じないので、過大な欲求を持たない。それゆえ彼らは、いつも自分を弱くて不完全と見なしがちな他の人びとに比べて、より容易に人生の障害に耐えるのである。状況がさらに困難になっても彼らは、失敗はいずれ取り戻せるものだと考えて、落ち着いている。

彼らは外見からも、楽観主義者とわかる。彼らは物事を恐れず、人と率直に自由に話し、過度な遠慮をしない。たとえば、彼らが大きく手を広げて他人を受け容れようとしているのを、ありありと思い浮かべることができよう。彼らは楽々と人と交際し、すぐ親しくなるが、それは彼らが疑い深くないからである。弁舌はさわやかで、立ち居振る舞いには屈託がない。純粋なこの種のタイプは、ごく幼い子ども以外にはめったに見られない。とはいえやはり楽観主義や人とつながる喜びは、私たちが満足できる段階にある。

一方、悲観主義者のタイプは、きわめて難しい教育上の問題を提出している。悲観主義者とは、幼年期の体験や印象から劣等感を持つようになり、さまざまな困難を通じて、人生は容易ならぬものだと感じている人間である。誤った取り扱いによって育まれた悲観主義的世界観にひとたび影響されると、彼らの視線は常に人生の暗い面にそそがれるだろう。彼らは人生の困難を、楽観主義者よりずっとはっきり自覚していて、容易に勇気を失ってしまう。しばしば彼らは不安感に満たされて、何か支えを求めるが、そのことが明確に表面に現れるのは、通常、支えなしではいられないとき、たとえば、子どもたちが母親に甘えようとし、母親を捜して叫ぶときである。この母を求める叫びは、もっと後年になっても見いだされることが多い。

このタイプの人は特に用心深いのだが、それはたいてい、その態度に見られる。常に危険を察知しているので、臆病で、怖がり屋で、のろまになり、慎重に考量する。彼らはまた、よく眠れなくなっていく。睡眠は一般に、人間の発達のすぐれた指標である。睡眠障害は常に、警戒心と不安が増大しているしるしである。こうした人びとは、まるで人生の戦闘からうまく身を護るために、絶えず見張っているかのようである。このことから、熟睡すらできないこのタイプの人には、処世術《レーベンスクンスト》と、人生及びそれに関連するもろもろに対する理解がほとんどない、ということが見てとれる。その人の言うことがほんとうに正しければ、眠るのは筋が通らないだろう。人生がほんとうにこのタイプの人の想定するほど困難なら、睡眠は実際に有害な習慣となるだろう。このような自然な習慣に反対する立場をとる傾向のなかに、このタイプの人の生存能力の無さが露呈している。それほど多く睡眠障害は見られないが、その他の些細なこと、たとえば、ドアをちゃんと閉じたか確認するとか、押し入り強盗の夢を見たりすることはよくある。それどころか眠る身体の姿勢によってさえ、このタイプの人はそれとわかる。このタイプの人は、ちっぽけな部屋で身体を丸めて寝ていたり、頭から布団をかぶっていたりすることが、しばしば見られるのである。

　また別の観点から、人間を攻撃する人と攻撃される人に分類することができる。攻撃的な態度は、何よりもまず行動が派手になることに現れる。彼らは、勇敢なときはその勇敢さを不遜なまでに高め、いつもことさらに強調して、自分にも何かができるということを、自分自身と他人に示そうとするのだろう。こうして彼らは、根底で支配している深い不安感を、無意識のうちに露呈している。臆病なときには彼らは、恐怖に対して抵抗力をつけようと努めるだろう。他者に対しては、優しさや思いやりの感情を抑えつけようとするだろう。彼らにはそれらが、弱さとしか思えないからである。彼らは常に強さを誇示しようとするだろうが、しばしば人目を惹くほどの露骨さとなる。この攻撃する人たちは、時によると粗暴で残忍な性格を示すこともある。彼らが悲観主義に傾くと、しばしば彼らの周囲の人びととの関係がすべて一変してしまう。なぜなら、彼らは共同生活をせず、他人を思いやることもなく、あらゆるものに敵愾心を燃やすからである。その際、彼らの自覚する自己評価は、非常に高い段階に達し、自惚《うぬぼ》れと傲慢と思いあがりから、騎《おご》り高ぶるようになりがちである。見栄を張り、自分がほんとうの勝利者だとこれ見よがしに誇示することもある。しかし、彼らが何をするときにでも見せる露骨さ、その過剰ぶりは、単に共同生活を妨げるばかりでなく、私たちにも、彼らのすることはすべて不安定で脆《もろ》い土台の上に築かれているにすぎないことを、そっと教えてくれるのである。かくして、彼らの攻撃的態度が成立し、しばらく持続することになる。

このような人間がさらに成長するのは容易なことではない。人間社会は、こうした存在を好まない。人目を惹くというただそれだけで、彼らは嫌われ者になる。たえず優位に立とうと努力することによって、彼らはすぐに他人と揉め、とりわけ、競争心を呼びおこされた同じタイプの人と衝突する。彼らの人生は次つぎと起こる闘争の連鎖となり、ほとんど当然のごとくそれに敗北を喫して、彼らの勝利と歓呼の指針はしばしば途切れる。すると彼らは簡単に引き下がり、忍耐力をなくして、後退を克服することがいっそう難しくなる。ふたたび前に戻ってくることがなかなかできない。課題の失敗の影響はのちのちまで彼らに残り、彼らの成長は多くの場合、常に自分が攻撃されていると感じる、もう一つのタイプの始まるところで終わるのである。

この第二のタイプ、つまり「攻撃される」人びとは、自分は弱いという感情を克服する際に、攻撃の指針ではなく、不安や用心や臆病の指針を追い求める。この態度は、第一のタイプについて詳述した指針を、たとえ短時間でも歩まなければ、成立しない。「攻撃される」人びとは、すぐに不愉快な経験をさせられてしまい、その経験から否定的な結論を引きだして、安易に逃避の道に陥りやすいのである。少なからぬ人たちは、そこであたかも実り豊かな活動が実際に始まるかのように振る舞うことによって、この逃避行動から目を背けることに成功する。それで、彼らが過去を振り返って自分の思い出に夢中になり、空想をたくましくしても、それはしかし、彼らの脅威の的である現実から逃れるという目的にしか、実際には役立たない。おそらくこの道においてすら、自発性がまだ完全に失われていないときには、まずまず一般社会に有益なことをなし遂げることに成功する者もいるだろう。芸術家の心理に関心があれば、しばしば芸術家たちに、空想や何も妨げるものもない観念の領域に第二の世界をうちたてようとして、現実に背を向けた、このタイプの人を見いだすだろう。だがそれは例外である。たいていの人は失敗する。彼らはあらゆる人やものを怖れ、非常に疑い深く、他人には敵愾心しか期待しない。残念ながら私たちの文明下では、彼らの見解が強められることばかりがあまりに多く、そのため彼らは、人間の良い特性や人生の明るい面に向ける目を完全に失ってしまう。これらの人間にしばしば見られる性格特性は、異常なまでに批判的になることができ、あらゆる欠点をただちに認める眼差しを持っていることである。彼らは、周囲の人びとに何ら利益をもたらすこともなく、裁判官となる。彼らは常にただ批判的であり、好ましくないチームメイトで、チームを台無しにしてしまう。彼らは不信のために、傍観的でためらいがちな態度をとらざるをえない。課題に直面すると、まるで決定を先送りしたいかのようにそれを疑い、ためらいはじめる。このタイプの人のことも象徴的に描こうとすれば、身を防ごうとして両手を前に突き出し、危険を目の当りにしなくてすむように、ときどき目を背けている人間ということになるだろう。

　こうした人間につきものの他の特性も、とても好感が持てるものではない。一般的な現象として、自分自身を信用していない人間は、他人のことも信用しない傾向がある。しかしこの心構えから必然的に生じるのは、嫉妬と吝嗇《りんしょく》の特性が発達することである。彼らはしばしば蟄居《ちっきょ》して暮らしているが、それが意味するのは、彼らが他人を喜ばせ、自分も喜びをともにすることを望まないということである。他人の喜びは、時として彼らに苦痛をもたらし、彼らはそれによってまさしく傷つけられていると感じるのである。これらの人たちはそれぞれ、自分を他人より優れたものと感じる術策をうまく身に付けていることが多く、あるやり方で、この感情が人生でぐらつかないようにしている。自分を高貴に見せたいという彼らの憧れには、ちょっと見ただけでは敵意とはわからない、交錯した感情が目覚めているのである。

## 4 心理学の古い学派

明確に意識された照準指針がなくとも、人間知に従事することはできる。それは通常、正しい方向を見いだすために、心の発達の個々の点を取りあげ、この個々の点から幾つかのタイプの作成を試みるというやり方で行なわれている。それゆえ、たとえば次のように人間を分類することができよう。ひとつは、より瞑想的で、より思慮深く、あるいはより多く空想にかかずらって、人生に取り組むことを好まず、そのためなかなか行動に移せない人びとであり、もう一方は、より活動的で、あまり考えこまず、ほとんど空想にかかずらうことなく、いつも忙しく仕事をし、人生に取り組んでいる人びとである。たしかに、こうしたタイプ分けも成り立つであろう。しかし、それではきっと、考察はここで停止してしまい、他の心理学のように、前者のタイプでは空想の活動が、後者のタイプでは活動力がより強く発達する、と確認して満足しなければならないだろう。これは、長い目で見れば、ほぼ充分とは言えないだろう。私たちに必要なのは、さらに進んで、いかにしてそうなったのか、そうならなければならなかったのか、どうすれば回避できるのか、ないし変更できるのか、ということについて、明確なイメージを創ることである。それゆえに、このような恣意的で浅薄な立場からなされた分類は、たとえこの種のタイプ分けがしばしば目につくとしても、合理的な人間知にとっては、何の役にも立たないのである。

個人心理学は、表現行動の発達を、その源流は幼少年時代の最初期に求められる、と理解してきた。個人心理学が確認したところでは、この表現行動のことごとくは、共同体感覚が優勢であることによって特に特徴づけられるか、さもなければ、力をめざす努力の方が強く現れているか、そのどちらかなのである。個人心理学は、こう確認することで突然、ひとつの鍵が手中にあることを悟った。この鍵によって、もちろん常に、非常に幅広い領域で活動している心理学者にふさわしい慎重な考察のもとでだが、どの人間のこともかなり明確に理解し区分することが可能になる。これが当然のことと見なされるなら、私たちが獲得する尺度で、以下のことが確認できる。すなわち、心の現象にはかなり高度な共同体感覚が含まれているが、そこには力をめざす努力や名望への策略はほとんど加えられていない、ということ、あるいは、その徹底して名誉心が強いという本性は、自分がいかに他人から優越しているかを、本人や周囲の人びとに説明するためにしか役立たない、ということである。このことを基礎にすれば、ある性格特性をより明確に見定め、それらを考慮し、とりわけ人柄の統一性の観点から理解することに成功するのは、難しくはない。それによって同時に、ある人間を直視し、その人に影響を及ぼすためのきっかけも得られるのである。

## 5 気質と内分泌

心理学における、心の表現形態の非常に古い識別に、気質がある。気質というものをどのように理解すべきか、簡単に言うことはできない。人が考え、話し、行動する速度とか、人が内に秘めている力やリズムなどのことであろうか。気質の本質に関する心理学者たちの註釈をさかのぼって追ってみると、科学は心の生活の考察において、はるか遠い昔に四つの気質を定めた以外に何もしてこなかった、と言わざるをえない。気質は、多血質、胆汁質、憂鬱質、粘液質に分類される。それは古代ギリシャに始まり、ヒポクラテス[14]に引き継がれ、ローマ人に継承されて、今日もなお、心理学の厳《おごそ》かな聖遺物となっている。

多血質者とは、一定の生きる歓びを示し、物事をあまり難しく考えず、俗に言う、取り越し苦労もせず、森羅万象のもっとも美しく好ましい面を見ようとする人間のことであり、また、悲しい目に合うとたしかに悲しむが、取り乱すことはなく、楽しい出来事に合えばたしかに楽しみ、やはり節度は失わない人間のことだと理解されている。これらの人びとのことを詳述しても、明らかになるのは、彼らは概して健全な人で、彼らにはたいして有害な特徴はない、ということでしかない。他の三つのタイプについては、この最後の点は主張することはできない。

胆汁質者は、ある古代詩人の比喩を用いて、こう説明される。往く手を阻む石があれば、胆汁質者はそれを腹立ちまぎれに放り投げ、多血質者ならゆったりまたいで歩いていく、と。個人心理学の言葉に翻訳すれば、胆汁質者とは、力を求めて限りなく努力しているために、常に大げさな動きをせねばならず、成果を出そうとしてあらゆるものに、まっすぐかつ意欲的なやり方で猪突猛進する人びとのことである。かつては、この気質は胆汁と結びつけられ、胆汁気質として語られてきた。今日でも、「胆汁のあふれる」人びとという言い方がある。しかし実際には、ごく幼い時期にすでに見られるような、大げさに動く人びとのことであり、彼らは能力があると予感しているだけでなく、それを思う存分に発揮し、誇示しようとするのである。

憂鬱質者はまったく異なった印象を与える。上述の比喩を憂鬱質者にも用いるなら、おおよそ次のように説明されるだろう。例の石を見ると、「あらゆる自らの罪業を思い浮かべて」暗澹たる思いに駆られ、ふたたび引き返してゆく人間、と。個人心理学はこのタイプの人を、困難を克服して前進する自信がなく、極度に用心しながら歩みを進め、何か危険を冒すくらいなら、立ち止まるか引き返すかしたがる、非常に優柔不断な人間、と見なしている。したがってこういう人は、猜疑心が旺盛で、たいていの場合、他人のことよりも自分のことを多く考えがちである。このタイプの人間はまた、人生の大きな可能性に対して何の接点も持っていない。自分の心配事にひどく苦しめられているので、その目は後方や内面にしか向けられない。

粘液質者は例外なく人生に馴染むことができず、経験を重ねるだけで、そこから特に結論を導き出すこともない人間に思われる。彼は何事にも印象を受けることなく、格別に関心を惹くでもなく、特に努力をすることもない。要するに彼は、いかなる場合にも人生と関わりを持たず、おそらくもっとも遠く離れたところから人生に相対していることになる。

したがって、私たちが良い人間のタイプと呼べるのは、多血質者だけである、付言しておかなければならないのは、純粋な気質に出合うことはめったになく、多くは気質の混合した例で、その混合状況が、これらの気質それぞれの持つ意味を奪いとっているということである。また気質が、異なる気質に入れ替わることも生じる。その結果たとえば、ある子どもが、当初は胆汁質者であっても、後には憂鬱質者となって、最後には粘液質者になるかもしれないのである。多血質者に対しては、さらに次のことを確認しておかなければならない。彼は幼年時代にはほとんど劣等感にさらされたことはなく、目につくほどの器官劣等性を示したこともなく、強い誘惑にも屈しなかったように思われるということである。そのため多血質者は、平穏に成長し、人生を愛して、人生に慣れ親しむことができるであろう。

今では科学が登場して、次のように説明している。人間の気質は内分泌腺に左右されている〔原註――クレッチマー[15]『性格と気質』ベルリン、一九二一年を参照〕、と。医学は最近の発達により、いわゆる血液腺を認識して研究するようになっている。その個々の名称をあげれば、甲状腺、脳下垂体、副腎、副甲状腺、そして生殖腺である。これらの腺には、排泄管も、血液に体液を送りこむ分泌組織もない。

血液を通じて身体の個々の細胞にまで行きわたる体液は、刺激作用といわゆる解毒作用をもっていて、生命の維持に絶対に欠かすことのできないものだが、これらの体液によって身体のすべての器官と組織が影響されていることは、いまや一般的な解釈となっている。「内分泌腺」の意味は、いまだ完全には謎が解明されていない。この科学全体は端緒についたばかりで、完全に実証された事実は、まだもたらされていない。しかしこの科学は、心理学の方向をも基礎づけることを要求し、また人間の性格と気質に関して情報を与えることができると主張しているので、いくつか追加して述べなければならない。

とりあえず、重大な疑念を述べなければならない。たとえば、甲状腺の分泌に欠陥のあるほんものの症例を詳しく見ると、粘液気質が明白に外に現れているように見える、という意見はたしかに正しいのだ。なぜならこれらの人びとが腫れぼったい顔をし、皮膚はがさがさで、毛髪の生長が悪いのはともかくとしても、その運動が異常に緩慢でだらしないからである。心の感受性はひどく衰えており、決断力がほとんど見られないのである。

しかしこの症例を、病理学上の甲状腺疾患も証明できないままに私たちが粘液気質と呼んでいる事例と比較すると、両者はまったく類似しておらず、まったく異なって見える。したがって、欠陥のない心の機能に作用する何かが、甲状腺が血液に送りこむ体液中にはある、と推測できると言えよう。しかしそこを同一視して、甲状腺の血液への補給がとだえることによって粘液質が生まれるとするのは、言いすぎなのである。

つまり、粘液質者の病理学上の類型は、世間が粘液質者と呼び、粘液質者としての気質や性格が著しく目立っている類型とはまったく異なっている。それも、彼らの心理学的前歴からして異なっているのである。すなわち、私たち心理学者の観察の対象となるこれらの粘液質者は、決して変化しない類型の人ではない。私たちはそうした人びとに起こる、非常に深く激しい反応にしばしば驚かされる。生涯にわたって粘液質者である人などまったくいないし、この気質が、人為的な仮面にすぎず、きわめて神経質な人間が確保した安全装置以外の何ものでもないことは、私たちが常に気づかされるところである。それは、神経質な人が自分と外界とのあいだに設けたもので、ひょっとしたら、もともとそういう素質の傾向を持っていたのかもしれない。粘液性気質は一種の予防措置であり、人生の問いに対するひとつの意味深い答えであって、この意味で、甲状腺の機能をすべて、ないし部分的に失った人間の無意味な緩慢さやだらしなさ、物足りなさとは、当然ながらまったく異なるのである。

私たちはこの重要な疑念を看過することはできないし、まるで、病的な甲状腺分泌を示す人だけが粘液気質を持ちうると証明可能であるかのような場合でさえ、そのことを主張しなければならない。すなわち、事柄すべてに付随することではなく、原因と目標を束《たば》ねたもの、さまざまな器官の活動と外部からの作用の結合された複合体が重要なのである。それらがまず最初に器官の劣等感を生み、そこから個人の試みが始まるが、そのうちのひとつが、粘液気質によって不愉快なことや自尊の感情が傷つくことから身を護ることと言えるかもしれない。ということはしかし、私たちはここでも、すでに詳しく述べたひとつのタイプを目の当たりにしている、とも言える。ほかならぬ甲状腺の器官劣等性とその結果が目につくタイプである。この器官劣等性のために人生における不利な立場を余儀なくされて、それを粘液質という心の術策によって補償しようとしているのである。

私たちは他のいくつかの分泌異常を考察し、その「一部」である気質を研究すると、この解釈を支持するようになる。バセドー病の場合のように、甲状腺分泌の増加を示す人もいる。そうした病気の患者の肉体的な特徴は、心臓の活動が強く、とりわけ脈拍数が高いことや、眼がひどく飛び出て、甲状腺は肥大し、身体全体、とりわけ両手が弱くないしは強く震え続けていることである。また汗をかきやすく、消化器官はおそらく膵臓の作用によって支障をきたしがちである。また興奮状態が見られ、患者はせっかちでいらだった性格を見せ、しばしば不安状態に苦しむ。バセドー病患者の外見は、病気が進行すると、不安の強い人間であることを明白に示すようになる。

しかし、これは不安の心理学上の表象と同じだと言うとしたら、それはとんだ間違いだろう。それらの事例で認められる心理学上の事実は、すでに述べたように、興奮状態と、精神的あるいは肉体的労働に対する一種の無力感、すなわち器官的にも精神的にも制約された、衰弱した状態である。だが、それ以外のせわしなさや興奮状態、不安に悩んでいる人びとと比較すれば、大きな相違のあることがわかる。甲状腺機能の亢進、すなわち甲状腺分泌の増加している人びとについては、たとえば陶酔状態におけるような慢性の中毒現象が存在すると言えるが、その他の、神経過敏でせわしなく振る舞う、不安に陥りやすい人びとについては、私たちはまったく違った事情にあって、彼らの心の前歴を詳しく述べることができる。それゆえここで言えるのは、単に類似しているということだけであり、一方、性格と気質は想定にはかなっていないのである。

さらに、内分泌をともなう他のいくつかの腺についても、述べておく必要がある。独特なのは、あらゆる多種多様な腺の発達の、生殖腺との関連である（アドラー『器官劣等性の研究』も参照）。

この確認は、今日では生物学研究の原則となっていて、何らかの腺の異常を見いだすときには、同時に必ず生殖腺の異常にも遭遇するほどである。これらの劣等性の特別な依存関係、もしくはそれらが同時に生起する理由は、まだ確認されていない。しかしこれらの腺においても、上に述べた以外の心の影響について語ることはできない。この場合でも私たちは、以前から知られているのと同じ人間像、つまり、なかなか人生の勝手がわからず、そのため多くの心の術策や補償を見せている、あの器官劣等性という人間像より先へは、ほとんど進むことができない。

ことに信じられてきたのは、性格と気質は生殖腺によって影響されているという見方である。しかし生殖腺の実体の広範囲に及ぶ異常は、一般に人間ではあまり見られないことを考慮するならば、その種の病理学的な形態は、例外的なケースなのだと言わざるをえない。生殖腺の機能にじかに関連しているが、生殖腺患者の独特な状況から発生しているわけではないという、そんな心の像はそもそも存在しないことをその上確認しなければならないとしたら、ここでもまた、心理学的に基礎づけるための堅固な土台が欠けているのである。私たちには、ふたたび次のように確認することしかできない。すなわち、生命力に不可欠な一定の刺激は、生殖腺からも生まれ、その刺激によってその環境における子どもの占める位置が定められる。しかしこの刺激は、他の諸器官によってももたらされるので、必ずしもその刺激が明確な心の構造を教えてくれるとは限らないのである（カーライル(16)）。

さて、ある人を評価する際には、あるきわめて微妙な難しい課題が問題であり、その際のちょっとした誤りが、ただちに生と死を決しかねないので、次のように警告されなければならない。

生まれつき肉体的な弱点を持つ子どもたちを、特別な術策や独特な心の発達へと誘惑する力は大きい。しかしそれは克服されうるものである。人に特定の態度を義務づけるような器官は、いかなる状態にあろうと存在しない。ただそそのかすだけであり、何か別のものである。上述の見解が成り立つとしたら、次の理由からでしかない。そうした器官の虚弱な子どもたちの心の発達の困難をあらかじめ排除しておこうとは誰も考えなかったからであり、そして子どもたちがいろいろ間違えるのは当然でありながら、人びとはそもそも傍観するだけで、援助も後援もしなかったからなのである。その結果私たちは、個人心理学に基礎を置いた布置の心理学の方が、新しい素因の心理学の主張と比べて、依然として正しいと要求しなければならない。

## 6　まとめ

個々の性格特性の考察に移るまえに、これまでに得た観点について簡単に復習しておきたい。重要な確認のひとつは、個々の現象を心の関連から切り離してしまっては、人間知を働かすことはできない、ということだった。時間的にできるだけ離れた、少なくとも二つの現象を互いに比較して、それをいわばひとつの共通の名称でくくらなければならないのである。この実際的な示唆はまさに有益であると、立証された。その示唆に従って数多くの印象を集めることができれば、それらを体系的に活用して、ある確実な判断にまで凝縮することができるのである。こうしたひとつの現象を根拠に判断するのであれば、他の心理学者や教育者たちと同様の窮地に陥り、常に何の成果も生まないと思ってきた、またあの月並みな方法に逆戻りするだろう。しかし、できるだけ多くの手掛かりを得て、それらを互いに結びつけることに成功すれば、ひとつの体系を手にし、その力の描く曲線を心に刻みつけることができて、その結果、一人の人間について明確で統一のある印象を手に入れることになる。立脚点がしっかりするのである。ある人のことをより深く知ると、当然ながら自分の判断を多かれ少なかれ修正する必要が生じる。そしていかなる教育的干渉に対しても、まずもってこの方法で完全に明確に知っておくことが絶対に必要なのである。

　こうしたひとつの体系に達するために、さまざまな手段や方法のことも論議してきた。そしてこの目的のために、たとえば身のまわりに見られる現象や、さらにはある人間の理想像に求められる現象までが動員された。さらに続ければ、この私たちのもたらした体系は、ある特定の要因、すなわち社会的要因を決して欠いてはならない、と私たちは要求してきた。心の生活の現象は、単に個人的なものと見なすだけでは不充分で、社会生活との関連において把握されなければならない。そしてより特別な、とりわけ人間の共同生活にとって意義深い原則として、私たちは次の認識を得た。ある人を道徳的に判断するための基準は、その人の性格では決してなく、その人がいかに周囲の人びとに働きかけるか、周囲の人びとといかなる関係にあるか、という社会的認識なのである。

　この思考のつながりを追求していて、私たちは二つの普遍的な人間の現象にぶつかった。そのひとつは、人間を互いに結びつけ、文化に偉大な貢献をしてきた共同体感覚が、いたるところに見いだされるということだった。共同体感覚は、私たちが心の生活のさまざまな現象に適用し、それによってその効用の大きさを確認できるひとつの尺度だった。どのようにして人と結びつきあって生きているのかを知れば、私たちは人間の心の具体的な印象を得るのである。最終的に私たちが達したのは――それは私たちにとって性格を判断するための第二の尺度であったが――その共同体感覚に最も激しく反目する作用を及ぼすエネルギーは、力と優越を得ようと努力する活動であるという確認だった。

この二つの手掛かりに支えられて、人間たちのあいだに見られる相違は、互いに対立しながら影響し合う二つの要因の、共同体感覚と力を得ようとする努力の大きさによって、引きおこされていることが理解できた。それは種々の力の相互作用であり、それが表面に現れた現象形態こそが、私たちが性格と呼んでいるものなのである。

# 第十章　攻撃的・積極的な人の性格特性

## 1　虚栄心（名誉心）

認められようとする努力が増大すると、心の生活に緊張が高まり、人は力と優越という目標をより鮮明にし、激しく動揺して、その目標に接近しようと努める。その人は、大成功を心待ちにする人生を送ることになる。こうした人は、人生との関わりを失い、自分がどういう印象を人に与え、人が自分のことをどう考えるかという問題に、しじゅう頭を悩ましているので、非現実的になってしまうに違いない。彼の行動の自由はそれによって極度に阻害され、きわめてよく見られる性格特性の、虚栄心が現れる。

どんな人間にも虚栄心は、痕跡にすぎないとしても、あるものである。しかし、虚栄心をあからさまに誇示すると、いい感じを与えないので、虚栄心はたいてい、充分に隠蔽されており、種々雑多な形態をとっている。節度を保ちながらも、虚栄心の強い人もいる。虚栄心が強いあまり、他人の判断をまったく意に介さないか、あるいは他人の判断をどん欲に求めて、それを自分に有利なように転用する人もいる。

虚栄心はある一定程度を超えると、きわめて危険なものになる。それが人に、実質《ザイン》より見かけ《シャイン》に関わるいろいろ無益な仕事や出費を余儀なくさせ、自分のことや、せいぜい他人が自分のことをどう判断しているか、ということばかり考えさせるのは別としても、人は現実とのつながりを虚栄心によって容易に見失ってしまうのである。人びととの関わりも理解せず、人生との結びつきもなく、人生が人に何を要求し、人が人間として何を差し出すべきかを忘れてしまう。虚栄心は、他の悪癖とは異なり、人間のいかなる自由な発達も妨げることが可能だが、それは人が、結局のところ自分に利益になるかどうかばかり、たえず考えているからである。

虚栄心とか高慢のかわりに、もっと美しい響きを持つ名誉心という言葉を用いて、自衛策を講じる人も少なくない。自分がどんなに名誉に重きを置いているか、誇らしげに申し立てる人も多くいる。時にはまた「野心」という概念のみが使われる。公共の利益に役立つことが明らかな限り、それは受け入れられる。だがこの表現はふつう、極端な虚栄心を隠蔽するものでしかない。

幼いうちから明らかなのだが、こうした人たちは本当はチームメイトではなく、むしろチームの妨害者になる、というところに虚栄心の本質がある。彼らは、自らの虚栄心が満たされないことに気づくと、しばしば、せめて他人を苦しめてやろうとする。虚栄心の育ちつつある子どもたちの場合、次のようなことがよく認められる。すなわち、子どもは危険な状況において自分の価値を大いに誇示し、自分より弱い子どもたちに自分の強さを感じさせることを好むのである。動物虐待の例も、これと同根である。他の、すでに多少とも意欲をそがれた子どもたちは、自分の虚栄心を不可解な些細なことで満足させようとし、働くという大きな競技場は避けて、自らの気まぐれが創りだした第二の戦いの場で、認められたいという衝動を満たそうとする。ここに見られるのは、いかに人生には苦労が多いかと常に嘆き、自分は報われることが少なかったと主張する人びとである。教育があれほど悪くなかったら、あるいは何らかの災いが生じなかったら、第一人者でいたはずだと彼らは主張する。彼らの嘆きは似たり寄ったりである。彼らは常に、自分が人生の先頭に引っ張り出されないことの口実を見つける。しかし彼らは相変わらず、虚栄心の充足を夢見て、慰められているのである。

こうした人たちのまわりの人は、一般にそれこそ不快な思いをする。これらの人たちの批判にひどくさらされるのである。虚栄心の強い人は通常、自分が何らかの失策をすると、その責任を誰かに転嫁しようとするのだ。常に自分は正しく、他の人たちが正しくないのである。人生で重要なのは、正しいか正しくないかではなく、自分のことは進展させ、他人の要求には寄与することなのだが、いつも聞かされるのは、不平や言い訳ばかりである。

私たちがここで論じているのは、人間の心のさまざまな術策であり、自らの虚栄心が傷つけられて、優越感が損なわれ揺らぐことから守る、さまざまな試みについてである。

人類の偉大な業績は名誉心がなければなし遂げられなかったろう、という異論をしばしば耳にする。しかしそれは誤った見せかけであり、間違った見方である。虚栄心のない人はいないのだから、おそらくどんな人も多少はこの特性を持っているだろう。しかし名誉心が人に方向性を示し、有用な業績に導く力を与えたわけではないことは確かだ。これらの業績を成さしめたのは、共同体感覚である。天才的な業績も、何らかの方法で共同体を視野に入れなければ、不可能である。その前提となっているのは、常に公共との結びつきであり、それを促進しようとする意志である。そうでなければ、私たちもこうした業績に価値を認めることはないだろう。その際に虚栄心にできたことは、単に妨害や阻止をしただけだったに違いない。虚栄心の影響は、さほど大きいものではありえない。

私たちの今日の社会の雰囲気ではしかし、虚栄心と完全に縁を切ることはできない。この事実を認識しておくだけで、すでに有利である。というのは、それによって同時に、私たちの文化のもっとも痛いところに、つまり、必然的に非常に多くの人間が一生のあいだ不幸で、災いの生まれるところにしかいられなくなるという事実に、ぶつかるからである。他の人たちと仲良くやっていけない人は、人生に順応することができない。それはそうした人がまた別の課題、つまり、実際以上に自分をよく見せようとする課題を背負っているからである。彼らはすぐに現実と衝突するが、それは誰もが自分自身に対していだいている高い評価のことを、現実は気にもとめないからである。そうした人は虚栄心から、自らを最大限に評価しているのである。人間のあらゆる厄介な面倒の中で、もっとも本質的な要因と常に思われるのは、虚栄心を充足しようという、不首尾に終わる試みだろう。複雑な人格を理解するには、虚栄心がどこまで浸透し、どの方向に進み、どの手段を用いているかを確認することが、重要な術策となる。どんなことが明らかになろうと、それは、虚栄心が共同体感覚をいかにひどく阻害しているか、ということなのである。虚栄心と共同体感覚は、虚栄心が共同体の原理に従うことができないので、互いに両立できないのである。

虚栄心はしかし、それ自身のうちにその運命を見いだす。というのは、虚栄心は発展しようにも、何事も抵抗しえない絶対的な真理として、共同体の生活で自然発生する論理的な反対理由にたえず脅かされているからである。そこで、私たちに明らかになるのは、虚栄心は早くから身を潜め、変装せざるをえないということであり、虚栄心の持ち主が、自らの虚栄心を充足する勝利の栄光のために、無敵を貫けるだろうかという疑念にたえず満たされていようと、回り道をせねばならないということである。虚栄心の持ち主がこのように夢想し、あれこれ考えているうちに、時は過ぎていく。しかしそうなると、彼に残されているのは、せいぜい実行できる機会はもはやない、という口実ぐらいなものである。通常こうしたケースでは次のようになる。すなわち、これらの人たちは常に特権的な地位を求め、少し離れて立って観察し、懐疑的になり、まわりの人たちを敵と見なしがちになって、防御と戦闘の態勢をとるだろう。彼らは、論理的で正しいと思われる熟慮に熟慮を重ねるうちに、しばしば確信が持てなくなる。しかしそうするうちに、彼らはまたしても彼らの生存の主要な問題である、人生や社会、彼らの課題との結びつきを怠ってしまう。さらに仔細に見るなら、虚栄心の測りしれぬ深淵、すなわち、あらゆる人に優越しようとする憧憬が見てとれる。その憧憬は、あらゆる可能な形態で反映されて、彼らの振る舞いや服装、話し方　他人との交際の仕方に顕《あら》わになっている。要するにどこに目を向けても、虚栄を張り、ほとんど手段を選ばずにあらゆる人に優越しようと努力する人の姿が見受けられるのである。この種の外見は共感できるものではないし、虚栄を張る人が賢明なら、自らの過失や共同体との矛盾にすぐに気づくので、彼らは改めていこうと努力する。さらに、自分に虚栄心がないことを示すためだけに、極度に控えめに振る舞ったり、身なりにほとんど構わないことも起こる。ソクラテスはかつて、ボロボロの衣服を着て演壇に登った弁士に向かって、「アテネの若者よ！　どの破れ目からも虚栄心が顔を覗かせているぞ！」と叫んだと伝えられている。

　自分には虚栄心はない、と深く確信している人がよくいる。彼らは外見にのみ着目し、虚栄心は心の奥深くに潜んでいることを理解しない。虚栄心はたとえば、ある人が会合での発言の多くを常にリードし、ひっきりなしに喋り、発言の機会を与えられたかどうかでまさにその会合を評価する、ということにも潜んでいることがある。この種の人間にはまた、名を成そうとはまったくせず、会合にもおそらく決して出ないで、忌避する人もいる。この忌避にも、さまざまな形態が想定できる。招待されても行かない人、強く請われればという人、遅れていく人。一定の条件下でのみ会合に出席し、尊大にも自分が非常に「特別な」人間であると示す人、自らに関してそのことを誇らしげに語る人も、時としている。さらに、あらゆる会合に出席することに名誉心を賭けている人。

　こうした現象を、取るに足らぬ些細なことと考えてはならない。その根は深いのである。実はそういった人間は社交生活にあまり関心がなく、社交生活を促進するというより、むしろ妨げがちなのである。これらすべてのタイプを完璧に描き出すためには、私たちの偉大な作家たちの文学的な力がふさわしいのは確かである。

　虚栄心には、あの上へ誘導する指針が明白に見てとれる。その指針が示しているのは、人間というものは、自分はまだ満足できないと感じていて、他者を凌駕したいと思っているものだ、ということである。虚栄心が特に目につく人は、たいがいは自分では気がついていないが、自己評価が低いのだろうと推測できる。この感情が自分の虚栄心の出発点である、と意識している人たちもいるだろう。しかし彼らにとってこの認識は、それを実り豊かに利用するには、まだ乏しすぎるのである。

　虚栄心は人間の心の生活において、すでに早くから発達している。虚栄心には元来、いつでも子どもじみたところがある。つまり、虚栄を張る人間はほとんど常に子どもじみて見える。この性格特性を作り出す状況は、非常にまちまちである。ある事例の子どもは、自分が冷遇されていると思っているが、それは不完全な教育のために、自分の身体が小さいことを特にうっとうしく感じているからである。別の事例の子どもたちは、その尊大な特性は家族の一種の伝統によるものと推測される。こうした人びとについてはよく、彼らの両親がすでに「貴族的な」特性で、そのため他の人とは異なり、他に抜きんでていなければならないのだ、と言われる。しかしこの無意味な努力に潜んでいるものは、自分は特別な人間だと感じようとする試みにほかならない。他の人とは違って、まったく特別な「立派な」家柄の出であり、立派で崇高な要求と感情の持ち主で、そもそもある特権にあずからねばならぬよう、あらかじめ運命づけられているのである。特権を要求することが、その人に方向を与え、その人の行動の仕方を導き、表現形態を規定している。しかし人生は、こうしたタイプの人の発達にはあまり適していないので、これらの人びとの多くは、敵視されるか嘲笑されるかして、すぐにおずおずと引き下がり、変わり者の人生を送ることになる。誰にも釈明する義務のない自宅でうずくまっている限り、彼らは陶酔したままでいることもでき、世が世なら何でもできたろうにと考えて、自分の態度がほぼ支持されたように感じるのである。こうしたタイプの人のなかには、社会的地位の高い、能力のある人間がしばしばいる。彼らには最高の指導者にまで登りつめる力がある。彼らの力を秤《はかり》にかけてみれば、たしかに重みがあるだろう。彼らはしかしこの状況を、陶酔するためだけに濫用する。彼らが社会における積極的な共同作業のために設けている条件は、小さいものではない。そのひとつは、時間に対する実現不可能な要求に関することであり（たとえば、そのことを以前に一度やったことがあったら、とか、教わっていたり、知っていたら、とか、ないしは、他の人がそのことをやっていたら、あるいはいなかったら、とか等々）、あるいは他の理由から実現できないことである（たとえば、もし男でなかったら、とか、女でなかったら、とかの類）。それらはいくらやる気があっても実現不可能な要求ばかりで、そのことからして、これはただ見え透いた口実に過ぎないことを認識せねばならない。その口実は、その人がなおざりにしたものを思い出さずにすむように、寝酒となるに充分なのである。

そういうわけで、これらの人びとには敵意が潜んでいることが多く、他人の苦痛を軽視し問題にしない傾向がたしかにある。かつて偉大な人間知の賢者、ラ・ロシュフーコー(17)が述べたように、他人の苦痛に耐えることは、たいてい容易なのである。彼らの敵意はしばしば、鋭く、批判的に表明される。彼らは徹底的に批判し、いたるところで嘲笑と非難を用意し、独善的で、なにもかも弾劾する。その際に私たちは、悪を知って、有罪判決を下すだけではまったく不充分であることを、常に自分に言い聞かせなければならない。境遇を改善するために自分で何をしたか、ということも常に自分に問わなければならないのである。虚栄を張る本性にとってはもちろん、勢いよく他の人たちを凌駕し、他の人たちを辛辣にこき下ろすだけで満足なのである。その際これらの人びとには、そのことに信じられないほど熟達していることが、しばしばプラスになっている。ここで見られるのは、非常に繊細なウィットに満ち、驚くべき当意即妙さを備えたタイプの人たちである。何からであろうと、偉大な風刺家たちと同じように、ウィットや当意即妙さを濫用して、いたずらめいたまがい物を仕立てあげることもできるのである。こうした人びとの、他人を軽蔑し貶《おとし》めてやまない行動様式は、この性格特性に非常に多く現れる表現形態であって、私たちはそれを価値軽減傾向と呼んでいる。この傾向は、虚栄を張る人にとってそもそも何が弱点であるかを示していて、それはつまり、他者の価値や意義である。他者の価値を下落せしめることによって優越感を獲得しようとする試みである。こうした人たちにとって、価値を認めるということは自分に向けられた侮辱のような作用を及ぼしてしまう。このことからも、彼らの胸の奥深く沈んでいる、自分は弱いという感情を推しはかることができる。

　私たちはみな、こうした現象を免れられないので、これらの議論は私たち自身を評価する尺度にうまく利用することができる。千年も昔の文化が私たちに投げかけたものを短時間で一掃するのは無理だとしても、私たちが自らの眼を眩《くら》まされず、次の瞬間には有害であると判明するような判断に拘束されないことは、たしかにひとつの進歩である。私たちはタイプの異なる人になったり、こういう人を見つけることに憧れているわけではなく、互いに握手の手を差し出して結束し、協力して働くことが、私たちの従う原則である。これらの協働を特に必要とする今日のような時代には、個人的な虚栄心のための努力はもはやそぐわない。そうした見解を持つ人はすぐに挫折し、結局は撲滅されるか、哀れまれねばならないので、まさにこうした時代には、その種の考え方の矛盾がとりわけはなはだしくなる。まさに私たちの時代は、虚栄心にとって特に不利益な時代と思われ、少なくとも公共の役に立つことで虚栄心をみたそうとするというような、せめて少しでもよい形態が見いだされるべきである。

虚栄心がどのようにして作業にとりかかるのかは、次の事例に示されるだろう。ある若い女性は、数人きょうだいの末っ子で、まだ小さな子ども時代から甘やかされてきた。特に母親がいつも彼女の世話をやき、その望みは何でもかなえてやっていた。体もとても虚弱だったこの末っ子の要求は、途方もないものになっていった。彼女はある日、自分の周囲の人びとに及ぼしうる力は、時どき、自分が病気になったときに特に増大することを発見した。まもなく病気は、大事な財産と思うようになった。彼女は、ふつうなら健康な人が病気に対して抱く嫌悪感をなくし、時おり体調を崩すことは、彼女にとってはもはやまったく不快ではなくなった。やがて彼女は、いつでも、特に何かを押し通そうとするときに病気になることに、熟達してしまう。しかし彼女は常に何かを押し通そうとしていたので、そもそも他の人たちにとっては、彼女は常に病気なのである。この罹病感という形態は、子どもにも大人にも非常によく起こる。これによって自らの力が増大するのを感じ、他人を無制限に支配するために、このやり方で家族の頂点に立つのである。繊細で弱い人の場合にはこうなる可能性がとても大きく、他人に健康の世話をされ尽くした人が、この方法を知るに至るのは自然なことである。その際に、多少は後押しをして、たとえば食事を粗末なものにすることもできる。そうすれば何かしらの結果が出る。具合が悪そうに見えると、他の人が料理の腕を振るってくれることになる。そのうえ、いつも誰かを傍《そば》に用意させておきたいという憧憬が生じる。そうした人は、一人ぼっちにされることに耐えられない。自分は病気かほかの何かになりそうだと表明すれば、そういう状態に簡単になることができるが、それは、病気や他の障害に共感《アインフュールング》することによって危険に満ちた状況に自分が陥るということにほかならない。この共感がどうして可能なのかは、夢が示している。人は夢で、あたかも確固とした状況が現実に存在しているかのような印象を持つのである。

　罹病感の喚起に成功するのは、こうした人たちであり、それも、嘘や偽装、妄想などはまったく関わりなしに成功するのである。ある状況への共感が、その状況の現存に即した効果があることを、私たちはすでに知っている。こうした人たちはたとえば、まるで吐き気もしくは危険が実際にあるかのように、本当に嘔吐したり不安に悩んだりすることができるのだ。ふつう、どうやったらそうできるのか、彼らが無意識に示すこともある。この事例の女性は、「まるで次の瞬間に発作に襲われるかのような」不安に陥ることがときどきあるのだと説明している。そういうことをありありと思い浮かべることができるため、実際に心の平静を失ってしまうので、妄想や仮病とは言われない人たちがいるのである。人がこの方法で病気の徴候か、少なくとも神経症の前兆を他の人たちに感じとらせることに成功すると、その人たちは彼に寄り添って注意を払い、彼の世話をしなければならない。すなわちその人たちの共同体感覚が必要とされるのである。かくして、そうした病人の権力の座が確立する。

このような事情のもとでは、仲間の人たちに広く考慮を払うことを要求する共同体の原理との矛盾が、明らかにならざるをえない。通例これらの人びとの場合は、仲間の命運を考慮し、仲間が傷つかないようにすること、ましてや仲間を支援することは、簡単にはできないことがわかる。おそらく彼らもあらゆる力を動員し、その教養と教育の限りを尽くすことができれば、あるいはたいていの場合のように、少なくとも仲間の人たちのことを非常に心配しているかのごとき印象を与えることは、可能だろう。しかし彼らの態度の根底にあるのは、自己愛と虚栄心以外の何ものでもない。私たちの事例でもそうだった。私たちの女性患者が家族の人たちにいだく憂慮は、どうやら限界を超えているらしかった。母親がたった一度、朝食を持ってくるのが半時間遅れただけで、娘は非常な不安に襲われたのである。彼女の夫が起きて、母親の身に何ごともなかったことを確かめるまでは、落ち着かなかった。彼女は母親がいつも時間に正確なことに、おそらくしだいに慣れてしまっていたのである。商人として顧客や取引先に一定の配慮をせねばならなかった夫に対しても、大差なかった。しかし取り決めた時間よりも帰宅が遅くなるたびに彼が目にしたものは、泣き崩れ、時には不安のあまり汗びっしょりの、要するに恐ろしい苦痛に耐えたことを物語る哀れな妻の姿であった。彼もこうした状況では、時間に正確になるしかなかったのである。

おそらく多くの人が、この女性がそういう行動をとっても、たいして大勝利ではないし、何の得にもならない、と異議を唱えるであろう。しかしそれが全体のほんの一部にすぎず、人生のあらゆる相互関係に対するひとつの「注意！」というサインであること、このようにして他人の調教が開始され完成されること、さらにこの女性が、抑えきれない支配欲を充足させることで虚栄心をも満たしていることを考慮に入れ、さらにそんな人が自らの意志を貫徹するためにいかに多くの犠牲を引き受けているかを熟慮すると、この女性にとってそうした態度はすでに必要不可欠なものと化していることがたしかに理解できよう。彼女は自分の言葉が無条件かつ時間に正確に守られなければ、心穏やかに暮らすことができないのである。共同生活はただ単に、他の人が時間に正確にやってくるということだけで成り立っているわけではない。ほかにも何千もの相互関係があり、それらは、不安な状態になることで補強された、この女性の命令的な態度によって制御されている。彼女が非常に心配するので、人びとは彼女の意志に無条件で従わなければならなくなる。すなわち、虚栄心を充足する手段としての不安なのである。

このような態度は、人によっては、事柄それ自体よりも、自分の意志の貫徹の方が重要になるところまでしばしば行ってしまう。六歳の少女の事例がそれを示している。彼女は手に負えないくらいわがままだったので、いつも思いついたことをすぐにやり通そうと考えて、自らの力を見せ、どんな結果になろうとも他人に打ち勝とうとする努力を貫いたのである。「どうやれば」さえわかれば、喜んで娘と仲良くしたがっていた母親は、娘を好きな食べ物で夢中にさせようとして、その好きな食べ物を「気に入るだろうと思ったから持ってきたよ」と言いながら差し出す。娘は甘い菓子を床にたたきつけ、それを足で踏みつけて、「だけどママが持ってきてくれるからじゃないわ。わたしが欲しいから、欲しいの」と叫ぶ。また、休憩に何が飲みたいか、コーヒーかミルクか、と母親が尋ねると、娘はドア口に立ったまま、「あの人がミルクと言ったらコーヒーだし、コーヒーと言ったらミルクだわ」とはっきり聞こえよがしに呟《つぶや》いたのである。

この子どもはあからさまに話した。しかし多くの子どもたちも、口にこそ出さずとも同様なのだ、ということを私たちは忘れてはならない。おそらくどの子どもにも、多少なりともこの傾向があって、非常なエネルギーを費やして自らの意志を貫こうと努力するのである。たとえ何の得にもならず、むしろ不利益を被るばかりとしても、である。何かで自分の意志には特権があることを教えられた子どもたちは、たいていそうなる。今日では、そのきっかけにはこと欠かない。その結果として、私たちは大人たちのあいだに、仲間の人たちを支援しようと努力する人よりも、自らの意志を貫こうとする人を頻繁に見いだすことになる。虚栄心が嵩じて、他人に勧められたことは、たとえそれがあまりに自明のこと、それどころか自分に幸運をもたらすことであっても、することができない人も少なくない。また話をするたびに、異を唱えることのできる瞬間ばかり待っている人もいる。少なからぬ人は、その意志が虚栄心にそそのかされて、「はい」と言いたくても、「いいえ」と言うのである。

自分の意志をたえず貫くことは、そもそも家庭内でしか成功しないことであり、時にはそれさえ成功しないこともある。こうしたタイプには、知らない人と交際する際にはきわめて愛想が良く、従順そうなイメージを与えている人もよくいる。ただしこの交際は長続きせず、間もなく途切れるけれども、おそらくあまりまともに求められてもいなかったろう。しかし人生はどうしても、人と人を引き合わせるものなので、いかなる愛を得ても、すぐにまた見捨ててしまう人も、時としている。これらの人たちはほぼいつでも、家庭内に限定して努力している。私たちの女性患者もそうだった。家庭の外に出るときの愛想の良さのため、彼女は誰にでも愛された。しかし外に出るといつも、彼女はすぐに家に引き返してきた。繰り返し家族のもとへ戻ろうとする努力は、彼女の場合、さまざまなやり方で現れていた。社交的な集まりに出ると、頭痛がして、家に帰らねばならなかった。というのは、社交的な集まりでは彼女の絶対的な優越という感情は、家庭にいるときほど保たれなかったからである。それゆえ、この女性がその人生の問題である虚栄心の問題を、家庭内でしか解決できなかったのだとしたら、家庭外では、彼女を脅かし、彼女をこの家庭に追い戻す何かがいつも起きていたからに違いなかった。彼女はついには、知らない人たちのなかに出るたびに、不安と興奮状態に陥るまでになった。もはや芝居に行くことも、街頭に出ることさえできなくなった。そこでは彼女は、他の人たちが彼女の意志に支配されているという感情を持てなくなったのである。彼女の求めた状況は、家庭の外では、特に街頭では、見いだすことができなかった。そのため、彼女の「廷臣」のお供なしで外に出ることへの嫌悪感を、彼女ははっきり表明しているのである。そもそも彼女の好んだ理想的状況とは、自分を取り巻いている人たちにたえず世話を焼いてもらうというものだった。診察の結果、彼女がこのひな型《シャブローネ》を幼い子ども時代からかかえていたことが明白になった。彼女は末っ子で、虚弱で病気がちのため、他のきょうだいたちよりも温かく扱われなければならなかった。彼女はこの甘やかされた状況にしっかりしがみついて離さなかった。もし彼女がこのように矛盾した人生条件によって歩みを乱されなかったならば、生涯、その状況にすがりつづけたことであろう。彼女の不安と心配の現象は、あまりに激しかったために、異議を唱える人がいなかったのだが、彼女が虚栄心の問題を解決する道を誤ったことを示している。解決策は間違っていたのである。なぜなら彼女には、人間の共同生活の条件に屈服する意志がなかったからである。最終的に、苦しい現象がひどくなって、彼女は医師に診察を乞うたのだった。

何年もかけて築きあげた彼女の人生計画の全体が、いまやゆっくりと明らかにされざるをえなかった。医師のところにやって来たものの、彼女は心の奥深くでは変化の準備ができていなかったために、大きな障害を克服しなければならなかった。彼女にとって好ましいのは、家庭内では引きつづき君臨できて、街頭では不安状態につきまとわれないことだったろう。しかし、あちら立てればこちら立たずで、一方は他方の反対給付なしには入手しえないのである。彼女は自覚せざる人生計画の虜《とりこ》であり、その計画の利益を享受しようと思ったが、同時にその不利益を恐れすぎたのだと診断された。

この事例が明確に示しているのは、誰にとっても虚栄心が強まると、人生全体の重荷となり、人の進歩を妨げ、ついには瓦解をまねくということである。利益ばかりに目が向けられると、これらの関連を見る目が曇ってしまう。それゆえ非常に多くの人が、名誉心、正確には虚栄心は役に立つ特性だとしか思っていないが、それは彼らが、この傾向が人を常に不満にし、心の平静と睡眠を奪うことに気づかないからである。

もう一つ別の事例を引こう。ある二十五歳の男性は、ちょうど彼の最後の試験を受けるところだった。ところが彼は突然、あらゆるものに関心がなくなってしまったかのようになって、受けるのをやめたのだった。非常にやりきれぬ思いに駆られて彼は、自分自身を否定するように批判し、自分は役立たずになってしまったと、たえず考えた。子ども時代を思いおこしては、彼のことを両親が理解しなかったから彼の発達を妨げたと、両親に対して激しく非難するまでになった。こうした気分で彼は時おり、人びとはもともと価値がなく、彼のことに関心がない、とも考えた。こうした考えが、最終的に彼を孤立させたのである。

ここでもまた虚栄心は、試験を受ける必要はないという口実や言い逃れを彼に与える、目に見えない原動力になっている。なぜなら、ちょうど彼の試験の直前にこれらの考えが浮かび、この気おくれ、つまり強い嫌悪感が生じて、それが彼を役立たずにしてしまったからである。しかしこれらすべてが、彼にとっては決定的な意義を持っていた。というのは、このとき彼は何もできなかったのに、彼の自尊の感情は救われたからだ。言ってみれば彼には、火災の際に高所から飛び降りる人を受け止める救命布があったので、批判にとらわれずにすんだのだった。自分は病気で、苦難に満ちた運命のために役立たずになったのだとして、自分を慰めることができたのである。人目に立つことを認めないこの態度にも、虚栄心の別の形態を見てとることができる。ある人が自分の有能さの価値判断をしている、まさにその瞬間に、虚栄心がその人に方向転換をさせるのである。彼は失敗によって失うかもしれない栄光に思いをめぐらせ、自分の能力に疑念をいだきはじめる。これが、なかなか決断できない人たちの秘密である。

私たちの患者も、この種の人間である。彼の報告によれば、彼はそもそも、いつでもそんなふうだった。決断が近づいてくると、そのつど彼は優柔不断になる。ある人の行動の指針、つまり歩み方を研究している私たちにとって、それはブレーキをかけて停止すること以外の何ものでもない。

彼は四人きょうだいの第一子であり、唯一の男子だった。一人だけ大学に進むことが決まっていて、いわば大きな期待のかけられた、家族の希望の星であった。彼の父親は彼の名誉心を強く刺激することや、彼が将来何になる定めなのか、予言することをやめなかったので、やがて彼には他人に優越するという目標しか目に入らなくなった。今や彼は、すべてなし遂げることが可能だろうか、という不安に襲われている。彼は虚栄心のために、後退を強いられたのである。

かくして、名誉心と虚栄心の原理が発達するにつれ、おのずと賽《さい》が投げられて、さらなる道は進めないことが明らかになる。虚栄心は、共同体感覚との解決不可能な矛盾に迷いこみ、そこから脱け出す道がない。それにもかかわらず、虚栄を張る性格の人たちが、いかに子ども時代から繰り返し共同体感覚を打ち抜いて、おのれの道を進もうとしているか、私たちには見てとれる。それはちょうど、自分である町の市街地図を空想し、その地図で町をうろつきまわって、自分がこの勝手気ままな地図に描き入れた場所すべてを見つけようとしている人に似ている。もちろんその人は、決して探し物は見つからず、それを現実のせいにする。虚栄心が強くてわがままな人間の運命は、おおよそこのようなものだ。仲間の人たちとのあらゆる関係において彼は、自分の原理を力ずくか、詭計奸策《きけいかんさく》を弄するかして、貫徹しようとする。彼は他者を悪者にし、他者の誤りを指摘する機会をいつも待ち構えている。自分が他の人たちよりも賢明で優れていることを——少なくとも自分自身に——証明できれば、彼は幸福なのだ。一方、他の人たちはそんなことには頓着せず、けれども挑戦には受けて立つので、それはしばらく続き、虚栄心が勝つこともあれば、負けることもある。しかしいつでも彼が、自らの優越と正当性を自覚して終わることになる。

つまらぬ術策である。だがこの方法で、誰もが自分に都合がいいように思いこむことができる。それで私たちの事例のように、突然に大学に進んだり、書物の知性に屈服したり、いわんや、今の自分の本当の有能さが明らかになるに違いない試験を避けられなくなったりした人が、自分の成績がみな不可であることを思い知らされる、ということが起こりうるのである。彼は、誤った観点で物事を見るので、状況を過大に評価し、まるで人生の幸福や自分の重要性全体がいま危機に瀕しているかのように解釈してしまう。必然的に彼は、誰にも耐えられないような緊張に陥るのである。

他者との出会いもまたすべて、彼にとっては大きな事件となる。いかなる挨拶も言葉も、自分が勝つか負けるかという見地によって曲解され、評価される。それは虚栄心や名誉心、思いあがりを人生のひな型としている人を、当然ながら常に新しい困難に直面させ、真の生きる歓びを奪う、たゆまぬ闘いなのである。というのは、この歓びは、この人生の条件が肯定されたときにしか持つことができないからである。人生の条件を脇に押しのける人は誰もが、歓びや幸福な体験に至る道を自ら封鎖していて、他の人には満ち足りた人生の幸福を意味するものが、彼にはすべて拒まれていることに気がつく。彼にできるのは、たかだか、他の人たちよりは高貴で優越しているという感情を切望することでしかないが、その感情はしかしどこにも、どうしても現実には見いだすことができない。たとえそういう感情を持つことができたとしても、彼の価値に異を唱えることを楽しみにする人たちは、うんざりするほどいるだろう。それに対抗する手段はない。無理やり人に優越性を認めさせることは、誰にもできない。彼には、自分自身に対する自惚《うぬぼ》れの強い、完全に不確実な判断しか残されていない。こういうやり方で要求されても、実際に成果を得たり、仲間の人たちを支援したりするのは難しい。それで得をする人はいないし、誰もがいつでも敵の攻撃点となり、たえず破壊に身をさらされているのである。これらの人たちはまるで、常に社会的に自分は重要で優越していると思われたい、という無理難題に没頭しているかのように見える。

ある人の価値が、その人が他の人びとを支援しているという理由で正当化されるとしたら、事情は異なってくる。その場合には価値は、まったくひとりでに労せずしてその人のものになり、たとえ彼が異論を唱えられても、何の力も持たない。その人自身はその際、虚栄心にいっさいを委ねたわけではないので、平静さを失うことはない。決定的に重要なのは、自分自身に向けられた目であり、自らの人格向上のためのたゆまぬ追求である。虚栄心の強い人の役割は常に、待ち望む人、受け入れる人という役割である。そういう人と、発達した共同体感覚を示し、自分は何を与えることができるか、と無言で問いながら動きまわるタイプの人とを厳しく比較すれば、その価値の非常に大きな相違がただちに明らかになろう。

こうして、すでに数千年前にさまざまな民族が無気味な確実さで予感し、また思慮深い聖書の言葉、与えるは受けるより倖なり、に表現されている立場に到達する。はるか昔からの人類の経験を表現したこの言葉の意味を、私たちが今日よく考えてみるなら、ここで言われているのは気持、つまり与え、援助し、助ける気持のことであり、それが与える人に、神々の賜物がおのずと生じるように、心の生活の均衡と調和をおのずともたらしている、ということがわかるだろう。一方、受け入れることに軸足を乗せた人はたいてい、完全な幸福のためにはそもそも何を実現し、何を習得しなければならないか、という考えに、ぼんやりと満足することなくたえずかかずらっている、ということもわかるだろう。後者の目は、他の人たちが要求し必要とするものには決して向けられず、他人の不幸は自分にとっては幸福であり、宥和による平和という考えはその人のどこにもない。彼は、自らのわがままが設定した法則に他の人たちが屈服することを容赦なく要求し、地上とは異なる神の摂理や考え、感情を要求する。要するに、彼の不満や不遜は、私たちが彼に見いだすあらゆるものと同様に、とても大きいのである。

これとは違って、虚栄心がもっぱら表面に、幼稚な現象形態で現れている人びとも、なかにはいる。勿体ぶった態度で、大げさな服装をし、めかし屋のように着飾って、そういう目立つやり方で人の目を引こうとする人たちである。それはたとえば、ある未開民族は、長い鳥の羽を頭にさすことで生きる誇りとしているが、昔の人はそうやって人目を引こうとしたし、今日でも未開民族がそうしているのと似たようなことだ。いつも美しい最新流行の服を着て出かけることに、最大の満足を覚える人は数多い。厳格な標語や、軍事用のエンブレム、実際に使用された武器などが敵を脅かすのと同じように、この種の人間の肖像画や身につけているさまざまな装飾品は、彼らの虚栄心を指し示しているのである。それは性的な由来の像であったり、特に男性の場合には刺青などのような、いかがわしく思えるまた別の線描画であったりする。

こうした光景から私たちはいつも、単に恥知らずにすぎないにせよ、立身出世のための努力、強い印象を与える意志を感じる。というのは、恥知らずに振る舞うことで、自分は偉大で優越しているという一種の感情を持つことのできる人が少なくないからである。厳格で冷酷な態度をとり、頑固さや打ち解けない性格をさらけ出すと、そういう感情を持つ人もいる。それもまた、単に見せかけだけのことが少なくなく、現実には、粗暴な行動や粗野な騎士道というより、実は情にもろいという方がはるかに合っている人びとしか存在しない。特に少年の場合には、一種の苦痛に対する鈍感さ、共同体感覚の活動に対する敵意ある態度がしばしば見られる。他人を苦しめる役割を好んで演じる、この種の虚栄心にかられた人の場合、その感情に訴えかけることほど拙劣なことはない。それによって彼らはさらに刺激され、態度を硬化するからである。通常、誰かが、たとえば両親が苦痛を訴えながら近づいてくるような場合、それに直面している人は、まさしく相手の苦痛を明らかにすることによって、自らの優越感を引きだしているのが見てとれるのである。

虚栄心が好んで仮面をつけることは、すでに述べた。虚栄心の強い人はたいていの場合、他人を支配するために、他人をつかまえ、拘束しておくことが必要である。それゆえ私たちは、ある人が親切な言動や友好的な性格、好意を示していても、それにすぐに捕らえられてはならない。ここで問題にしている人が、他人を凌駕し支配しようとしている戦士であり、攻撃者であることを、見誤ってはならないのである。というのは、こうした戦いの第一段階ではおそらく、敵対者を確実に揺り動かし、その警戒心を解かせることに成功しなければならないからである。親しげに出迎えるこの第一段階において、その人は、自分が共同体感覚を多く備えた人間であると巧みに信じさせようとしている。しかしそれに続く第二の行為は、それが虚偽であることを示している。それは、失望させられたとか、二心《ふたごころ》を抱く、とよく言われがちな人たちである。しかしその心はひとつだけで、最初のうちは親切だが、次第に攻撃的になっていく。このへつらうような最初の態度は、一種の折伏《しゃくぶく》をする人にまで到ることがある。これらの人びとは、きわめて献身的な性格を誇示していることがよくあり、それだけですでにほとんど彼らの勝利なのである。彼らは純粋な人間性を口にし、行動によって立証しているように見える。しかしそのやり方はたいてい、はなはだこれ見よがしであり、そのため、専門家は用心深くなる。あるイタリアの犯罪心理学者はかつてこう述べた。「ある人の理想的な態度が一定の限度を超えたり、その人の善意や思いやりが怪しげな形態をとるようになったら、まさしく不信の念をいだくべきである」。もちろんこの見解も慎重に扱わなければならないが、この見地が理論的にも実際的にも根拠があるという認識に、心を閉ざすことはできない。ゲーテもその詩「ヴェネツィアのエピグラム――一七九〇年――[18]」の一節で、これに近い考えを述べている。すなわち、

狂信者はすべて三十歳で十字架にかけよ！
欺かれた男もいちど世間を知れば、欺く男に変わる。〔高辻知義訳〕

一般にこのタイプの人は、たいてい容易に識別できる。お追従《ついしょう》は好まれず、きわめて不快で、これらの人びとはすぐに警戒されてしまう。それゆえ名誉心のある人は、この方法はむしろ思いとどまるべきである。この道をとらずに、もっと素朴な歩み方にとどまる方がよい。

私たちはすでに本書の「総論」の章において、心の失敗が生じうる状況を知っている。教育上の困難の本質は、周囲の人びとに戦闘的な姿勢をとっている子どもたちと関わっている事例に見られる。教師はせいぜい、人生の論理に基づいている義務に通じているぐらいであり、私たちにはこの論理を子どもにも義務づけることは考えられない。唯一の方法は、戦闘状況になるのをできるだけ避けることだろうが、そのために一番いいのは、子どもを客体としてではなく、主体として、同等の権利を持つ仲間や同僚と見なして取り扱うことである。そうすれば、子どもたちが抑圧され、軽んじられているという感覚から戦闘状況に陥ることは、さほど容易に起こらなくなるだろう。その戦闘状況から、私たちの文化においては間違った名誉心が自動的に発達するのだが、それが私たちの思考や行動、性格特性のすべてにさまざまな度合いや量で混入して、一様に人生を困難にするきっかけを与え、時としてひとかどの人物をひどい混乱に巻き込み、挫折させ破綻にまで到らせるのである。

そもそも私たちの誰もが最初に人間知を得る源泉であるメルヒェンが、多様な実例を自在に用いて、私たちに虚栄心とその危険性を気づかせていることは、非常に特徴的である。特に、虚栄心の抑制のない発達と、それによる自動的な破綻を明確にはっきり知らしめるメルヒェンについて、述べておかねばならない。それはアンデルセンのメルヒェン『酢の壺』である〔訳註：作者、作品名』も、アドラーの勘違いではないか、と思われる。グリムの『漁師とおかみ』のことか?」。一人の漁夫が魚を自由の身に戻してやると、その魚はお礼に、願い事をひとつ言うことを漁夫に許す。その願いは成就される。しかし不平を抱いている名誉心の強い漁夫の妻が、伯爵夫人になりたい、それから女王に、ついには神様そのものになりたいと望んで、夫を何度も魚のもとへ送り返したので、魚はとうとう最後の願いに立腹して、漁夫を永遠に見放すのである。

名誉心を養成し続けることには、最終的な限界はない。興味深いことに、メルヒェンでも現実においても、そして虚栄心の強い人の過熱した心の生活でも、力を得ようとする努力が嵩じると、一種の神の理想にまでいたることが見てとれる。時間をかけて調べるまでもなく、そうした人は――この種のきわめて重い症例でのように――あたかも自分が神であるか、神の地位にいるかのようにそのまま振る舞っているか、あるいはまさしく自分が神になりたいという願望や目標を持っているか、であることがわかるのである。この神に似ようとする努力という現象は、自分という人間の限界を超えたいと普段から思いがちな傾向の人の行きつく最終地点である。現代においてさえも、こうしたことはしばしば明らかになる。心霊術やテレパシーに集まっているあらゆる努力や関心は、自分たちの目下の限界を超えることを期待できない人たちが、誰も持っていない力を手に入れたがっていることを意味している。そうした人たちは時として、まさしく時間を帳消しにし、時空を超越して、たとえば死者の霊とコンタクトをとろうとすることがある。より掘り下げて研究してみると、大多数の人には少なくとも神と親しめるちょっとした場所を確保したいという傾向があることがわかる。人間を神の似姿にまで高めることを教育の理想としている、多くの学校がいまだに存在する。かつてはそもそも、それがすべての宗教教育の極致だった。私たちは、それがどうなったかを戦慄なしには確認できないし、もちろん、より実りある理想を求めなければならないと理解している。しかしこの傾向が人間の非常に深いところに根差していることは納得できる。心理学的な論拠は別としても、個々には次のような事情が大きな役割を果たしている。すなわち、ほとんどの人が、人間の本質に関する最初の知識を、人は「神の似姿」として創られたという、あの聖書の言葉から得ており、そのことが子どもの心に重要な、しばしばゆゆしい影響を残しているのである。聖書はむろん素晴らしい作品であって、理解できるようになれば、常に感嘆して読むであろう。しかし子どもたちにもそれに取りかからせようとするならば、常に子どもたちが欲を出さないように、自分にありとあらゆる魔法の力が与えられるのを期待したり、神に似せて創られているからとて、何もかも自分の思うようになると要求したりしないように、少なくとも子どもたちに註釈を与えてやる必要がある。

すべての願いが実現する怠け者の天国という理想もこれに似ているが、非常によく見られる。子どもたちはおそらく、こうしたメルヒェン像が現実のこととは考えていないであろう。だが子どもたちの魔法に対する途方もない関心を思うと、子どもたちがこれに関してあれこれ思案したり、これに没頭するように少なくとも誘《いざな》われていることは疑いない。魔法を使うとか、他人に魔法のような影響力を行使するという着想は、人間には非常によくあることであって、しばしば最晩年にいたるまで人のもとを離れない。ある点に関して、おそらく誰もが似たような考えを持つであろう。それは、女性が男性に行使する魔法のような影響について考量したり感じたりすることである。性のパートナーの魔力にさらされているように振る舞う人たちは、まだたっぷりいる。こう考えると、こういう信仰がずっと広がり、性的魅力のある女性が愚にもつかぬ理由で、魔女や妖婦と見なされる危険があった。それは悪夢のようにヨーロッパのすべてに重くのしかかり、その一部では女性たちの運命を決定づけたのである。百万人もの女性がこの妄想の犠牲になったことを考えれば、単なる些細な錯誤というだけでは済まされず、これと比較できるのは、異端審問ないし世界大戦ぐらいのものであろう。

神に似ようとする努力を追跡していくと、宗教的欲求の充足を、誤って虚栄心の充足にのみ求めている人に出会うことがある。たとえば、とりわけ心の崩壊した人にとって、他のすべての人たちを超えて、自らの神と結びつき、神と対話して、敬虔な行為と祈りによって、神の意志を自ら必要とする行路に導くことができるように感じたり、神と親しく汝《なんじ》と呼び合って、これによって神にごく近づくことができると感じたりすることが、いかに意義深いことなのか、考えてみるがいい。こうした現象は、真の信仰と言われるものから遠く離れていることが少なくなく、たしかにその現象は病的な印象を与えるのである。さて、たとえばあらかじめ何らかのお祈りをしなければ寝つけない、と言う人がいたら、それはつまり、その人がお祈りをしなければ誰か遠くにいる人に不幸が降りかかる事態となるかもしれないから、ということである。こうした話は否定的に把握し、私がこのお祈りを唱えれば彼には何事も起こらない、と理解してはじめて、全体として大言壮語であることがわかる。こうすれば、おのれの魔法の威力を容易に感得できるのである。なぜならこうした人は、他人の不幸を指定された時間まで妨ぐことに実際に成功したからだ！　明らかにこうした人は、日々の夢想においてもすべての人の程度をはるかに超えている。私たちにはそれが、中身のない策略、活動であることが明らかである。それらは物事の現実の本質を何ら改変できるものではなく、ただ想像のなかでだけ何らかの効果があり、こうした人たちが現実と親しむのを妨げるのである。

　私たちの文化では、あるものが、時として魔法の力が働いているとたしかに感じられる役割を果たすことがある。それは金銭である。お金さえあれば何でもできると考える人は多いので、名誉心や虚栄心が何らかのやり方で金銭や財産と関わることになっても不思議ではない。あの所有を求めてやまない努力は、病理学的ないし人種的な根拠があるとほとんど誰にも思われていると理解されるべきなのである。しかしこの現象もまた、ほかならぬ虚栄心の引きおこしたものなのであり、この魔法の力によって何かを手に入れ、そのことで偉くなったと自負しようとして、ますますお金をどん欲に貯めようとする人が生まれるのである。すでに充分資産があるとされているにもかかわらず、なおも金銭の追求に明け暮れている富裕層の一人が、初めのうちこそ困惑していたが、結局は「ねえ、いいですか、これこそが、人をますます新たに魅惑させる力というものですよ」と打ち明けた。この男性はそのことを知っていたが、多くの人は知らないだろう。今日では力を所有していることが、金銭や財産と非常に深く結びついていて、富と所有財産を得ようとする努力は、多くの人にとってまったく自明のことと思われているため、金銭を追求している非常に多くの人たちは、ほかならぬ虚栄心に駆り立てられているということに、もはやまったく気づかないのである。

最後にもうひとつの事例を報告する。それによって事細かくすべてもう一度私たちに示され、同時に虚栄心が大きな役割を果たしているまた別の現象、非行化した状態の理解が、より深まるだろう。その際、ある姉と弟のきょうだいが扱われるが、姉は非常に有能と評判だったのに、弟は無能力と見なされていた。姉との競り合いに勝てないと、弟は競争を放棄してしまった。彼は初めから常に、差別待遇されていたのである。今になって人は、彼の障害を取り除こうとしたけれども、彼には相変わらず大きな重荷が負わされていた。彼にとってその、自分は無能力らしいという認識は大きな意味を持っていた。彼は子ども時代から常に、姉は人生の難事をいつも簡単に克服できるが、自分は世の中のごく些細なことをするように定められていると教え込まれてきたのである。それで彼は、姉が有利な立場にいることによって、不当なことに、能力が不充分なふりをさせられてきたのだった。彼はこの大きな重荷を背負って学校に上がり、どんなことがあっても自分の無能力の告白を避けようとする、悲観主義的傾向を帯びた子どもとして学校生活を終えたのである。年を増すとともに、もう愚かな男の子の役はごめんだ、大人として扱われたいという憧憬が強まった。十四歳にして彼は、しばしば大人の会合に列席していた。深い劣等感は彼にとって永遠の心の疼《うず》きであり、それによって彼は、どうしたら紳士ぶることができるか、たえず考えさせられたのである。そのためある日、彼は色街に赴き、以来そこに居続けた。そうなるとどうしても出費がかさむが、しかし彼の自己権勢欲が父親からお金を受け取ることに耐えられなかったので、彼は父親からこっそり金を盗む機会をうかがうようになった。この窃盗を重ねても何ら苦痛とは感じられず、彼が打ちあけたところでは、その際に彼は、自分が父親の金庫を自由に使える一人の立派な男なのだ、と思ったのだという。それは、あるとき彼が学校で手痛い敗北に脅かされるまで続いた。彼にとって落第することは、決して認めることのできない、無能力の証明だったのだろう。すると彼に、次のような現象が生じた。突然彼は、良心の呵責を感じ、結局それに悩まされて、勉強が完全に妨げられたのである。それによって状況は、彼にとって好転した。というのも、今もし彼が落第したとしても、彼は自分にも他人に対しても、自分は良心の呵責に苦しめられたが、他の誰でもこうした事態になれば落第しただろう、と思われるくらいひどく苦しめられたのだ、という言い訳ができたからである。彼の勉強が妨げられたのは、他により高度の放心状態があって、そのため彼はたえず他のことを考えざるをえなかったためである。昼間はこうしてすみ、夜になると彼は、勉強したかったと意識しながら、疲れて寝た。しかし実際には彼は、自らの課題にはまったく気をとめていなかった。さらに続けて起こったことも、彼が自分の役割を果たす助けになった。彼は早い時間に起きなければならなかったため、一日中眠く、疲れて、ついには注意力を奮いおこすことがまったくできなくなってしまった。こんな人間に、と彼は考えた、有能な姉と競争するよう要求することは誰にもできない。その責任は、彼の無能力ではなく、彼を休息させなかった、宿命的な付帯状況や彼の後悔、良心の呵責にある。そもそも彼は、すべてに対して武装を固め、あらゆる方面で防御していたので、彼には何ごとも起こらなかったかもしれない。落第したとしても、彼は情状を酌量されて責任が減軽される状態にあったわけで、誰にも彼は無能力であると主張することはできなかったろう。しかし合格すれば、誰も認めようとしなかった能力が彼にはあるという、まさにその証拠となったのである。

虚栄心は人間を惑わして、こうした思い切った行動をさせることがある。この事例で確認できるのは、いかにして人間が、間違って思いこんでしまった無能力が暴かれるのを避けるためというだけで、非行化する危険を冒してしまうか、ということである。名誉心と虚栄心は、人間の生活にこのような紛糾や間違った道を持ちこみ、人間の屈託のなさを略奪し、真の人間の喜びを、生きる歓びや深い幸福感を人から奪ってしまうのである。より綿密に見るなら、この背後には、ほかならぬ単純な思い違いが潜んでいることがわかる。

## 2 嫉妬

非常な頻度で私たちの注目を惹く性格特性は、嫉妬である。それは恋愛関係における嫉妬だけを指すのではなく、他のあらゆる人間関係にも見られる嫉妬のことでもある。特に幼年時代に、きょうだいの一人が他のきょうだいよりも優越しようとして、名誉心と同時に嫉妬の感情が生まれることによって、自らが敵対的で闘争的な態度をとることを表明する場合の嫉妬も、含まれている。差別待遇されていると感じて、名誉心の別の形態が生じたのだが、それが、一生を通じて人間につきまとう嫉妬というものの特性である。

子どもたちのあいだでは、嫉妬はほぼ決まったように存在する。とりわけ、弟か妹が生まれて、両親の関心がその子に集まると、兄や姉は退位させられた王様のように思えてしまうものである。特に、以前は快適なぬくもりに包まれていた子どもたちは、容易に嫉妬を持ちやすい。それが嵩じると子どもがどこまで行きつくことができるか、八歳にしてすでに三件の殺人を犯した少女の事例に見てみよう。

彼女は多少発達の遅れた子どもだった。虚弱だったため、何も仕事はさせられず、したがって比較的恵まれた状況にあった。それが突然変化したのは、彼女が六歳になり、妹が生まれたときだった。彼女に完全な変化が起こり、彼女は激しい憎しみをこめて妹を迫害した。途方に暮れた両親は、厳しく干渉し、子どもが悪い行ないをするたびに、その責任を明確にしようとした。するとある日、村のそばを流れる小川に、小さな女の子が死んでいるのが発見される事件が起きた。少したって同じような事件が繰り返され、しまいにはその子が、またしても小さな女の子を水中に突っ込んだ瞬間に取り押さえられたのである。彼女は凶行を認め、観察のために精神科病院に入れられ、結局は教育施設に引き渡された。

この事例では、少女の自分の妹に対する嫉妬が、他の幼い女の子に転嫁されている。特徴的だったのは、彼女が少年に対してはいかなる敵対感情も抱いていなかったことだ。彼女は殺した女の子たちを自分の妹であるかのように思い、殺害することによって、自分に課せられた差別待遇に対する復讐感情を満足させようとしたのだろう。

異性のきょうだいがいる場合には、嫉妬の感情はさらに活発になりやすい。周知のように私たちの文化においては、少年は、少女よりも特別な喜びをもって迎えられ、より注意深く愛情込めて取り扱われ、さらに少女には与えられないさまざまな特典を享受している。それは今日でも広く行なわれていることで、すぐに不満を募らせる少女にとっては、あまり好ましいことではないのである。

当然ながら、そうした関係から必ず激しい敵意が生まれるとは限らない。兄や姉が、弟や妹に惹かれる強い感情を覚えて、母親のように世話を焼くこともありうるが、これも最初の事例と心理学的に必ずしも異なっているわけではない。年長の少女が弟や妹に対して母親の立場をとるときは、彼女が優越した地位にいるということでもあり、彼女は自由に意のままに振る舞うことができるのである。彼女は、危険な状況から何か有益なものを作り出すことに成功したのだ。

嫉妬の感情が同じように容易に生じうるこれらの関係のうち、もうひとつ別のよくある形態は、きょうだい間の激しい競争である。少女が、差別待遇されているという感情に心の疼《うず》きを感じ、その疼きにたえず前へと駆りたてられて、勤勉さとエネルギーをもって男兄弟をはるかに凌駕することに成功する例は、稀なことではない。その際、思春期には、少女の方が少年よりも肉体的にも精神的にもずっと素早く成長するという、自然に固有の優遇が助けになっているが、その成長の相違はしだいにまた帳消しにされていく。

ところで嫉妬は、きわめてさまざまな形態をとって姿を現わす。それは、不信や待ち伏せ、比較評価といった特性、そして見くびられないかという絶えざる恐怖といった形態である。どの形態がより多く現れるかは、それまでに進めてきた社会生活の準備次第である。自分が憔悴する嫉妬もあれば、無鉄砲で精力的な態度に終始する嫉妬もある。嫉妬は、ライバルを貶《おとし》めようとするぶち壊し屋として現れることもあれば、誰かを支配するために、その人を束縛し、その自由を制限しようとする努力として現れることもある。嫉妬を人間関係に持ち込み、他人の一定の原則となるようにするのは、広く好んで用いられている方法である。それは、ある人が他人にたとえば愛情という原則を押しつけようとしたり、どこかに閉じ込めようとしたり、その眼差しや行為、果ては思考のすべてをどうすべきか指定するときに、その人がたどる固有の心の指針である。嫉妬は、他人を貶めたり非難したりするなどの目的に役立たせることもできる。しかしそれらはすべて、他人から意志の自由を奪い、他人を虜《とりこ》にし、束縛するための手段である。こういう態度を素晴らしく描写しているのは、ドストエフスキーの小説『ネートチカ・ネズワーノワ』(19)であって、その小説では、一人の男性がこの方法で自分の妻を生涯にわたって苦しめ、妻に対する支配を固守するのである。

したがって、嫉妬は力を得ようとする努力のひとつの特別な形態なのである。

## 3 嫉《そね》み

力や優越を得ようとして努力するうちに、往々にして人はさまざまな嫉《そね》みの性格特性に行きつくことになる。周知のように、ある人とその身の丈を超えた目標とのあいだに距離があると、その人に劣等感という形態ではっきりそれが感じられるようになる。その距離が彼を圧迫し、彼の心を満たすので、その態度や生活形態から、この人は目標からまだ遠く離れているという印象を与えてしまう。彼は自己評価が低く、かつ満足もしていないために、たいていの場合、他人が自分をどう思っているかとか、他人が何を実現したかということを、たえず推しはかって比較し、自分が低く評価されていると感じるのだろう。彼が他人より高い評価を得ているときでさえ、そういう例はありうる。この低く評価されていると感じるという現象形態はすべて、満たされない虚栄心が姿を変えたものだったり、もっともっと欲しいという欲望や、あらゆるものが欲しいという欲望の徴候なのである。そうした人たちが、あらゆるものが欲しい、と口に出して言うことはおそらくないだろう。それはたいてい、彼らが共同体感覚の裁定によってそう考えることを妨げられているからだが、しかし彼らは、あたかも何でも欲しがっているかのような態度をとるのである。

このようにたえず比較して考える際に生じる嫉む感情が、幸福の可能性を促進する作用をしないのは当然である。しかし共同体感覚により、私たちみなにとって嫉む感情は非常に厭《いと》わしく思われ、一般に嫉みは好ましくないとされてはいるものの、私たちは誰も嫉みから逃れることはできないと告白せねばならない。人生の流れが定まっているときは、嫉みがはっきり姿を現わすとは限らない。しかし、人が悩み、苦しく感じ、お金や食べるものや着るもの、暖房燃料に事欠き、将来の見込みが薄くなって、困窮状態からの逃げ道が見つからなくなると、ようやく文化の発端に位置したばかりの今日の人類が、たとえ道徳や宗教が禁じようとも、嫉む感情を抱くであろうことは私たちには理解できる。それゆえ、無産者の人たちの嫉みも理解できる。他の人たちはこうした状況にあっても嫉む感情に襲われることはない、と誰かが実証すると、なおさら私たちには嫉みが不可解になる。そのことから、今日の人間の心の性質では、この要素も計算に入れねばならないことが確かめられる。制約があまり激しくなると、嫉みが個人ないし集団で突然に火を噴くことは避けられない。しかし、嫉みの現れている形態が不快感を呼びおこして是認できないとき、そうした場合に、しばしばそれに結びついてくる憎悪を排除する手段を、私たちはそもそも知らないのだということは、言っておかなければならない。こうした感情を試したり誘発したりしてはならないこと、そしてこの確実に予測される現象を呼びおこしたり強めたりしないためには、それだけ鋭敏な感受性がなければならないことは、私たちの社会に生きている誰にとっても、もともと明らかであろう。今は他人より優越していても、それが誰かを傷つけるかもしれないから、それを誇示してはならない。このことは、それによってまだ何も改善されたわけではないにしても、人に望みうる最低限の要求である。

　私たちはこの性格特性に、個人と公共との引き裂くことのできないつながりを見てとることができる。共同体で傑出し、その力を他人に広げようとすると、どうしても同時に、反対側にその行為を妨げようとする力を呼びおこしてしまうものだ。嫉みは常に、人間の平等と等価値をめざす行動や対策をとらずにはいない。そのようにして私たちは、思想の上でも、また私たちが共感することによっても、人間社会のひとつの原則に、つまり、人間の顔をしているものはすべて平等という原則に近づいていく。その原則は、どこかが損なわれると、必ず他のどこかで対抗する力を引きおこすのである。

　嫉みの表出形態はたしかに身振りに、とりわけ眼差しに容易に認められる。嫉む感情は肉体的にも表現されるが、またある種の慣用表現にも現れている。黄色は嫉みの色だ、とか、嫉みの色がありありと浮かんでいる、という言い方は、嫉む感情は血液の循環に影響することを指し示している。人間の器官からすれば、嫉みは、血管の収縮が表面に現れたものにほかならない。

　教育的な認識に関しては、たしかに嫉む感情をこの世から一掃できないのなら、少なくともそれを世間一般の役に立つようにし、心の生活にあまり動揺を与えずにそれをうまく利用できる道を切り拓くよう、私たちは努力しなければならない。それは個人に対しても、大衆に対しても、当てはまる。個人の生活では、そうした子どもたちに自負心を高める活動を斡旋するよう努めなければならない。民衆の生活では、自分が取り残されていると感じ、おそらく同じように、不毛な嫉みを抱いて、他の人の生活水準が向上している様子を傍観しているだけの人びとには、まだ使われていない力を伸ばす道を指し示して可能にすることしか、ほとんど残されていないであろう。生涯にわたって嫉みで満たされている人は、共同生活にとっては役に立たない。その人は常に、他人から何かしら奪い取り、どうにかして他人を見くびり、邪魔しようとする願望を表明し、自分の達成できなかったことに対しては口実を主張し、他人に罪を着せようとする傾向がある。彼は闘士で、ぶち壊し屋であり、他人との良好な関係にはあまり関心がなく、他人との共同生活に役立つ何の準備もしていない。彼は他人の心に共感する努力はほとんどしないので、いつも彼は人間のことをよく知らず、自分の判断で他人を傷つけている。他人が彼の行状に困っても、彼は何ら動じない。嫉みはそれどころか、隣人が苦悩することに一種の満足感を得るところまで、人間を持っていくことができるのである。

## 4　けちんぼ

嫉みと非常に類似し、たいていは結びついているのが、けちんぼである。けちんぼとは、金銭を貯えることに限定したどん欲だけではなく、他人を喜ばせようという気はなく、したがって公共ないし個人への献身を惜しみ、自分の乏しい財産を自分で守るために、自分の周囲に壁をめぐらしていることに本質的に現れている、あの一般的な形態のことでもある。一方では名誉心や虚栄心との、そして他方では嫉みとのつながりが容易に見てとれる。これらすべての性格特性を一人の人が同時に備えていると主張しても、それは言いすぎではない。したがって、誰かが他の特性も備えていると主張するために、あるときこれらの固有の性質のひとつを確認したとしても、その人はまだ決して読心術師ということにはならない。

けちんぼの諸特性は、今日の文明人にも、少なくともその名残りはあると指摘されている。極端にまで気前の良さを推し進めても、せいぜいけちんぼの特性の上に屋根をかけるか、ベールをかぶせることしかできていないのである。その気前の良さもおそらく、恩恵の施し、すなわち気前が良いポーズをとって、他人に負担をかけて自らの自尊の感情を高める試み以外の何ものでもないであろう。事情によっては、あたかもけちんぼが特定の生活形態に適用されているか、価値の多い特性であるかのように見えるかもしれない。たとえばある人が時間ないし労力をけちって、それでももしかして大きな仕事を成功させることができたときである。まさに時間をけちることを強調して、誰もが時間と労力（「労働力」も）の「経済的な」使用の優先を要求するのが、現代の科学的で倫理的なひとつの方向である。それは理論的には大変美しく聞こえる。しかしこの原則が実際にどこかに適用されているのを見ると、そこでは力と優越を得ようとする目標だけが意のままに振る舞っているのがすぐにわかる。理論的には正しいこの原則は、往々にして濫用されるだけで、時間と労力をけちる人は、それによる負担を自らは引き受けず、他人に押しつけようとするだろう。しかしこのような立場を比較し評価できるとしたら、それはその人が一般社会にどの程度役立っているかという点においてしかない。人間を機械のごとく扱い、科学技術においてはある程度正しいのかもしれないが、人間の共同生活においては、荒廃や孤立化、人員の削減を招くに違いない原則を人間に強制するためには、私たちの科学技術の時代の発展のすべてが必要なのである。したがって、節約するよりも与えることを原則にする方が、望ましいであろう。それは、仲間の人たちの利益に気をつけているのであれば、決して歪める必要はないし、濫用してはならず、また濫用もできない原則なのである。

## 5　憎悪

攻撃的な考え方の人に、憎悪の特性が見られるのは珍しいことではない。しばしば子ども時代にすでに現れる憎悪の感情は、極端に強い程度になることが往々にしてある。それは、怒りが爆発したり、あるいはもっと穏やかな、恨みに思う執念となって現れるときに確認できる。それにより、ある人の考え方は非常にはっきり特徴づけられるが、その人にどの程度までそうした感情の性向があるのか知ることは、その人の評価に非常に意味がある。そうした感情はその人に、個性的で特徴的な色合いを施すのである。

憎悪の感情の攻撃にさらされる点は、さまざまである。憎悪は、ある人の直面している課題に関連していることもあれば、個々の人間に、ある民族または階級に、異性ないしある人種に、関連していることもある。憎悪の感情は必ずしも直線的かつ明白に露見するものではなく、時として非常に巧みにベールをかけられ、たとえば批判的態度という、より巧妙な形態をとることもあるのを忘れてはならない。その感情は、一人の人間がいかなる種類の人と結びつく感情をも拒絶するところまで行きつく。ある人がどのような憎悪の感情を持つことができるか、時には稲妻に照らされるように明らかになることがある。ある患者の事例では、兵役を解除された患者は、莫大な損害や残虐な手足の切断のニュースを読むのがいかに嬉しかったか、と述べていた。

こうした現象の多くは、犯罪の領域で起きていることがわかる。しかしこれらは、その程度が低ければ、社会で大きな役割を果たすこともありえて、その場合には、人を傷つけたり不快感を呼ぶ形態である必要はまったくない。そのことは特に、憎悪感の程度がきわめて高いことを示すあの形態、すなわち人間嫌いについても当てはまる。さらに、敵意や人間憎悪の沸騰する哲学的傾向さえ存在するが、それらは、時おり見かける、はるかに粗暴であからさまな敵意に満ちた野蛮な残虐な行為にも比肩しうるものである。重要な人びとの伝記には、時として、ある場所にベールがかけられていることがある。たとえばグリルパルツァー[20]はあるとき、文学作品においては人の残虐性が奔放に表現されている、と言っているが、そこで述べられているある揺るぎない真理のことよりも、むしろ、芸術的成果をあげようとするかぎり人間に寄り添わねばならない芸術家には、その上さらに憎悪や残虐の感情さえもありうることの方を、思い浮かべざるをえないのである。

憎悪感の枝分かれは、非常に多い。ここではそれらをさらに追究することはしないが、それは、個々の性格特性と人間憎悪とのあらゆる関連を指摘するのはあまりに遠大なことなのでという理由からである。ある種の敵意なしに、特定の職業に就くことはないと証明するのは容易だが、そのことは、ある種の敵意なしに特定の職業を営むことはできないという命題と、同じ意味ではない。その反対である。人間嫌いの性向を持つ人が、たとえば軍人のような職業に就こうと決心する瞬間に、生体の構造全体やその職業の意味するもの、この職業の他者との関連の必要性とによって、あらゆる敵対的な感情が、表面的には共同体に適合するように方向転換させられるのである。

敵対的な感情の下に特によく隠されている現象形態は、人や価値ある物を傷つけてしまう行為であるが、それは加害者が共同体感覚によって課された配慮を、不注意によってすべてないがしろにすることで起きるのである。法律学の分野では、このことに関して広範囲に及ぶ議論が支配的になされているが、今日までこの問題は解明されてこなかった。当然ながら不注意による違反行為は犯罪と同じではなく、たとえば、花瓶を窓台に置いてほんの少し振動しただけで通行人の頭に落ちることと、花瓶を通行人の頭に投げつけることは、同じではない。しかし、不注意な人間の行状にはしばしば犯罪と同じ敵意が潜んでいる、ということを見誤ってはならない。その結果、不注意な行状にすぎないものも、ある人間を理解する手掛かりとなりうるのである。法律学はこの場合、加害者には意識的な意図がなかったことを、酌量減軽すべき情状と認める。しかし、無意識的な敵意のある行状も、意識的な悪意のある行状と同じ程度の悪意が根底をなしていることは間違いない。いずれの場合にも、共同体感覚の欠如している人間が問題なのである。子どもたちの遊びを見ていると、一人ひとりの子どもは他の子どもたちにあまり気を配っていないことが常に見てとれる。彼らはあまり良い博愛主義者ではないという推論は、おそらく正しいであろう。この仮説が立証されることはなかなかないだろうが、この子どもたちの一人がしばしば関与し、そのたびに事故が起こるのであれば、そうした人間は他人のための心づもりができておらず、隣人の幸不幸に気配りをすることに慣れていないと言わなければならない。

この点に関して特に注目に値するのは、さまざまな意味で私たちの経済生活である。不注意はひとつの敵意であると私たちが確信するのは、べつに特別なことではない。というのは、経済生活にはびこっている行為には、そうあってほしいと私たちが見なしている、仲間の人たちへの思いやりは痕跡も見られないからである。私たちの経済生活には、それがなされることによって常に他の人に不利益を与えていることが非常に明白な、数多くの措置や計画が存在する。たとえその根底に意識的な悪意があろうとも、一般にそれは決して処罰されない。しかしいつでもそこでは、不注意の場合と同様に、少なくともあの共同体感覚が欠如し、そして私たちの社会生活全体は毒されているのである。なぜなら、おそらく善意の人たちもそういう状況では、極端な場合、個人的な防衛だけしか残されていないと確信しているからである。その際にはたいてい、この個人的な防衛がいつも決まって他人を傷つけることと結びついていることは見逃される。ごく近年になって私たちは、これらの事実とその複雑な事情をしばしば確信できるようになったのである。これらの現象に関心を向けることは、まさに有益なのだ。というのは、自らの共同体感覚により当然で正しいと認められた要求をこうした状況で満たすことが、個人にとっていかに困難であるか、そのことから見てとることができるからである。ここでもまた、公共の福祉を促進することこそ本領である個人の共同作業を、今日ではたいていい困難にしているが、容易にする打開策を見いだすことが必要だろう。時にはそうしたことはまったく無意識のうちに行なわれるが、それは、大衆の心が常に作動していて、できるだけ身を守ろうとするからである。しかし、心理学もこれらの現象に付き添っていかねばならない。それは単に経済的な関連を理解するためだけではなく、ここで協力している心の器官のためであり、個人ないし公衆にそもそも何を要求したらよいのか、その際に何を期待せねばならないのか、知るためである。

不注意は、家庭でも学校でも、生活においても非常に広まっている。私たちの生活のあらゆる形態に、それは存在している。自分の仲間の人たちにはまったく配慮しないタイプの人は、繰り返しどこかで前面に出てくるものである。もちろんそれは批難されないままのはずはなく、他人のことを顧慮しない人間の行状はたいてい、その人を喜ばす結果にはならない。時としてそれは長いあいだ続き——神の碾臼《ひきうす》はゆっくり回る——あまり長くかかって、もはやその関連を把握できなくなることもある。なぜなら、人はその関連を知らず、監視しながら付き添っていくこともせず、そのため、えてしてそれを理解していないからである。不当な運命を訴える嘆きは、たいていは状況に原因があると見なされるので、こうした相手の顧慮のなさを辛抱しなければならなかった他の人たちは、しばらくすると、個人的な善意からの努力を放棄し、その人と関係を絶つのである。

不注意な行為は表向きは正当化されることが少なくないものの、よく注意して観察すると、それでもやはり他人に対する敵意がふんだんに含まれていることが認められる。たとえばスピードの出しすぎで人身事故を起こした運転手が、約束があったので、と言って弁解するときなどがそうである。こうした振る舞いに私たちが見てとることができるのは、自分の個人的で偏狭な要求を、他人の幸不幸よりもずっと優越させて、同じ振る舞いから生じる危険を無視する人たちがいるということだけである。彼ら自身の要求と公共の福祉との相違を見れば、彼らの敵意の程度がはっきりわかるのである。

# 第十一章　非攻撃的・消極的な人の性格特性

このグループの性格特性はすべて、敵意ある攻撃的な態度が、直接目に見えるかたちで他の人たちに示されるのではなく、第三者の目には敵意に満ちた孤立という印象を与えている、あのすべての現象形態である。まるでそれは、敵意の流れの全体が折れ曲がって、迂回路をとっているかのようなのだ。これらのケースで生まれるのはたいていの場合、おそらく誰にも害は与えないのだろうが、人生や人間とは縁を切り、あらゆる人との結びつきを避け、孤独のうちに、他人との共同作業を拒否するという人間像である。しかし、人類の課題の大部分は共同の作業でしか解決できないので、孤立する人は、共同体をあからさまにまっすぐ攻撃し、損害を与えたりして、共同体の存続に必要な手段を与えない人と同じような敵意があると疑われてしまうことになる。ここに、非常に大きな考察する領域が開けている。そのうちのいくつかの目立った現象を、さらに詳しく論議することにしたい。まずは以下の特性の考察である。

## 1　引っ込み思案（距離をとるという問題）

引っ込み思案は、さまざまなやり方で姿を現わしている。引っ込みがちな人間は、他人が話しかけても、ほとんど、あるいはまったく口を開かず、話しかけた人を見ようとも、耳を傾けようとも、注意を払うこともしない。あらゆる関係において、ごく単純素朴なものであっても、人びとを互いに分断する冷淡さが感じられる。握手の手の差し出し方、何か言う口調、誰かに挨拶したり挨拶を返されたりするやり方に、そうした人間の冷淡さが感じられるのである。常に注意を引くのは、彼らと他者とのあいだにはある距離が置かれていることである。これら孤立の現象すべてに、名誉心と虚栄心というよく知られた性格特性が見られるが、その性格特性はここでは、人との交わりを絶って引きこもることによって、自分は他の人より傑出した別格の人間であることを明らかにするという、特別な形態をとっている。しかし、そのことによってこれらの人びとが得たのは、たかだか実際には存在しない高みにいると想像力で信じこんでいたことにすぎないのである。敵意という戦闘的な特性は、見た目は無害な個人の態度に潜んでいることがままあるのだ、とわかる。引っ込み思案は、もっと大きな集団にも当てはまる。他の人たちとの交わりを固く断っているのを特質としている家庭が少なくないことは、すでに誰でも知っているだろう。さらに仔細に見てみると彼らには、敵意と、他人より高貴で優れた存在であると自惚《うぬぼ》れる傾向が必ずあることに気づく。孤立する傾向はその上、階級や宗教、人種、国家にまで及んでいて、時には異郷の都会のたとえば散歩道で、著しく蒙を啓《ひら》かれる光景に出合うことがある。住宅の建て方ですら、いかにそれぞれの階層ごとに互いに関係を絶っているか、時おり気づかされるのである。人間がこのようにして孤立させられ、国家や宗派、階級に沿って分断させられていることは、私たちの文化ではさしあたりなお、根の深い現象であるが、そこで起こるのはたいていの場合、相互間の争いであり、それ以外ではない。この争いはしばらくすれば、時代遅れの効力のないしきたりとなって溶解してしまう。その結果としてたいてい、次のようなことが生じる。すなわち個々の人間には、潜在している対立をとことん利用して、これらの集団の憎悪を互いに煽《あお》りたてる可能性が約束されるのである。そうすれば、いっそう容易に指図したり操《あやつ》ったりできて、個人的な虚栄心を満足させられる。まさにそれこそが目的なのである。敵意という特性に必ず見られるのはまた、そうした階級または民族が自らを特に傑出していると感じて、自らの精神を選ばれたものとして自賛し、他の集団についてはたいていその悪いところしか承知していないことである。集団を代表する特定の代弁者たちは、自らの敵意ある考え方と利害に従って、他者の敵意をあおり増大させようとしているが、敵意が増大する可能性や危険は、ふつう、その代弁者たちの言うことにしか耳を傾けられなくなるところにある。もし世界戦争やその結果のような不幸な出来事が起こっても、誰もその責任をとろうとしない。それは、自らが不安であるために優越と自立を得ようと努力し、他人を犠牲にしてそれを実現しようとするタイプの人間である。

引っ込み思案には、そういう個人の運命と全世界が現れている。これらの人びとが、先に立って文化の進歩を促進させるのに不向きであることは、明白である。

## 2　不　安

ある人が周囲の人びとに対して示す敵対的な態度にはよく、この人の生活に独特な色合いを付与している、不安という特性が見いだされる。不安はきわめて広く見られる現象であり、ごく幼少のころからしばしば老年に至るまで人間に付随して、人生をとてつもなく苛酷なものにし、親密な関係を作って穏やかな生活や実り多い成果をあげる基盤を築けなくしてしまう。というのも、怖れは人間生活のあらゆる関係に及ぶことがあるからである。人は外界を怖れることもあれば、自らの内面世界にぞっとすることもある。人は社会を怖れるがゆえに避けるが、同じように一人でいることを怖れることもよくある。不安に駆られる人間もまた、自分のことをずっと多く考えなければならないと感じ、その結果、周囲の人たちにはほとんど関心を持たないという、あのおなじみのタイプの人たちなのである。人生の苦難から逃避する立場を一度とると、この立場は不安がさらに加わることによって非常に強められ、確かなものとなる。事実、何かをしなければならないときに、まず最初に常に不安という心の動きを感じる人たちがいる。もう家を出るのか、同行者と別れるのか、ある職に就くべきか、恋人は合図をしてくれるだろうか、というような不安。彼らは人生や周囲の人たちとほとんどつながりを持っていないので、慣れ親しんだ状況が変わるたびに、怖れをいだくのである。

そのとき、彼らの人格や能力のいかなる発展も阻まれる。おそらく、必ずしもすぐに怖れはじめたり逃げ出したりするわけではないだろう。しかし、講じる措置が遅くなって、ありとあらゆる口実や言い逃れを見つけだす。自らの不安に駆られた態度が、新しい状況の圧迫のために生じていることをまったく知らない場合も少なくない。

興味深いことに、この見解を裏書きするごとく、これらの人びとが好んで過去ないし死について考えることが、どちらも概して作用は同じなのだが、よく見いだされる。過去について考えることは、気づかれにくいので、「怠ける」ために、好んで用いられる手段である。いかなる仕事でも投げ出す口実を求めている人たちに、死や病気に対する恐怖が見られることも稀ではない。もしくは彼らは、たしかにすべては空虚だ、人生はあまりに短く、何が起こるか知れたものではない、と強調する。宗教によって来世への希望を抱くこともまた、その人本来の目標を、まずは来世に設けさせておき、現世での生活はきわめて余計な努力で、その人の発展の無意味な段階であると見なすようにさせる作用をする。したがって前者のタイプの人は、自分の真価を試されることを名誉心が許さず、あらゆる仕事を避けるのだが、後者の場合も、教訓や光明のようにして彼らが引き寄せられているのは、ここでもまた同じく神であり、他人に優越するという同じ目標であり、彼らを生き難くする、同じ名誉心であると思われる。

　不安がそのもっとも初期の素朴な形態で私たちの身に起こるのは、独りにしておかれるたびに不安の徴候を示す子どもたちの場合である。だがそうした子どもたちの渇望は、そこに誰かが来てくれても満足せず、誰かが一緒にいてくれることをまた別の目的に利用する。たとえば母親がまた子どもを独りにしておくと、子どもは不安をあからさまに現わして、母親を呼び戻すだろうが、ということは、母親がそこにいようがいまいが変わらないということを意味している。子どもの渇望はむしろ、母親を自分の使用人にして意のままに支配することをめざしている。このような現象は普通、こうした子どもが自立する途上で自らのとる態度を見つけさせてもらえずに、誤った育て方によって、助けを得るために誰かをつかまえようとしている、ということの徴候なのである。

子どもの不安の表出は一般によく知られている。特にそれが明確になるのは、夜に灯りが消されて、外界や好ましい人とのつながりが子どもに困難になるときである。すると、いわば夜によって引き裂かれた結びつきを、不安の叫び声が回復させるのである。誰かが駆けつけてくれると、上に述べたようにして事態は展開する。子どもはさらに引き続き願望を表明し、灯りをつけてくれ、ずっとそばにいてくれ、自分と遊んでくれ、などと要求する。それに従ってくれる人がいる限り、子どもの不安は吹き飛んでいるかのように見える。だがこの支配関係が脅かされているように思われるやいなや、不安はふたたび現れて、子どもが支配するのを改めて補強するのである。

大人の生活にも、こうした現象はある。一人では外出したがらない人たちの事例である。それはしばしば街頭で見かけられるタイプの人たちで、不安そうに眉をひそめ、あたりを見回しながらその場から動かないでいたり、邪悪な敵から逃げるようにして通りを駆けたりしている。時にはこうした人物から、助けに来てくれ、と頼まれることもある。それはたとえば身体の弱い病気の人たちではなく、いつもはいたって調子が良く、たいていは他の多くの人たちよりもずっと健康を享受しているのに、ちょっとした困難にぶつかると、たちまち不安が激発する人たちである。こうした人たちは、家を出るだけでもう、心の平静を失い、不安に襲われる。この広場恐怖症という現象形態は非常に興味深いが、それは、自分たちが何らかの敵の攻撃目標になるのではないかという感情が、決してこの人たちの心のなかでは終息しないことが私たちにはすぐに見てとれるからである。彼らは、自分は何かが他人とはまったく違っているのだと考えている。時にはそれが、荒唐無稽な考えになって表現されることもある。たとえば彼らが、自分は落ちるかもしれないと思っているとしたら、自分はまさに上の高いところに立っていると彼らが感じているということにほかならない。これらの病的な現象や不安の亢進にも、力と優越という、またしても同じ目標が現れていて、ここでもまた、人生が圧迫され、悲しい運命が脅かすように近づいていることがわかるのである。というのも、不安がそれとなく告げているのは多くの人たちの場合、誰かにそばにいて面倒をみてもらいたい、ということ以外の何ものでもないからである。いわんや、部屋をもはや出られないという人がいると、何もかもその人の不安に合わせなければならなくなるのである。自分は誰のところにも行く必要はないのに、他の人たちはみな自分のところに来なければならない、という原則を他者に課すことによって、彼らは他者を支配する王者となるのである。

人間の不安は、個人を共同体と絆によって結びつけることによってのみ、相殺できる。自分は他の人たちと結ばれた仲間なのだと自覚している人だけが、不安なく生きていけるのである。

一九一八年のオーストリア革命[21]の日々から、興味深い一例をつけ加えよう。というのも、一定数の患者たちが突然、診療室に行くのを妨げられたと言明したのである。理由を尋ねられると、誰もがおおよそ次のように答えた。今は非常に不穏な時期なので、どんな人に出会うか知れず、他人より良い身なりをしていたら、すぐに不愉快な目に合うかもしれないからだ。

当時は、もちろん不穏な空気がはびこっていた。しかしなぜ、ある特定の人たちだけがこの結論を出したのかは注意を惹く。なぜよりによって彼らがそう考えたのか？　それは偶然ではなく、これらの人たちは人とのコンタクトがなく、そのためあまり安心できていなかったのに対し、充分に仲間の人たちとのつながりを自覚している他の人たちは、何ら不安を感じることなく、いつものように仕事に専念することができたからなのである。

同じように注目すべきではあるが、害のない不安の形態は内気で、これにも不安について述べたことがそっくり当てはまる。子どもたちの置かれているさまざまな関係がまだごく簡単なものであっても、内気は常に、子どもたちが他人と付き合うのを避けたり、絶ったりする可能性を作り出し、その一方で、人と付き合う喜びを妨げる劣等感や、自分は別種だという感情が、子どもたちには働いているのである。

## 3　臆病（距離をとるという問題）

臆病という性格特性を示すのは、直面する課題を特に難しく感じ、その克服に必要な力が自分にはないと思っている人たちである。ふつうこの性格特性は、ゆっくり動いて前進する形態で現れ、そこでは人間と当面する人生の問題とのあいだの距離があまり急速に縮まることはなく、それどころか時としてそのまま持続しさえする。この事例のひとつは、何かある人生の問題に直面しつつあったはずの人が、突然どこかまったく別の問題に向きあっているときなどである。たとえばその人は突然、自分が就くはずの職業が実際はまったく自分に適していないことを発見する。彼はその職にはいろいろなマイナス面があることに気づき、今や自分の論理をもねじ曲げて、その就職は実際には不可能と思うようになる。臆病の表出形態にはしたがって、緩慢な動きに加えて、保障するための措置や準備などもあるが、それらは同時に、ある課題の不首尾に対する責任を転嫁する目的を持っているのである。

個人心理学は、非常に広範囲にわたる現象のさまざまな問題の複合体全体を、距離をとるという問題と名づけた。個人心理学はひとつの立場を作り出したが、私たちはそれによって、ある人の態度選択を揺るぎなく判断し、人生の三つの大きな問題の解決に直面する際にその人がとる距離を測ることができるのである。問題となるのはまず、社会的課題の問題で、我《イツヒ》と汝《ドウ》との関係の解決、つまり自己と他者との親しい関係をほぼ適切なやり方で築きあげたか、ないしはできなかったか、ということである。もうひとつの重大な問題は職業の問題であり、さらなる重大な人生の問題はエロスの問題、恋愛と結婚の問題である。人がこの三つの問題を解決する際にとっていた距離や、過失の大きさから、私たちはその人の個性や人格を推論することができ、したがってこれらの現象から私たちの人間知のために何かを得ることもできる。

これらの例に現れている根本的な特徴は、一般に、人は自分と課題との間に多かれ少なかれ大きな距離をとっていた、ということである。状況をより詳細に観察すると、この件全体としてはこの短所と並んで長所もあることに気づかされる。この人は長所だけのためにこの立場を選んだと考えられるのである。つまり、何ら準備しないである課題に立ち向かうときは、自負心や個人的な虚栄心は動かされないままであるという、酌量すべき状況がある。状況ははるかに安全なものので、自分の下には安全網が張ってあることがわかっている綱渡り師のように、彼は活動している。もし落ちたとしても安全なので、準備しないで課題に立ち向かい、首尾よくいかなくても、自尊の感情が危険にさらされることはない。なぜなら、もう遅すぎたとか、始めるのが遅かったなどというさまざまな理由からうまくいかないのであって、そうでなければ輝かしい成果をあげられたはず、と自分に言って聞かせることができるからだ。自らの人格の欠陥のせいではなく、当人には責任のない、ある小さな副次的な事情のせいなのである。しかしそれにもかかわらず、成果があげられるとしたら、その成果はずっと価値が大きい。というのは、もしある人が熱心に自分の課題に専念して、それがうまくいっても、誰も特別なこととは思わないし、そもそもそれは当たり前のことだからだ。しかし、始めるのが遅すぎたり、少ししか働かなかったり、まったく準備していなくても、それでもある人が仕事の課題を解決するとなれば、そういうことは実際に起こりうるのだが、その人はまるで他の人とは異なっていて、他の人なら両手を要するのに彼は片手でそれをやってのけたのだから、いわば二重の意味で英雄なのである。

つまりこれが、この迂遠策の長所である。こうした態度は、ある人の名誉心と虚栄心をも表しており、少なくとも自分に脚光を浴びせようとする人間であるという事実を示している。すべては、いわば剰余価値のようなものを付加するために、自分には特別な力があるという見せかけを装うために、行なわれるのである。

これによって私たちは、目前のさまざまな問題を避けようとし、自分で自分の困難を作りだし、それらの問題にまるで近づこうとしないか、ためらいながら近づこうとする、あの人たちのことが理解できるようになる。彼らがこれらの課題のためにとる迂回路には、怠惰、無関心、転職（「鞍替え」）、非行化などのように、人生でも特別なこととして目につく事柄が横たわっている。この立場を外面的な態度でこれ見よがしに誇示し、時には、あらゆる機会に蛇のように方向を変えるために、非常に迂回しやすいやり方で歩まねばならない人たちもいる。たしかにそれは偶然ではなく、それらのほぼすべての人たちには、解決すべき重要な諸問題を避けがちな傾向があると、控えめに評価することができよう。

現実にあった事例をあげて、それをはっきり示そう。明らかに非常に不機嫌で、厭世的な感情を抱き、自殺を考えていた男性のことである。彼はあらゆることが気に入らず、自分は人生をそもそも終えてしまったのだと、態度全体でわからせようとしていた。話を聞くと、彼は男三人兄弟の長男であり、父親は激しい情熱をもって人生を歩み、かなりの成功を収めた人で、極端に名誉心が強いことが判明した。患者はそのお気に入りの息子で、いずれは父親のあとをそのまま継ぐことになっていた。母親は早くに亡くなっていた。継母とは仲が良かったが、たぶんそれも彼が父親の保護を大いに享受していたからであろう。

長男としての彼は、力と権力の熱烈な崇拝者だった。彼に見受けられるあらゆることが、帝国主義的な特徴を帯びていた。学校では、クラスの首席になることにたやすく成功した。卒業後は父親の事業を受け継ぎ、第三者には恩寵を施す人として振る舞っていた。彼はいつも友好的な言葉で話した。従業員たちは、最高の賃金を払い、どんな頼みにもいつも耳を傾けてくれた彼のことを、悪く思っていなかった。

ところが一九一八年のオーストリア革命以来、彼の性質は一変した。従業員たちの反抗的な態度のためにいかにひどい目に合わされたかと嘆くのをやめなかった。以前ならば従業員たちが懇願して手にしていたものを、今では彼らはあからさまに要求したのだ。彼の不機嫌は非常に嵩じ、彼は事業を断念しようと考えたのである。

かくして彼は、自らの課題に関しては、現場からさっと身をそらしたのだった。こういうことでもなければ、彼は好意ある経営者であったろう。しかし、彼の力関係が侵害された瞬間に、彼はもはやついていけなくなり、彼の世界観は単に工場経営全体にとってだけではなく、とりわけ彼自身にとっても有害であることが判明したのである。彼が強い名誉心から、自分が会社の主人であることを示そうとしなかったなら、この面で煩《わずら》わされることはないままだったろう。しかし彼にとって大事なのは、自らの個人的な力の示威以外にはなかった。社会の状況の論理的発展によって、それが彼には困難になり、もはや職務全体が気に入らなくなったのである。引っ込み思案という彼の傾向は、したがって反抗的な従業員たちに対する攻撃であり、非難なのでる。

つまり彼は、虚栄心をもってしてはある程度までしか達することができなかった。突然に暴露された社会の状況全体の矛盾が、まず彼自身を衝《つ》いたのであるが、彼の原理はもはや支える力がないことが判明した。彼は偏った発展をしたため、方向を変えて、他の原理を援用する可能性を失っていた。彼は発達することができなくなっていた。なぜなら、力と優越とを唯一の目標としていたため、彼は虚栄心という性格特性を抑えきれないほど強いものにしていたからである。

彼のその他の生活を探してみると、彼の社会的な関係はかなりわずかしかないことがわかる。こういう考え方をしていたので、彼が周りに集められたのは、彼の優越性を認め、彼の意に従う人びとだけだったことは明白である。しかも彼は激しい批判者でもあり、理性は充分だったから、時にはまさに適切な言葉でこきおろすことができた。そのため知人たちは彼を遠ざけ、彼にはずっと一人の親友もいなかった。このように彼には人とのつながりが欠けていたのだが、それを埋め合わせたのが、あらゆる種類の楽しみだった。

実際に彼が失敗したのはしかし、恋愛や結婚の問題が初めてだった。ずっと前からすでに予想されていたであろう運命が、そのとき彼に課せられたのである。恋愛はもっとも親密な仲間としての結びつきであり、人それぞれの支配欲は、恋愛がいちばん受けつけないものである。ところが彼は支配者であることを望んだので、結婚相手の選択でもそのことを考慮せねばならなかった。支配欲を持ち優越を熱望するタイプの人は常に、征服することを勝利と感じるに違いない相手、つまり弱くない伴侶を選択するものだ。そういう次第で、二人の同種の人間が出会うが、その共同生活は、きわめて激しい闘争がたえず連続することになる。この人の恋愛でも、多くの点で彼自身よりも支配欲の強い女性を選択したのだった。二人は、自分たちの原理に忠実に、自分たちの支配を断固として維持するために、多種多様な手段を用いねばならなかった。その際彼らが互いにますます疎遠になったのはもちろんであるが、ただ互いに完全に別れることもできないでいる。なぜなら、こうした人たちは繰り返し自分が勝利することを望んでいて、この戦場をなかなか去り難いからである。

彼はまた、この頃に見た夢の話もした。夢で彼は一人の少女と話をしていたが、その少女は使用人のように見え、彼の簿記係にとても似ていた。そのとき（夢で）彼は「私は何しろ王侯貴族の血筋だからね」と言ったという。

どういう思考経路がこの夢の像に反映されているのか、理解するのは難しくない。何といってもそれが、彼の人間を見下すやり方なのである。彼にとっては誰もが使用人、つまり無学で劣等な人間に見えるのであって、それが女性であれば、なおさらなのである。それに加えて、彼が自らの妻と闘争中だったことを思いおこすならば、夢の人物の背後には彼の妻が隠れていると想定するのは当然である。

そういうわけで、誰も彼を理解しないし、彼も自分自身をほとんど理解しない。なぜなら彼は、無類の高慢さで虚栄心の強い目標をめざしているからである。彼のとっている、周囲の人たちからの距離は、自らの傲慢さと並行しているが、彼は傲慢にも根拠のない威厳を自分に要求し、その一方で、他のあらゆる価値を否定している。友情も恋愛もそぐわない人生観であり、考え方である。

このような忌避の正当化が主張される論拠は、しばしば非常に特徴的である。たいていは、まったく正当で自明のことと聞こえる理由があるのだが、ただしそれらの理由はどこか別のところに起因しているもので、当面の状況には適合していない。そこでたとえば、付き合いを大切にせねばならないと思って、飲み仲間などに加わり、そこで酒やトランプ遊びやそれに類したもので時間をつぶすことを試みる。こうやって友人や知人を集めねばならない、と信じているのである。そうなると、彼の帰宅は夜遅く、朝には寝不足となって、付き合いを大切にせねばならないとはいえ、必ずしもいつもできるわけではないと教えられる。それで彼が自分の課題に取り組むことになるのなら、まだ、まあまあなのだ。ところがそうではなく、付き合いを大切にするうちに、私たちが予期するところとはまるで違うところで突然に姿を現わすとなると、よしんば彼にきちんとした論拠があろうとも、もちろん彼は間違っているのである。また、特に職業の選択に直面している若い人たちの場合に、不意に政治活動を始めようとする人もいる。むろん政治は重要な事柄である。しかし、人が自分も他人も愚弄して、職業を選択したり将来の職業の準備をする代わりに、政治活動をすることだけは許されるべきではない。

この事例が明らかにしているのは、私たちのまっすぐな道からの逸脱は、客観的な経験ではなく、事物に対する私たちの個人的な見解なのであり、事実を比較検討し評価するやり方なのであるということである。人の間違う大きな領域の全体が、私たちの目の前にある。こうした事例では、間違いと間違う可能性の連鎖の全体が重要なのだ。私たちは、そうした人の論拠や人生計画のすべてにまともに対応して、これらの間違いを把握してそれを正すことによって克服しようと試みなければならない。その結果、この種の活動も教育によって、さらにはっきり特徴を示すようになる。教育とは、間違いをなくすことにほかならない。そのためにはしかし、間違って進められた間違った発展が、いかに人の悲劇となりうるかを示すこれらの関連を知ることが、必要不可欠である。古代の諸民族は、ネメシス、すなわち復讐の神について語っていたからには、これらの関連をまだ知っていたか、少なくとも予想はしていたことになるが、その英知は、驚嘆と全面的な賞讃なしに考察することはできない。このような発展は常に、人が公共性を考慮しその利益を優先するかわりに、自分自身の力を讃美する方向で道を探すなら、その人が損害を受ける結果になるのは自明のことであることを示している。その道はたいてい、仲間の人たちの利益は顧慮せず、敗北をたえずひどく怖れおののきながら、道を迂回させてでも目標を追求することをその人に強いるのである。たいていの場合、神経症的な現象も生じるが、それらの現象には特別な目的と特別な意味があり、特に、人のある行動を思いとどまらせる意味を持っている。この深淵の淵《ふち》に歩を進めていくと、非常な危険を伴うことを経験が告げているからである。

社会には、逃亡者のいる場所はない。社会において重要なのは、一定の素直さや順応性であり、協力し、他者を助ける能力であって、他者に優越するために指導権を独占することではない。これがいかに正しいことかは、多くの人が自分自身か周囲の誰かの場合で、すでに気がついていた。そういう人はおそらく人を訪問しても、非常に感じよく振る舞って、人を不快にはしないのだろう。しかし彼はそれによって力を得ようとする努力が阻まれて、親しい気持になることはないだろうし、相手の人もそうだろう。しばしば彼は黙って食事し、喜びに感動した様子は見せず、付き合いを促進するためのことはほぼ何もしないだろう。彼は大きな集会でのスピーチよりも、対話を好むだろう。またしばしば、目立たないことにも彼の特色が現れるだろう。たとえば、誰にも重要でないことでさえ、いつも彼は、自分が正しいと言い張るのである。その際、彼にとってその主張の論点が何であるかは、結局のところどうでもよく、むしろ問題なのは、他人を悪者に仕立てあげることなのが明らかになるだろう。あるいは彼は、道が曲がる角では不可解な現象を見せる。なぜかわからないが疲れ、気は急くが前に進まず、眠ることができず、元気は回復せず、あらゆる難儀を抱えて、要するに彼には、どこから湧いてくるのかわからない嘆きの声が聞こえるのである。彼は見たところは病人で、神経を病んでいる。しかし実際のところこれらの現象は、自らの注意を本当の真相からそらすための狡猾な手段なのだ。そうした手段が選ばれるのは、決して偶然ではない。たとえば、ある人が不安だからと自然現象である夜に抵抗するとして、そこにどんな反抗心がひそんでいるというのかと思案してみれば、いかに浮世離れした人であることかがわかる。というのは、その人の挙動の基礎をなしているのは、まさに夜を廃止するということにほかならないからだ。そのことを彼は、そもそも正常な生活に順応するための条件として、要求している。しかしこのようなみたすことのできない条件を出すことで、同時に彼は悪意のある意図を無意識のうちに洩らしている。彼は何にでも反対ばかりする人なのだ。

この種の神経性の現象はすべて、そうした人間が自らの課題にたじろいで、条件を緩和してゆっくりその課題に取り組むか、あるいは課題の領域から完全に逃げ去るための口実を見つけようとするときに、生じている。そうすることで彼は同時に、人間社会を存続するために必要な課題からも身を引き、まずはすぐ周囲の人たちを、さらに広い関係の他のすべての人たちを傷つけてしまうのである。これらのことは、もし私たちがみな、人間知をもっと備え、人間社会に内在する論理的なルールに対する攻撃と、そのはるか後にそこから派生する悲劇的な運命とのあいだの、あの恐ろしい因果関係を常によく考えることができていたならば、すでにとうの昔に世界から排除されていただろう。時代の流れはしばしば強大で、たいていは無数のもめごとがそれに加わるので、私たちは普通、これらの関連を正確に見据え、そこから学び、それを人びとに教示することのできる状況にはない。人生の指針をすべてひもとき、一人の人間の生い立ちを深く掘り下げてようやく、大変に苦労して私たちは関連を把握し、どこで間違いを犯してしまったのかを述べることができるのである。

## 4　抑えられない衝動に現れている順応力低下

私たちが無作法と感じる特徴を持つ特定の表出形態が、非常に明瞭に現れている人たちがいる。それはたとえば、爪を噛むのをやめられなかったり、内なる力に駆られてたえず鼻をほじくる人たちであり、さらには、その振る舞いが情熱を抑えきれないという印象を与えるほど、がつがつと食事にかぶりつく人たちである。飢えた狼のように食事にかぶりつき、食欲を満たすためならどんな支障も恥も知らない人を眺めていると、こうした現象には何か意味があるに違いないことがただちに明らかになる。啜《すす》る音、噛む音、食器類のたてる音。大量の食物がほとんど噛まれもせずに深淵に吸い込まれるように消えていくが、その食べつくす速さも同じように驚異的である。しかし私たちの目を引くのは、外に現れた作法だけではなく、食事の量と回数も、なのである。栄養を摂取しているところしかすぐには思い描けない人たちがいる、と言っても過言ではない。

無作法のまた別のタイプは、汚さが目立つという形で現れている。それはたとえば、やむなく長時間働かなければならない人たちに見られる、くだけた恰好でもなく、重労働をする人たちに時としてみられる、自然ないい加減さでもない。私たちが話題にしているタイプの人たちは、普通は重労働をしないし、それどころか働いてさえいない人もよくいる。それにもかかわらず、その人はだらしがない汚い恰好を決してやめない。それはほとんど気取りのようなものであり、簡単には真似られないバンカラな下品さもあって、その人を非常に特徴づけているため、別の恰好で近づいてきたら、その人とはまるでわからないだろう。

これらの表出形態は、躾《しつけ》の良くない人という特徴を外見で現わしているものである。それによってその人は、自分にはともに何かをすることはできないし、自分は他人から優越しようとしている、ということを私たちに明瞭に合図している。あれこれ不躾《ぶしつけ》なことをする人すべてから、この人たちはまわりの人たちにほとんど好意を持っていない、という印象を常に受けるだろう。私たちを驚かせるのは、その現象ではなく、そうした無作法がだいたい子ども時代に始まっている、という事実である。なぜなら、ただ一直線に成長する子どもはほとんどいないからだ。私たちの注意を引くのはむしろ、無作法をいつまでもやめられない人がいるという実状である。

こうした現象の原因を探求していくと、これらの人びとが、まわりの人たちや課題に対して、多かれ少なかれ拒否的な態度をとっていることにぶつかる。それは、そもそも人生を遠ざけておこうとし、共同作業を拒否する人たちである。このことからも、無作法なことはやめるようにというお説教じみた議論では、彼らが説得されない理由が理解できる。というのは、人生に対してこういう立場をとるなら、たとえば爪を噛むことは、その人にとっては、ほんらいまったく正当なことなのである。これ以上良い回避の仕方はほとんどないし、社会に参加したくない人にとっては、たとえばいつも決まって汚れたカラーをつけたり、傷んだ上着を着て現れるほど、ぴったりで効果的な方法はないのである。注目や批判を浴びて他人との競争を余儀なくされる職に就くことから確実に守り、恋愛や結婚からの逃走に完全に役立てるには、その人にとってこういうふうにして身をさらけ出すのが一番ではないだろうか。彼はこうしておのずと競争から身を引き、同時にこの無作法を引き合いに出すことによって、ちゃんとした口実を設けるのである。もしこんなに無作法でなければ、何でもできるのだが、あいにくこんな無作法が身についているので、という口実である。

こうした無作法ぶりがいかに自己防衛にもってこいのものであり、周囲の人たちに対する支配関係を作りあげるためにどのように利用されているか、ある事例に示してもらおう。取りあげるのは、夜尿症に苦しむ二十二歳の若い女性である。彼女はきょうだいの下から二番目で、身体の弱い子どもとして、母親の入念な気配りを享受し、母親に対して際だった心理的依存を示していた。他方彼女は、無作法によってでも、不安な状態や夜中にあげる悲鳴によってでも、母親を昼も夜も変わらず自分のそばに縛りつけていた。他のきょうだいよりも多く母親を自分のそばに連れてくることに成功したので、そのことは、最初のうちはたしかに、彼女にとって勝利であり、彼女の虚栄心を慰めるものだった。この若い女性には、学校や友情や社会のような、他人との結びつきは手にできないという特徴があった。特に不安そうな態度を見せたのは、外出しなければならないときで、成長してからも、夕方に日常の買い物に出なければならない事態にたびたびなると、彼女にとって夕方の道は苦痛でしかなかった。彼女はいつも疲労困憊《こんぱい》し不安に取りつかれて帰宅し、自分の陥ったいろいろな危険の恐ろしさを語るのだった。

これらすべての現象が、この若い女性がたえず母親のもとに留まろうとしていることを示唆しているのは、たしかに明らかである。しかし経済的な事情がそうさせなかったので、稼ぎを考える計画が彼女のために検討されねばならなかった。彼女は結局、ある職に就くことになった。しかし二日後にはもう、以前からの病気である夜尿症が再発し、休みがちになって、就職先の人たちはひどく激昂し、彼女に解雇を通告した。この持病の本当の意味を知らなかった母親は、激しく娘を叱責した。すると若い女性は自殺を試み、入院した。今度は母親が非常な絶望に陥って、娘に、もう決してそばを離れないと誓ったのである。

夜尿症、夜と孤独に対する不安、自殺の試みの三つの現象すべては、したがって同じ目標をめざしている。それらは私たちにとっては言葉となって、いわば私たちに「私はずっと母のそばにいなければなりません」とか、「母はたえず私に気を配っていなければなりません」と告げているのである。かくて無作法は、深い理由のある意味を持っているのだが、一方では、それによってその人を判断できることが判明する。

全体として見ると、子どもたちの無作法はたいがい次のことをめざしていると思われる。すなわち、周囲の人たちの注目を自分に向けて、大人たちに自分の弱さと無能力を示す、という特別な役割を果たすことである。子どもたちは大人たちに、自分はもっと強いんだとわからせようとして、しばしば途方に暮れてしまうのである。訪問客があると、奇妙でたいていは不愉快な方法で見知らぬ人の注意を引こうとする無作法がよく見られるが、それも同じ意味で理解できる。いつもはとても行儀のよい子どもたちが、見知らぬ客が部屋に足を踏み入れるやいなや、悪魔に取りつかれたようになることが時おりある。その子どもは目立ちたがっているので、納得できるやり方で自らの目的を達するまで、その試みをやめようともしない。そうした人間が成長すると、こういう無作法に助けられて、一般社会の要求から身をかわすか、一般社会に対して難題を持ちだすような性質になる。これらの現象の背後には支配欲と虚栄心が隠れているが、非常に奇妙な形で生じるので、往々にしていつまでも見破られることはないのである。

# 第十二章　その他の性格の表出形態

## 1　明るさ

すでに強調したように、ある人に共同体感覚がどのくらいあるかを測定することは、誰かを助けたり、奨励したり、喜ばせたりする用意がいかにあるかを調べてみれば、すぐに成功する。喜びをもたらすこの明るさという能力は、それが姿を見せただけですでに大きな利益をもたらすという作用をしている。明るい人たちは簡単に私たちと親しくなり、私たちは心情的にだが、他の人たちよりそうした人たちの方をずっと好意的に評価する。まったく直感的に私たちは、彼らの特性を共同体感覚の目印となる特徴と感じるのである。彼らは本質的に明るく、いつもふさぎこんだ案じ顔で歩いているわけでも、他人を自分の心配の対象や自ら心配する人にするわけでもない。人びとの集まりでは快活さを発揮し、人生を美しく生き甲斐のあるものにしようと心に決めている。その人柄の良さは単に、私たちと親しくなり、私たちと話し、私たちの関心事に応じて作用する、という彼らの行動ややり方だけではなく、彼らの見かけ全体、その顔つきや身振り、喜びの情動や彼らの笑いにも感じられるのである。洞察力をもって人間心理をつかむ達人であったドストエフスキーは、時間のかかる心理学的な診察よりも、笑いによる方が人間をはるかによく認識し理解できると述べている。なぜなら笑いには、人と人を結びつける意味合いと同時に、たとえば他人の不幸を喜ぶ気持のように、敵意のある攻撃的な響きまで含まれているからである。さらには、笑うことが全然できず、人と人との深い結びつきとは疎遠で、喜んだり明るい気分になる傾向がほぼまったくない人びともいる。他人を喜ばせるのにふさわしくないばかりか、逆にどんな状況にあろうと他人の人生をつらいものにしてしまい、あらゆる灯りを消そうとするかのようにあちこち歩きまわっているとしか言いようのない、あの決して小さくないグループの人たちのことを言っているのでは断じてない。これらの人たちはまったく笑わないか、やむなく笑ってみせて、それで人生を楽しんでいるかのように見せかけているだけだろう。ある顔つきが喜びをもたらす人という印象を呼びおこすことができるのだとすれば、なぜある顔つきが好感を呼べるのかも明らかになる。好感と反感という感情の暗闇は、それによって明らかに照らしだされ、私たちの理解が深くなるのである。

　このタイプの人と対照的なのが、平和を乱す人と呼ばれ、世界を涙の谷間として描こうといつも努力し、苦痛をあばく人たちである。この無謀な企てが進展し、そのことをはっきり認識すると、私たちはほとほと驚嘆させられることになる。何よりも、その特有の人柄について話そう。とてつもない重荷を背負って暮らしていこう、とたえず努力している人びとがいるのである。どんな些細な困難も誇張され、未来には惨憺たる見込みしかなく、喜ばしい機会のたびに、彼らは不吉な予言を鳴り響かせている。彼らは自らに対してだけでなく、他人に対しても完全に悲観主義的であり、彼らの周囲のどこかで喜びが生じると不安になり、どんな人間関係にも人生のマイナス面を持ちこもうとする。彼らはそれを言葉によってだけではなく、行動や要求することによっても、楽しい人生や仲間の人たちの発展を妨害するのである。

## 2 考え方と表現法

少なからぬ人間の考え方や表現法は、時として非常に型通りな印象を与えることがあり、看過することはできない。これらの人たちの思考や言説は、「足かせをはめられて」いて、彼らは常によく知られたひな型どおりに考えたり話したりするため、彼らがどのように自分の考えを述べるのか、いつも前もってわかっている。その語調は、底の浅い新聞報道やいかがわしい小説から学んだものであり、たいして美しくもない花束のごとき美辞麗句である。「黒白をつける」とか「レビ記を読む〔厳しく説教する、の意〕」といった言い回し、誰かが当てた「短刀の一突き〔銃後の裏切り、の意〕」、あらゆる種類の外国語などである。

この種の表現法もまた、私たちが人を理解するのに役立てるにふさわしい。というのは、使うべきではないか、使う必要のない思考形式や慣用句があるからだ。そこには陳腐きわまりない拙い文体が繰りかえし鳴り響いていて、時には話し手自身でさえ愕然とすることがある。それゆえ、いつもたとえばことわざを並べるか、考えること言うことすべてに引用句を用意しているとしたら、他者の判断や批判をほとんど聴く耳を持たないことを証明している。この種の話し方がやめられず、それによって自分が時代遅れであることを立証している多くの人たちがいるのである。

### 3　生徒っぽさ

非常な頻度で遭遇するのは、発育の途中で立ち往生してしまい、学校の生徒の段階を超えることができないかのような印象を与える人たちである。彼らは自宅で、人生で、社会で、職務で、いつでも生徒じみていて、何か話してもかまわないかと合図を送ろうとしていたときのように、待ちかまえ、耳をそばだてている。彼らが社会のどこかで手にした問いにすみやかに回答し、自分もそのことなら少しは知っているので、良い評価が当てにできるだろうと、誰かに先んじて示そうとして、いつも努力しているのがわかる。自分たちの生活が特定の形態にある時だけ安心し、生徒というひな型を応用できない状況に陥ると、もはや機嫌が悪くなるというのが、そうした人たちの本質である。このタイプの人びとにも、さまざまなレベルの相違がある。あまり好感の持てない事例のこのタイプの人は、素っ気なく冷静で愛想がいいとは言えないか、あるいは何でも心得ていたり、何でも規則や形式どおりにうまくやろうとする、博学な人を演じたがるか、このいずれかであろう。

### 4　原理にこだわる人と小事にこだわる人

たしかに学校の規則を守る生徒のようではないが、しかしそれを想起させるタイプの人たちがいる。その人たちは、人生のあらゆる現象を何かある原理に当てはめ、どんな状況においても、あらかじめ用意しておいた、外すことのできない原理に従おうとし、あらゆるものが慣れ親しんだ経過をたどっていなければいい気がしないのである。彼らはたいてい、小事にこだわる人でもある。私たちが彼らから受ける印象は、非常に不安で、そうしなければさらに続けることができずに愕然とする人というものである。彼らは、あらかじめルールを知っているときだけ、進んで競技に参加しようとする。何らルールを知らない状況からは、遁走してしまう。自分たちのやったことのない競技が行なわれていると、気持が傷つき、侮辱を感じる。こういうやり方なら大いに力をふるえることとは、誰の目にも明らかである。たとえば社会に背を向けた良心の無数の事例を見るがいい。これらの人びとの心が、抑えきれない支配欲と虚栄心で満たされているのがいつでもわかるだろう。

たとえ彼らが仕事熱心な人であっても、必要以上な小事へのこだわりと素っ気なさが、いつもしみついていて抜けない。これらの現象がしばしば彼らの決断力にブレーキをかけ、彼らを杓子定規な性質にし、気まぐれな特性にするのである。ある人は、たとえば歩道のはじをいつも歩く習慣を育てたり、足で踏むある特定の石を探し求めたりする。またある人は、慣れた道しかどうしても行く気になれない。人生の大きな広がりに対して、このタイプの人たちはみな、たいして関心を持っていない。彼らの本質は結果的に、しばしばとてつもない時間の無駄遣いと、それに伴う自らと周囲の人びとに対する不機嫌をもたらすことになる。不慣れな新しい状況に対応しなければならなくなると、そのとたんに彼らは役立たずになるが、それは彼らがそのための心構えができていないばかりか、規則や魔法の呪文なしには克服できないと信じているからである。それゆえ彼らは、変化をできるだけ避けようとする。そうした人たちにとって、たとえば春が来るということだけで、頭痛の種なのだが、それは彼らがすでに長いあいだ、冬に順応してきたからである。暖かい季節の到来とともに自由に戸外へ出かけられるようになり、それに誘発された人びととの関係の増大に、彼らは愕然として気分が悪くなるのかもしれない。春になると決まって不快になる、と嘆く人たちがいるのである。彼らは変化した状況にうまく合わせられないので、あまり決断力を要しない地位にたいていはいるのだが、自分が変わらないかぎり、どうしてもそうした地位にいるしかないのである。というのは、常に考慮されるべきは、それが生まれつきの固有の性質でも変えられない現象でもなく、人生への態度が間違っているということだからだ。しかしそれらは強い力で人の心を奪い、満たしてしまっているので、その人自身、ほとんどそこから解放されることができないのである。

## 5 卑屈

同じく決断力を要する地位には適していないタイプの人たちは、一種の使用人的な卑屈さに満ち、実行すべき命令がありさえすれば気分よく感じる人間である。使用人にとって存在するのは、法律とルールだけである。このタイプの人たちはある万感を胸に、使用人の地位を求めている。そのことは、人生のきわめてさまざまな関係に認められるが、普段から腰の低い態度をとっている、というか、もっと低くしようといつも念じていて、よく考えるためではなく、同意し実行するために他人の言葉に注意する人の外面に現れた態度に、たしかにそれは認められる。常に卑屈な姿を見せることに価値を置いている人たちがいるのである。この傾向は、信じられないほどしばしば見られる。自分を下位に置いて従属することを本当に楽しんでいる人間がいるのだ。だからといって、いつも自分を上位に置いて優先しようとする人間が理想だというわけではない。しかし、人生の課題は従属すれば真に解決するとしか見なしていない人はいるので、その人の人生の否定的な側面は、明らかにされるべきである。

そういえば、従属することが人生の原則であると思っているらしい人は、驚くほどたくさんいるのである。ここで念頭にあるのは、使用人という階級ではなく、女性たちのことである。女性は従属しなければならないということは、成文化こそされていないが、誰の心にも深く根づいた原則であって、今なおきわめて多くの人がドグマのようにそれに固執している。彼らは、女性〔妻〕は従属するためにのみ存在していると信じているのだ。通常その当然の結果として、女性は自分を上位に置いて優先しようとする。こうしたものの見方に人間のあらゆる関係は汚染され、破壊されているのだが、それは依然として根絶しがたい迷信のようなもので、自分は永遠の原則の下に置かれていると信じている信奉者が、女性たちにさえいるのである。しかしこうしたものの見方で誰かが得をしたという例は、まだ知られていない。誰にしろ、妻〔女性〕がこんなに従属していなかったら、万事ずっとうまくいっていたろうに、と苦情を言うときは繰り返しやってくる。

従属につつがなく耐えられる人間の心などありはしないことは別として、そういう妻は、次の小さな事例が示すように、たいていが荒《すさ》んで自立できなくなるだろう。それはある著名人の夫人で、恋愛結婚をしたのだが、上述のドグマに強く固執し、夫もまたドグマを信じていた。時がたつにつれ彼女は、義務と奉仕、また奉仕しかない、まったくの機械と化した。彼女は自立する気持をまったく失ってしまった。それに馴染んでいた周囲の人たちは、なるほどそれをたいして不快に思わなかったが、それがメリットというわけでもない。この事例は、比較的レベルの高い人たちに生じたというただそれだけの理由で、さほど困難な状況にはならなかった。しかし大部分の人間が、妻の従属は妻の当たり前の運命と見なしているのを考えると、非常に多くの夫婦の衝突の種がそこにあるのが認められよう。というのも、もし夫がこの従属を当たり前のことと思っているとしたら、そうした服従は実際のところ不可能なので、いくらそれを望んでも、まさにいつでも抵抗を覚えることになるからである。

時には、よりによって支配欲の強い夫か、乱暴な振る舞いをする夫を求めるほど屈服の精神の強い妻が見受けられる。しばらくすると、この不自然な関係は大きな衝突になる。そうなると、この妻たちは妻の従属というものを茶化して、まるでそれがいかにナンセンスかを立証するつもりであるかのような印象を受けるのである。

この困難から導きだす道を、私たちはすでに知っている。夫と妻の共同生活は、どちらも従属することのない同志であり、労働共同体でなければならない。そのことがさしあたりひとつの理想であるとしても、その理想は少なくとも、一人の人がどの程度まで文化的進歩を見せているか、ないしまだどの程度まで理想にとどかないでいるか、そして誤りはどこで始まったのかを知る尺度となるだろう。

服従の問題は、男女両性の関係に影響を与え、対処しきれないほど無数の困難で夫を悩ますだけでなく、いろいろな民族の生活にも大きな役割を果たしている。かつての古典古代を通じての経済状況や支配関係は奴隷制を基盤に築かれ、今生きている大多数の人が奴隷の一家に由来することを考慮し、また、二つの階級が極端に矛盾しあううちに何百年かが過ぎたことや、今ある特定の民族には特権階級意識がまったく原則的に貫かれていることを考慮に入れれば、従属の原則とそれへの要求は、依然として人間の心情のなかで活発に働いていて、一つのタイプを形成できていることがきっと理解されよう。周知のように、労働は比較的不名誉ながら、奴隷が従事すべき正業であり、主人が労働によって汚されることは許されず、その上彼は司令官であるだけでなく、あらゆる良き特性をあわせ持っているという考え方が古典古代にはあったのである。支配階級は「最良の人びと」で構成されており、ギリシャ語の「アリストス」には両方の意味がある。貴族制《アリストクラティ》とは、最良の人びとの支配ということなのである。しかしもちろん、権力行使手段によってのみ決定されたので、美徳や長所の審査によるものではなかった。審査や分類はせいぜい奴隷の場合、つまり仕《つか》えている人の場合に行なわれるぐらいだった。最良の人間とはむろん、力を行使する人のことだったのである。

私たちの時代にいたるまで、さまざまな見解が、人間の本質の二つの現象形態が共鳴しあうことによって影響されてきた。これらの見解は、人間を互いにより深く理解させるべく努めている私たちの時代にとっては、あらゆる意義も価値も失われてしまった。偉大な思想家ニーチェでさえ、最良の人びとの支配と他の人びとの屈服を要求したことが想起されよう。人間を仕える人と支配する人に分けることを断念し、互いを完全に平等と感じることは、今日でもなお難しい。この私たちを助けて、深刻な間違いから守ってくれる視点を持つだけでも、ひとつの進歩である。というのは、非常に卑屈になったために、いつも屈託がなく、取るに足らないことで誰にでも礼を言い、この世に生まれたことの弁解を、まさにたえず繰り返している人間がいるのである。その場合、もちろん彼らはこの〔従属という〕態度とうまく折り合いをつけている、と考えてはならない。しばしば彼らはまさに不幸に感じているのである。

## 6　高慢

前節で述べた人たちと反対の人間のタイプと言えるのは、高慢である。彼らはいつもトップの役割を果たしたいと思っていて、彼らにとって人生とは「どうすればあらゆる人に優越できるか?」という永遠の問いの意味でしかない。この役割は人間社会においては、さまざまな失敗につきまとわれている。敵意ある攻撃や活動がさほど多くなければ、その役割をある程度まで受け入れてもさしつかえないだろう。通常これらの人たちは、指令が必要なところ、つまり司令官の地位や組織体で見いだされるだろう。彼らはこのような地位に、ほとんどひとりでに押し上げられてしまう。国民が激昂している不穏な時代には、そうした本性の人が浮かびあがるものであり、水面上に顔を出すのがほかならぬ彼らであることはそもそも自明のことなのだが、というのは、彼らは身振りも態度も憧憬も、たいてい必要な用意も熟慮も持ち合わせているからだ。彼らはきっと家庭ではいつも号令をかけていた人たちで、自分が御者《ぎょしゃ》か車掌もしくは将軍になれない遊びは、彼らには気に入らないのである。彼らのなかには、他の人に指図されるとたちまち仕事ができなくなったり、ひとたび命令を実行せねばならなくなるや興奮状態に陥ったりする人がよくいる。ことによると用意のもっとよい他の人たちは、指導者の役割を占めるほどの出世はしないかもしれない。平穏な時代でも常にそうした人びとは、仕事であれ社会であれ、何か小さなグループの先頭にいるのである。彼らは出しゃばって大言壮語するので、いつも関心の的となる。彼らが人間の共同生活のルールをあまり損なわない限り、これ以上とやかく言うべきではないが、そうした本性の人が今日でも受けている過大評価は、当を得たものではない。というのは、彼らはやはり、深淵を前にしても、きっと整然と並ぶことのない、ともに何かをするに足る人たちではないからだ。彼らは極度に緊張し、安らぎを見いだせず、大なり小なり常に自らの優越性を証明しようと思っているのであろう。

## 7　お天気屋

人生やその課題に対する考え方があまりにも気分しだいな人に関しても、心理学がそれを生まれながらの現象と見なしているとしたら、間違っている。彼らはみな、極度に名誉心が強く、したがって多感な本性の人たちに属していて、人生への不満からさまざまな逃げ道を探し求めている。彼らの敏感さは、彼らが態度を明らかにする前にあらかじめ人生のいろいろな状況に触れてみるための、前に伸びたセンサーなのである。

さて、いつも明るい気分で、したがってある種の見せびらかしや強調をして人生から明るい側面を見いだし、人生に必要な基礎を、楽しく明るく築こうと努力している人たちがいる。ここにもまた、ありとあらゆるレベルの差異がある。彼らのなかには、常に子どもみたいに明るい振る舞いをするが、子どもじみたやり方ながらもほとんど心を元気にするとも言うべき何かを持っている人たちや、自らの課題を回避することなく、ある種の遊びか芸術のようなやり方で立ち向かい、片づけてしまう人たちがいる。その態度の美しさや感じの良さにおいて、これらの人に勝るタイプの人はおそらくいないだろう。

彼らのなかにはしかし、人生観が屈託なさすぎるために、比較的真面目に考えねばならない状況まで屈託なく取り扱い、人生の厳しさとは非常に疎遠で、印象の良くない、子どもっぽい本性をさらけ出す人もいる。これらの人たちが働いているのを見ると、いつも自信なさそうな感じを受け、なにしろ障害をあまりに軽々と乗り越えようとするので、信頼のおけない印象を受ける。たいていの場合彼らは、この認識に従って困難な課題から遠ざけておかれる。彼らが自分から困難な課題を避けてはいなくても、たいていの事例がそうなのである。彼らが本当に困難な課題に直面することは、めったにない。にもかかわらず私たちは、このタイプの人たちには、二、三の好意的な言葉を送らずには別れを告げることはできない。というのは、いつもは世の中で支配的な恐ろしいほどの数の気難し屋に比べ、このタイプの人は依然として好感が持てるし、対照的にいつも悲しげで不機嫌に歩きまわり、わが身に降りかかるすべてのことから暗い面しかひねり出せない人よりも、このタイプの人の方が私たちには好ましいと言わざるをえないからである。

## 8　不運な奴と不吉の預言者

社会生活の絶対的真理と矛盾している人が、その生涯のある場所で逆襲の痛い目に合わされるのは、心理学的には当たり前のことである。これらの人たちはたいてい、そのことから教訓を得ようとはせず、不幸の全体を不当な個人的災難であり、自分たちにつきまとう不運であると考える。彼らは、いかに自分の運が悪く、何をやってもうまくいかず、手をつけるものすべてが失敗するかを確かめることで、一生を送るのである。まるで不気味な力にまさに目の敵《かたき》にされているかのようだと、失敗を自慢する人に出会うことさえ少なくない。この考え方を少し熟慮してみると、ここでもまた虚栄心が悪さをしていることが判明する。陰険な神が自分たちにばかりかかずらっているかのように行動したり、雷雨になると稲妻はまさに自分たちを探し出そうとしているに違いないとしか考えなかったり、ほかならぬ自分たちのところに泥棒が忍びこむかもしれないと次第に怖れたり、要するに、人生のあらゆる障害に際しても、あたかも自分たちは不運に狙い打ちされているかのように思っている、という印象しか受けない人たちがいるのである。

そうした度を超した言動をするのは、何らかのやり方で自分を出来事の中心と見なしている人たちだけである。自分はいつも不運に見舞われると言うと、たいへん慎み深い人に見えることが時としてあるが、その本性は、実際には非常な虚栄心ではちきれそうなのに、そういう人たちは、あらゆる敵意ある力が自分にだけ関心を持ち、他人に持つことは決してないと考えるのである。それは、すでに子どものころから、いつもその時どきで拗《す》ねて、自分は押し込み強盗や人殺し、他の気味の悪い連中に追いかけられていると思い、幽霊や精霊は自分にしか取りつかないと相変わらず信じている人たちである。

しばしば彼らの気分は、外面的な態度に現れている。彼らは自分がいかに恐ろしい重荷を背負っているか誤解させないように、意気消沈した様子をして歩き、いつもいくらか身をかがめている。彼らは、心ならずも存在する限り重荷を支えなければならない〔ギリシャ建築の〕女像柱を思い出させる。彼らは、万事を過度に深刻に受けとり、万事を悲観的な目で判断する。こういう気分では、彼らが手をつけるやいなや、いつも失敗すること、そして彼らが自分のだけでなく他人生活をも台なしにする不運な奴であることは納得できる。この場合も、背後には虚栄心しかない。最初の事例と同様、一種の勿体ぶる人なのである。

## 9 信仰心

時おり、宗教へ退却することに成功する人たちがいる。この場合でも彼らは、そもそもすでに述べた事例と同じことをしている。彼らは嘆き、訴え、自らの苦痛で愛する神をたえず悩ませる。彼らは神を、自分たち以外の何者にもかかずらせないすべを心得ている。とりわけ尊敬され崇拝される御方は、そもそもは自分たちに仕えていて、自分たちのために全責任を負っているのであり、さらにその上、たとえば特に熱心になされたお祈りとか、その他の宗教的献身のような、人為的な手段によっておびき寄せられると認識している。要するに、愛する神は、それ以外に何をすべきか、まったく知らないのであって、彼らによって初めて特別に気づかされなければならないのである。この種の宗教的崇拝には、非常に無気味な異端信仰が潜んでおり、ふたたび昔の異端審問の事態になったら、まさにこの人たちこそ真っ先に火刑に処されねばならないだろうことは認めざるをえない。生活環境を好転させるために彼らは、自分は何もせずに、常に哀訴し泣きごとを言う。彼らは、愛する神に対しても、他の人たちに対してするのと同じことをする。

それがどの程度にまで進行するかは、ある十八歳の少女の事例が示している。それはきわめてまじめで有能な、ただし非常に名誉心の強い少女で、あらゆる宗教的義務に誠実に従うので、宗教的観点でも傑出していた。ある日彼女は、自分は敬虔さが足りなかった、宗教上の戒律を犯し、たびたび罪深い考えを持った、と自己叱責しはじめた。それが進んで、ついには一日中自分を責めつづけるようになったため、彼女の周囲の人たちは、彼女の正気をほとんど本気で危惧しはじめた。というのは、彼女には少しも非難できるところはなかったからだろう。いつも彼女は片隅で泣いていて、自分を非難しつづけていた。そのとき一人の聖職者が、それは決して罪ではない、彼女には罪がない、と彼女に説明することによって、彼女の罪の重荷を取り除こうと思いついた。翌日、この少女は路地で聖職者の行く手に立ちふさがり、あなたは大変な罪の重荷を引き被ったのだから、礼拝にはふさわしくない、と大声で叫んだのである。

この事例をこれ以上たどるのはよそう。いかに名誉心がこの問題にも顔を覗かせているか、いかに虚栄心が虚栄心の持ち主を、美徳と悪徳、純粋と不純、善と悪について判断する裁判官にしているか、明らかなのである。

# 第十二章　情動

情動とは、私たちが性格特性として詳しく述べた、あのさまざまな現象の亢進したものである。それは、一時的に限定された、心の器官が動く形態である。それら〔怒りや喜び、悲しみなど〕の形態は、それと知ってか知らずか、あるやむにやまれぬ気持から、突然に爆発したようにして現れるが、性格特性と同じように、方針となる目標を持っている。それらは不可解で曖昧な現象ではなく、常にある意味を持ち、ある人の生きる方法や主導指針《ライトリーニエ》に則して生じているものであり、また、ある変化をもたらして、人間の状況を有利なものに変えることも目標にしている。それらの増幅された心の動きは、目的を達するための他の可能性は断念した人、というか、その可能性を信じていないか、もはや信じられない人だけに起こるのである。

したがって情動の一面には、またもや劣等感や不全感があって、それが人に、全力を傾注していつも以上に激しく心が動かざるをえないようにさせている。力を尽くすことによって、自分自身に注目を集めさせ、勝利を収めるようにさせているのだ。たとえば怒りは敵対者がなければありえないように、この情動が目標にしうるのは、敵対者に対する勝利だけなのである。この増幅された心の動きによって自らの目的を達することは、私たちの文化でいまなお可能な、好んで用いられている方法である。この方法によって自分を認めさせる可能性がもしなければ、怒りの突発はずっと少ないであろう。

したがって、他者に優越するという目標を達成する自信があまりなく、不安を感じている人びとの場合、この目標を断念するのではなく、重点的に情動の助けを借りてその目標に近づこうとする人がしばしば見られることになる。それは劣等感に押されて、当然のごとく突然の心の動きに襲われた人が、その全力を傾注し、粗野で洗練されていないやり方で、その人の自分を認めさせる現実の権利、ないし推定上の権利を得ようとする方法なのである。

情動もまた人格の本質と密接な関連があるが、決して個々の人間に特有のものではなく、一定の割合で多くの人に見られるものである。情動にふさわしい事態になりさえすれば、どんな人にでもすぐに情動は起こりうるのである。私たちはそれを、心の器官の情動即応態勢と名づける。情動はあらゆる人間性と非常に深く結びついているので、すべてをまとめて考えることができる事象である。そしてある人をある程度知れば、それまで気づいていなくとも、その人の本性に属している情動を、想像することができるのである。

心と肉体が緊密に融合していると、情動のような心の生活に決定的な影響を与える事象は、肉体にもその作用が現れていなければならない。情動が肉体に現れる随伴現象は、血管や呼吸器官に対する作用である（脈拍の上昇、赤面、顔面蒼白、呼吸活動の変化）。

## 1　怒り

人が力を得ようとする努力や支配欲を、まさに象徴的に表出している情動が、怒りである。この表出形態は、怒っている人に対するいかなる抵抗もたちまち鎮圧するという目的を、はっきり示している。私たちのこれまでの知識から、怒っている人は力を強く用いて他者に優越しようとする人間だ、と私たちは認識している。認められようとする努力は時として力への陶酔と化すが、自分に力があるという感情がわずかでも侵害されると、この種の人が怒りの爆発で応えることは、そのことによって容易に説明がつくのである。彼らは、すでにたびたび試してみたであろうこの方法に従えば、ごく簡単に他人を意のままに支配でき、自分の意志を貫くことができると感じている。それは高いレベルの方法ではないが、たいていの場合に効果がある。状況が困難になったとき、怒りを爆発させることによってふたたび主張を通すことができた覚えのある人は、少なくないだろう。

それに加えて、怒りの爆発にかなりの正当性がありうる事態もあるが、そうした事例は、ここでは扱わない。私たちが考えているのは、明瞭かつ強く前面に現れている情動性であり、怒ることが習慣になっている人物である。それをまさに体系的な方法と化して、他にはまったく方策を持っていないように見える人たちがいるのだ。それは傲慢で極端に神経質な人たちで、誰かが自分と同位か上位に立つと耐えられず、自分が優位に立っているという感情がいつも必要で、したがって人が何かで自分の感情を害しはしないか、自分は充分高く評価されているか、といつも探りを入れている。普通それは極端な不信の念と結びついており、彼らは誰のことも信頼しようとしない。また私たちがすでに境界特性と名づけた他の性格特性も、たいていは彼らに見られる。もっとひどい事例では、そういう非常に名誉心の強い人は、あらゆるまじめな課題を怖れて尻込みし、なかなか社会に順応できない。しかし彼は何かが拒絶されると、親しい間柄の人なら普通は非常に苦痛を感じるような形で、怒りを爆発させる。つまり、そもそもひとつの方法しか知らないのであって、たとえば鏡を割ったり、高価なものを壊したりするのである。しかし、その人があとから真顔になって、自分が何をしたのかわからなかったと弁解しても、本当には信用されない。というのは、周囲の人びとに打撃を与えようとしていた意図が、あまりにも明らかだからである、彼はこの情動では常に、何か価値の高いものを選び、あまり重要でない対象は選んでいない。それゆえ私たちは、そうした振る舞いには何か腹案があるに違いないと見てとるのである。

小さな人の環のなかでこそ、おそらくこの方法はある一定の効力を持つだろうが、しかしその環を超えると、すぐに効力を失ってしまう。そうなると、こういった人はこの情動によって、簡単に周囲の人びとと衝突してしまうに違いない。

この怒りの情動がどういう態度になって外面に現れるかというと、この情動の名称を聞きさえすれば、私たちはすぐにそうした人の姿を目に浮かべることができる。それは、他者に対して敵対する態度が、非常に強く明瞭に前面に現れている人である。この情動が示しているのは、共同体感覚のほぼ完全な破棄である。この情動には、人が力を得ようとする努力が潜んでいて、敵対者を徹底的に壊滅するまで突き進むことがある。ある人の情動にはその人の性格がはっきり現れているという意味では、これらの現象は容易に克服できる問題を提供しているので、私たちはそれらの問題で、私たちの人間知を訓練することができよう。というわけで私たちは、怒っている人たちは例外なく、人生に敵対的な態度をとっていると言わざるをえない。しかしこの場合も私たちはある体系的な方法を要求しているのだが、その要求を無視させないように、力を得ようとするどの努力も、無力感や劣等感の上に築かれていることを、もう一度指摘しておかなければならないだろう。この種の広範囲に及ぶ動きや暴力的手段にまでいたることは、自らの力の限界に安住している人にはできない。この関係は決して看過されてはならない。怒りの爆発にこそ特にはっきりと現れているのが、他者に優越するという目標をめざしている無力感である。他人を犠牲にし、他人に不利になるようにして、自らの自尊の感情を高めることは、ありふれた術策なのである。

怒りをきわめて容易にする要因のうち、特に挙げなければならないのはアルコールである。ごく少量で充分な人が少なくない。周知のように、アルコールの作用はまず第一に、文化的抑制を弱めるか捨て去ることにある。アルコールに毒された人は、文化の恩恵にまるで浴していないかのような振る舞いをする。彼は慎《つつし》みを失い、他人に対する思いやりを失って、アルコールの入っていないときにはどうにか抑制して隠すことができていたもの、つまり仲間の人たちに対する敵意が、酩酊すると何の抑制もされずに露呈されるのである。人生と調和のとれていない人たちに限ってアルコールを手に取ることは、偶然ではない。アルコールによって彼らは、一種の慰安と忘却、それから、達成したかったのにできなかったものに対する口実も常に求めている。

怒りの爆発は、大人よりも子どもの場合の方が頻繁に起きる。子どもを怒らせるには、些細な原因で充分なことがよくある。それは子どもの場合、自分は力が弱いという感情が高まることによって認められるように努力するという指針《リーニエ》がより明瞭に現れるからである。怒りっぽい子どもは、自分が認められることと格闘していること、そして子どもを襲う障害が、乗り越えられそうに見えるときでも、子どもにはとりわけ大きく思えることを、常に訴えているのである。

暴力は、罵倒と並んで、怒りの爆発の通常の内容であるが、それが拡大すると、怒っている人自身を傷つけるにまでいたることがある。自殺の理解へと導く指針が、ここにもある。受けてきた差別扱いの報復をするために、家族やそれ以外の周囲の人びとに苦痛を加えようと努力しているのである。

## 2 悲しみ

悲しみは、何かを取りあげられたり失くしたりして、容易に慰めのつかないときに起こる情動である。悲しみも、気乗りしない感情、つまり自分には力がないという感情を除去し、より好ましい状況を作りだそうという萌芽を内包している。こういう見地からすれば、悲しみは怒りの爆発と同じ価値があり、ただ異なった原因から生じ、異なった態度と異なった方法を持っているだけである。しかしここでもまた私たちは、優越をめざすという同一の指針を見ることになる。怒りの場合、激昂は他人に対して向けられており、怒っている当人には速やかに感情の高まりを与え、相手には敗北をもたらすはずだが、悲しみの場合、さしあたり心の領域は縮小されるが、その縮小は、悲しんでいる人が、感情の高まりと満足めざして努力することによって、必然的に短期間で、ふたたび元通りに拡大されるのである。しかしそれは本来、感情が爆発したものであって、方法が異なっているとはいえ、またもや周囲の人びとに向けられた心の動き以外の何ものでもない。というのは、悲しんでいる人はそもそも告発者なので、その人は告発者として、自分の周囲の人びとと対立するのである。もちろん悲しみは人間の本質をなしてもいるのだが、それが度を超すと、周囲の人たちへの何か敵意のようなもの、有害なものも含むことになる。

悲しんでいる人にとって感情の高まりは、周囲の人びとがどういう態度をとるかによって与えられる。悲しんでいる人が、誰かが尽くしてくれたり、同情して、支持してくれたり、何かを与えてくれ、話しかけてくれたりすることで気持が落ち着くことは、広く知られている。涙と嘆息のうちに感情の爆発が行なわれると、それによって、単なる周囲の人びとに向けられた攻撃というだけでなく、悲しんでいる人が周囲の人びとよりも高みに立ち、告発者や裁判官、批評家のようにして攻撃することがある。要求したり強く求める特性が明らかに見てとれる周囲の人たちは、ますます多く要求される。悲しみとは、他者にとってはどうしても従うしかない論拠なのであり、他者はそれに対して屈服しなければならない。

それゆえこの情動も、下から上へと導く指針を示し、拠り所は失わずに、無力感や自分は力が弱いという感情を解消する目的を持っているのである。

## 3　濫用される情動

情動という現象は、次のことが判明するまでの長いあいだ、理解されてこなかった。すなわち、情動という現象は、自分がひとかどの人物であることを認めさせるために、即座に劣等感を克服する可能性があることを見せ、それを実現する道を指し示しているのである。情動に即応する用意とその態勢はそれゆえ、人間の心の生活で非常に広く使われているのが見られるのである。差別扱いされていると思って、子どもが怒りだすか悲しんで泣いたりするときに、この方法を試す機会があると、子どもは些細なことにもこの態度をとり、自分の情動を用いて利益を引きだそうとする道にすぐに陥るかもしれない。この情動を働かせることが習慣になり、もはや正常とは感じられないほどの発展をとげることがある。さらに後に大人になってからもこれらの情動がいつも決まって用いられ、あの無価値で有害な現象が生じることもある。何かをやり通すという目標を達成するためだけに、一種遊び半分で怒りや悲しみ、その他の情動を用いて、自分に脚光を集めようとするのである。そうなると、そうした状態がまさしく周期的に、つまり、何かが拒まれたり、支配が妨害されそうなときに、現れてくる。たとえば悲しみはしばしば、まるでそれが名誉称号を意味しているかのように、大声で押しつけがましく表明されるので、反発を呼ぶことになる。時にはまさに〔怒りと〕悲しみとの競争が生まれるのが見られて、興味深い。

肉体的な随伴現象も、同じように濫用されることがある。周知のように、怒りの胃や食道などへの作用があまりに激しくて、怒りながら嘔吐する人たちもいる。それによって、敵意がさらに強烈に表現される。嘔吐は他人に対する有罪判決を意味し、他人に屈辱を与えるのである。悲しみの情動はまた、摂食障害を起こすこともよくあり、その結果、悲しんでいる人は文字通り萎《しな》びていくように見え、それこそ「愁嘆場」を呈するようになる。

そうした形態が私たちにとって特にどうでもよいことでもないのは、それによって他の人たちの共同体感覚が呼びおこされるからである。より詳しく言えば、共同体感覚が現れれば、たいてい情動が和《やわ》らげられるからである。だがしかし、他人の共同体感覚を自分に向けたいという欲求が強くて、たとえば悲しみの局面をまったく脱けだそうとしない人たちがいる。なぜなら彼らは、友情や共感を示されることによって、並外れた自尊の高揚を経験するからである。

怒りと悲しみは、それによって私たちの共感をさまざまに引きおこすとはいえ、人と人を分断する情動である。人と人を調和させることはせず、共同体感覚を傷つけることによって、対立を呼びおこすのだ。たしかに悲しみがいっそう激しくなると人と人の結びつきが生まれるが、それは、双方の共同体感覚が関与して実現する通常のやり方ではなく、周囲の人びとがもっぱら関与する側にまわることによって生まれるのである。

## 4　吐き気

人を分断することは、目に見える形にはなっていないものの、吐き気という情動でも見られる。吐き気が起こるのは肉体的には、胃壁が一定の方法で刺激されたときである。しかし、心の領域から何かを放出しようという心の動きや努力が行なわれることもある。ここにこの情動の、人を分断させる要素が見られる。それに続いて起こる現象が、その証拠である。それはそっぽを向く身振りであり、しかめっ面は周囲の人びとへの有罪の判決を意味し、はねつけるという趣旨での状況の解決である。この情動は濫用されて、場合によっては、吐き気を催すことによって、不快な状況を免れるために用いられることもある。もしかすると他のすべての情動とは違って、吐き気は、自由に引きおこすのが特に容易なのであろう。人はこの方法で周囲の人びとを切り離したり攻撃したりすることができるようになる。特別な訓練によってそのことに成功するのである。

## 5　不安（驚愕）

人間の生活においてきわめて重大な意味を持っているのが、不安である。この情動は、単に人と人を分断させる情動というだけでなく、悲しみと同じく、結果においては他人との独特な結合に導くものでもあることによって、複雑なものになっている。子どもはたとえば、不安に駆られると状況から逃げ出して、そして他の人のところに走っていく。しかしそうなると、不安のメカニズムは、周囲の人びとに対する優越を率直には表現せず、とりあえず敗北を表現するものらしい。ここでは、実際より自分を小さく見せる態度がとられる。ここからこの情動の人と人を結びつける側面が始まるのであるが、その側面は同時に、優越への欲求をうちに秘めている。つまり、不安な人間は他の状況という防御装置に逃げこみ、このやり方で危険にふたたび耐えて、危険に勝つために強くなろうとするのである。

この情動で私たちが扱うのは、生物としての深い根をもった事象である。その事象には、あらゆる生物にある根源的な不安が反映されている。人間の場合は特に、人間の自然に対する一般的な自信のなさと自分の力の弱さに、根源的な不安の原因がある。さまざまな人生の困難に対する認識が非常に不充分なため、たとえば子どもは一人では勝手がわからないので、他の人たちがその子どもに欠けているものを補ってやらねばならない。子どもはこの世に生まれおち、外界の前提条件が動き出す瞬間に、これらの困難を感覚的に悟るのである。自信のなさから逃げ出そうと努力する際に子どもが失敗し、悲観主義的な人生観を持つにいたって、周囲の人びとの援助や配慮をさらに当てにする性格特性を発達させる危険性は、常に存在する。そのようにして育てあげられた慎重さは、人生の課題からの距離と同じくらい大きい。そういう子どもが、ひとたび前進せねばならなくなると、頭の中にはちゃんと後退計画をもち、いつも半ば逃亡の用意をしているようになる。彼らに非常に多く見られ、非常に目立つ情動のひとつが、不安なのである。

たしかにこの情動の表出する動きには、特に身振りには、直線的ではないが攻撃的な反対行為の端緒が見られる。時にはそのような現象が度を超して悪化し、多くの場合、心を動かす装置を覗き込むことが非常に容易にできるようになる。そうすると私たちは、まるで誰かを自分に引きつけて離さないでおこうとしているかのように、不安な人の手が伸びるのをありありと感じるのである。

この現象をさらに調べてみると、すでに不安の性格特性を議論する際に知った、もろもろの認識に到達する。常に問題になるのは、自分の人生を誰かに支えてもらおうとし、いつも誰かを自由に使おうとしている人たちである。実はそれは、あたかも他の人たちは不安な人に支柱を差し出すためにだけ存在しているかのような、支配関係を樹立する試み以外の何ものでもないのである。さらに前に突き進めば、これらの人びとは自分が特に世話を受けたいと要求しながら生きていることに気づくであろう。社会との正しいコンタクトがないため、彼らの自立性は大きく損なわれてしまい、その結果彼らは異常に激しく切望して、この特権を要求するのである。彼らが、いかに他人との交際を求めていようとも、彼らの共同体感覚はほんのわずかでしかない。それゆえ、不安の表現は、自分が特権的な地位につき、人生の要求を回避し、他人を自分に仕えさせようとするところにまでいたることがある。とどのつまり不安は、日常生活のあらゆる関係に巣食うようになる。不安は、周囲の人びとを支配するための有効な手段となったということである。

## B　人と人を結びつける情動

### 1　喜び

喜びの情動に私たちは、明白に人と人の結びつきを見る。喜びは孤立を受けつけない。喜びは、他人を探し求め、抱擁することなどに現れるが、そこには、ともに何かをし、ともに頒《わか》ち合い、ともに享受する傾向が明らかに見られる。その態度もまた人と人を結びつけようとするもので、それはいわば両手を差しだすことであり、他人を温め、他人も同じように高めようとする温もりである。人と人をつなぐためのあらゆる要素が、この情動には存在している。

ここにも上昇する指針がないわけではなく、不満足感から優越感に到達する人はここにもいる。

喜びはそもそも、困難を克服したことの適切な表現である。喜びと連動して笑いが生じるが、笑いは人に救いをもたらしながら、いわばこの情動の楔石《くさび》の役割を果たしながら生じてくる。笑いはその人の人格を超えて、他人の共感を得ようと努めているのである。

ここでも、ある人の本性に引きおこされた濫用の現象が見られる。メッシーナ(22)の地震のニュースに接し、はっきりと喜びの色を見せ、突然大声で笑いだした患者の場合、より詳細に診察すると、そもそも彼が笑ったのは、彼は悲しみの中で、自分が小さいという感情を抑えつけ、それによって悲しみを回避しようとして、他の情動に接近しようとしたからであったことが明らかになった。特にしばしば起こる濫用は、不適切なときに生じる、共同体感覚をわざと無視し傷つける喜び、すなわち他人の不幸をいいいいいいいいざまみろと思う喜びである。それはほとんど人と人を分断させる情動であって、それを用いて他人に対する自らの優越を求めようとする人がいるのである。

## 2　思いやり

思いやりは共同体感覚のもっとも純粋な表出である。ある人に思いやりが見られたら、一般に私たちはその人の共同体感覚に安心してもいいのである。なぜならこの情動には、ある人がどのくらい深く仲間の人たちの境遇を感じとることができるかが現れているからだ。

おそらく、この情動自体よりも、それの濫用の方が広く行なわれているだろう。濫用の実体は、たとえば自分を特に強い共同体感覚を備えている人間として説明する、すなわち誇張することである。そうするのは、不幸の際に何かをするわけでもなく目立ちたがり、名前を挙げられることだけを望み、このようにして、安直に世間での名声を要求しようとする人間である。あるいは、他人の不幸を喜々として探りまわり、ほとんどそれをやめられない人びと。まめまめしく慈善を施そうとしている人びとは、その行動によって何はさておき、貧乏な人たちや不幸な人たちよりも優越しているという、自らを救い出す優越感を得るのである。こういうタイプの人たちについて、かつて偉大なモラリスト、ラ・ロシュフーコーは「私たちはいつも、友人の不幸に一種の満足感を味わう」と言ったのである。

悲劇的な芝居を私たちが愉しみたいと思う気持を、この現象に起因するものと見なそうとするのは間違っている。人は、自分はもっとましな境遇にあると感じたがるものだ、と言われてきた。だが大多数の人間には、そんなことは当てはまらない。というのは、悲劇の経過に対する私たちの関心はたいてい、自己認識や自己啓発への憧れに由来しているからだ。これは単に演技にすぎないという考えは、私たちから離れることなく、そこから私たちは人生の準備が促進されることを期待しているのである。

## 3　羞恥心

人と人を結びつけもし、分断もさせる情動は、羞恥心である。これも共同体感覚の産物であり、したがって人間の心の生活から取り除くことはできないものである。この情動のない人間の社会は考えられないであろう。この情動が現れる状況は、ある人の心の領域に攻撃がなされた結果、自らの個人の価値が下がるときや、とりわけどんな人でもはっきり自覚している尊厳が失われる恐れがあるときである。そうなると、この情動は極度に強い影響を肉体に及ぼす。肉体的な事象は、末梢血管の拡大であり、それによる充血であるが、それはたいてい顔に見られる。それどころか胸まで赤くなる人もいる。

外に現れる態度は、周囲の人たちからの離反である。それは、むしろ逃避の間接的な意志表示である不機嫌と結びついた、引きこもる身振りである。顔を背けることや下を向いた目は、逃避の行動であり、この情動が人と人を分断させることを、私たちにはっきりと示している。

ここでもまた、濫用がすぐに始まる。いとも簡単に赤くなる人たちがいる。彼らの場合、ふだんから仲間の人たちに対する関係が、人と人を結びつけるというよりも、分断させるものであることをはっきり際立たせている。彼らの赤面は、社会から身を引く手段なのである。

## 〈補遺〉教育のための一般的な覚書

これまで時おりわずかに言及するにとどめていたテーマについて、この場でさらにいくつか付言しておきたい。それは、家庭や学校、実生活での教育の作用が心の器官の発達に及ぼす影響に関してである。

家庭における現在の教育が、力を得ようとする努力や虚栄心の発達を著しく助長していることは疑いない。それについては、誰しも自分の経験を顧《かえり》みればわかるだろう。家庭にはもちろん否定しえない長所があり、家庭以上に立派に子どもたちの正しい指導を行なって育てあげる制度は、ほとんど想像できない。それこそ病気にかかったときに、家庭が人類の維持に最適のものであることがはっきりする。そして、両親がいつでも良き教育者でもあり、子どもたちの心の失敗を発生段階のうちに認識し、それに適切な手当てをして克服するのに必要な慧眼を持っている、と考えられるならば、役に立つ人間というものを飼育するには、家庭ほどふさわしい社会制度はないと信じることができるだろう。

しかし残念なことに、両親が決して良き心理学者でも良き教育者でもないことは、否定できない。今日、家庭教育の主役を演じているのは、さまざまに悪化している家庭エゴイズムである。これは、表面上はもっともらしく、他人に犠牲を払わせてでも、自分の家の子どもが特別に保護を受け、何か特別なものと見なされることを要求するものである。まさに家庭教育は、いつも他人に対して優越していなければならず、自分を人より優れていると思わなければならないという意見を、子どもにいわば接種することによって、極めて重大な誤りを犯してしまう。父親の指導性、父親の権威という考えと切り離すことのできない家庭の組織それ自体も、それに影響している。それによって、災いが活動を始める。ほんのわずかしか共同体感覚を基盤にしていないこの権威は、たちまち公然たる、ないし密かな抵抗を招くのであり、決して円滑には認知されないだろう。父親の権威の非常に大きな欠点は、力を享受し、名誉欲や虚栄心をみたすという、力を手に入れることによる受益を子どもたちに示すことによって、力を得ようとする子どもの努力に模範を示していることである。いまや子どもたちはみな、そこまでやり遂げて、人の声望を得ることを望み、周囲でもっとも強い人に見慣れてきたのと同じ従順と服従を要求するようになり、かくして両親やその他の周囲の人びとに対して敵対的な立場をとるようになっている。

　こうして、現在の家庭教育においては、優越の目標が常に子どもの頭に浮かぶことは、ほとんど避けがたくなっている。たしかに、ほんの小さな子どもたちにも見栄っぱりが見られる。また大人も晩年になるまで、時には無意識に家庭の状況を回想しながら、ぼんやりと、あたかも全人類が依然として自分の家族であるかのように扱ったり、またそうした姿勢をとることに失敗してしまうと、自分に対して好意を示さなかった世界から引きこもって、孤独の生活を送ったりする傾向を示すのである。

家庭が共同体感覚を発展させるのに適しているのは確かであるが、すでに力を得ようとする努力や〔父親の〕権威について述べたことを思いおこすならば、それは一定の限度までにすぎないのである。最初の愛情の活動は母親との関係において生まれる。この母親との関係は子どもにとって仲間というものを知るもっとも重要な体験であり、それによって子どもは、「汝《ドウ》」と呼べる信頼できる仲間の人を認識し、感じることを学ぶのである。ニーチェは、誰でも恋人の理想像を母親との関係から創りだすものだ、と言っている。ペスタロッチはつとに、母親が子どもにとって他の人たちとの関係の導きの星となっていること、一般に母親との関係が子どものあらゆる表現の枠を構成していることを指摘している。母親の機能には、子どもの共同体感覚を発展させる可能性が含まれている。母親とのこういう関係から、注目すべき個性がいちはやく子どもたちに生まれるのだが、子どもたちにはある種の社会的欠陥が見られることが、私たちの注意を引く。そこに広がっている誤りは、特に二つある。ひとつは、母親が子どもに対してそのような機能のある課題を果たさず、したがって子どもの共同体感覚が発達しないことである。この欠陥は非常に重要で、無数の不愉快な事柄を引きおこす結果になる。子どもは、敵国にでもいるかのようにして成長する。そういう子どもを善導するためには、その子どもに与えられなかった〔母親の〕機能を他の人が変わって引き受けること以外にはない。それがいわば、その子どもを仲間の人に変えるための道である。――もうひとつの主要な誤りは、たいていの場合、母親はたしかに自分の機能を引き受けているのだが、それが非常に強く、あまりに度を超しているため、共同体感覚をさらに他の人に向けることが不可能になることである。子どもが発達させた共同体感覚を、母親が自分へ注がせてしまう。すなわち子どもは母親にだけ関心を寄せ、他の世界を排除してしまうのである。したがって、この子どもたちにも社会的人間としての素地が欠けているのである。

母親との関係以外にも、教育には他に顧慮されるべき多くの重要な要因がある。特に居心地の良い子ども部屋は、子どもが喜んで楽々と世の中に順応できるようにする。大多数の子どもたちがどのような困難と闘わねばならないか、そして生涯の最初の数年間に、世の中は快い滞在場所であると心に刻むことがいかに容易ではないかを考えてみるならば、最初の幼年期の印象がきわめて重要であることがわかるであろう。なぜならその印象が、これから探求し進んでいく方向をその子どもに与えるからである。その上、いかに多くの子どもたちが生まれながらに病気で、この世では苦難と苦悩しか経験しないか、またたいていの子どもたちは家庭のしつけがなされないか、なされても生きる歓びを呼びおこすようなものではないことを考え合わせるならば、たいていの子どもは人生と社会の友としては成長しないし、正しい人間共同体で開花し展開できるような共同体感覚にも満たされていないことは明らかである。さらに、教育の欠陥がきわめて重要であることを考慮に入れなければならない。厳格で苛酷な教育が子どもの生きる歓びや友人とともに遊ぶことを妨げるのと同様に、どんな些細なものでも道から取り除いてやり、子どもを熱帯のような熱っぽさで包みこむ教育も、将来の家庭の外を支配している実生活の厳しい環境には不向きな子どもを育てる作用をするのである。

したがって今日の私たちの社会における家庭教育は、私たちが人間社会の友愛に満ちたチームメイトに期待するものを果たすには、ふさわしくない。家庭教育が果たしているのは、虚栄心を満たす努力なのである。

そこで、さらにまだどんな機関がありえるか、子どもが発達する上で失敗したことを埋め合わせ、改善をもたらすものは何かをよく考えてみると、私たちの注目はまず学校に向けられる。しかし、厳密に検討してみると、学校も今日の形態ではそのような課題には不適切であることが明らかになる。今日の学校の状況で、子どもの欠陥をその本質において認識し、それを除き去ることができると誇りうる教員は、たぶん一人もいないだろう。教員はその用意が全然できていないし、できる境遇でもない。なぜなら、教員が手にしている、子どもたちに伝えなければならない教育プフンは、人間のどのことを扱うべきかには、関心を持つ必要がないからである。この課題が果たせないのは、教室に子どもが多すぎるからでもある。

そこで私たちは、それでもなお、私たちをひとつの一致団結した国民に結びつけるのを妨げているこの家庭教育の欠陥を改められる機関はないものか、さらに探しまわらざるをえない。多くの人はおそらく考えるだろう、人生と。しかし、それには固有の事情がある。すでにこれまで述べたことからだけでも、人生には人間を変える適性はないことが、時には適性があるような印象を与えるにしても、充分よくわかっている。人間には虚栄心や名誉心があって、それがすでに、その適性を認めないのだ。なぜなら、人間は自分がひどく間違った道に踏みこんだときでも、常に、他人に責任を負わせたり、どうにもこうなるよりほか仕方ないんだ、といった感情を抱くだろう。成功した人が自分の犯した過ちを顧みるなどということは、めったに見られない（さまざまな体験を活用することについて、私たちが行なった詳論も思い出しておこう）。

したがって、人生もまた、何ら本質的な人間改造をなし遂げることはできない。これは心理学的に理解できる。人生は、すでにできあがった人間、すでにみな確たる方向を持った眼識を備え、優越の目標を目指して努力している人間を受け入れるのだから。逆に、人生は悪い教師ですらある。人生には寛容さはないし、私たちに警告も与えず、教えてくれさえせず、ただ冷たく私たちを拒絶して、失脚させるのだから。

そこで、この問題をいま見渡したかぎりでは、次のことを確認する以外には残されていない。すなわち、矯正することができる唯一の機関は学校である、ということだ。学校なら、あながち間違って利用されてばかりはいないから、それもできるだろう。なぜなら、これまではいつでも、学校を自由に利用した人は、学校を、たいていは自らの虚栄心や名誉心のための計画の道具にした、ということがあるからである。結局はこれに有効なとどめをさすことはできない。また近頃、学校における古き権威をふたたび打ち立てるべきだという呼び声を耳にするが、いったいこうした権威がそもそもかつてどれだけの良い成果をあげたかを、自らの胸に問うてみさえすればよいのである。およそ権威なるものにどれだけの利点があるというのか。権威が常にいかに有害だったか、私たちはすでに認識したし、より恵まれた状況にある家庭においてすら、権威になし遂げられたのはただひとつ、みなが権威に反抗したということだけにすぎない。その上さらに、権威は決してひとりでに認められるものではなく、したがって強制されて押しつけられざるをえないものである。学校ではたしかに、そもそも権威が存在している場合にだが、それが完全に認められることはめったにない。そして、学校にやってくる子どもは、そうでなくとも、教員は国の官吏だと明白に意識している。子どもの心の発展に不利益な結果をもたらさずに子どもに権威を押しつけることは、不可能である。権威があるという感情は、強制的に押しつけられた影響力の上に築かれてはならず、共同体感覚に基づくべきものなのである。

学校は、どの子どもも心が発達しつつあるときに足を踏み入れる状況である。したがって学校は、心が好ましく発達するように添わなければならない。したがって、良い学校と言うことができるのは、学校が心の器官の発達条件と調和しているときだけであろう。このような学校であって初めて、私たちは公益のための学校と呼ぶことができるのである。

# むすび

私たちはこの仕事において、次のことを分析的に説明しようした。すなわち、心の器官は、生まれながらに心と肉体の機能を持つ実体から発生するものであって、その器官の発展は完全に社会的な諸条件に制約されており、このことが意味しているのは、一方では有機体の要求が、他方では人間社会の要求が実現されなければならない、ということである。これが、その範囲内で心の器官が発達し、その進む道が指示される枠組みである。

私たちはこの発達をさらに注意深く考察して、〔まず「総論」で〕知覚や表象、記憶、感情、思考などの能力を詳細に論議し、次いで〔「性格論」で〕、性格特性や情動を論じた。これらの現象はすべて互いに切り離すことのできない関連性を持っており、それらが一方では共同体の法則に服従し、他方では、個人それぞれの力や優越を得ようとする努力によって、一定の独特な軌道をとって整えられるのだということを、私たちは確認した。私たちが見てきたのは、他人に優越するという人間の目標は、その共同体感覚と協力して、発達のそれぞれの段階に応じて、具体的な事例において、はっきりした一定の性格特性へと通じていくということであり、したがって性格特性も生まれながらのものではなく、心の発達のそもそもの起源から目標にいたるまで、発達していくものなのだ、ということである。その目標はどんな人の念頭にも、多かれ少なかれ意識的に、主導指針に沿って配列されているかのように描かれているのである。

こうした性格特性や情動は私たちにとって、人間を理解するのに価値ある道標であり、私たちは詳細に論じてきたが、他のことは簡単に触れるにとどめた。最後に与えられた展望はこうであった。すなわち、人それぞれの力を得ようとする努力に相応して、いかなる人にも名誉心と虚栄心が蓄積されており、それらの現象形態によって私たちは、力を得ようとする努力とその作用の仕方をはっきり認めることができるということである。名誉心と虚栄心のまさに過大な発達が、いかに個人の秩序ある進歩を妨げ、共同体感覚の発達を抑制し、いや、不可能にさえするのか、いかに周期的にそれは人間の共同体に干渉して妨害し、同時に個人とその努力を破綻させるか、ということを私たちは指摘したのである。

この心の発達の法則は、私たちには否定できないものに思えるし、暗い気持に陥ることを望まず、進んで運命を構築しようと努めるすべての人びとのための、もっとも重要な道標と思えるのである。私たちはこれらの研究で、人間知というひとつの科学を推し進めようとしている。人間知は、これまではまだほとんど育成されてこなかったものであるが、私たちには、もっとも重要な、あらゆる層の住民全体に絶対に必要な仕事と思われるのである。

## 訳註

(1) フルトミュラー　カール・フルトミュラー（一八八〇―一九五一）。ウィーンの教育学者、心理学者。アドラーがフロイトと袂を分かって以来、終始彼を助けて友情篤かった同志。ウィーンでのアドラーの教育実践に協力した。二人の共著『治療と人間形成』（一九一四）があり、本書成立の母胎である公開講義も、フルトミュラーが時の社会民主党政府にあっせんした努力がもとになっている。ちなみに、このアドラーの教育活動の初期には、まだ十代のカール・ポパー（哲学者）もボランティアで協力した一人だった（ポパー『果てしなき探求』森博訳）。

(2) 「魔王」　ゲーテの物語詩（一七八二年作）。シューベルトの歌曲で有名。梗概は、父親が深夜、子どもを抱いて馬を走らせ、子どもは幻覚の中で魔王の姿を見、恐怖にさいなまれ、家に着いたときは死んでいたという筋。

(3) カール・グロース（一八六一―一九四六）。ドイツの教育学者、心理学者、美学・哲学者。心理学的・生物学的立場から美的享受の問題を発生的に研究し、動物や子どもの遊戯本能と人間の芸術活動を対応させて美的現象を批判考察した。その活動の最盛期は一九二〇年代である。

(4) リヒテンベルク　ゲオルク・クリストフ・リヒテンベルク（一七四二―一七九九）。ドイツの物理学者、著述家。ゲッティンゲン大学教授として近代科学の発展・啓蒙に功績があったが、同時に警抜な箴言を多く書き、啓蒙の世紀にモラリスト的役割を果たしたことでも著名。

(5) ヨセフの夢　旧約に名高いヨセフ物語の主人公。父親に偏愛され、ある日、兄弟たちと農地で麦を束ねていて、自分の束が直立し、兄弟たちの束がひれ伏すように倒れる夢を見て、兄弟たちに疎まれ、エジプトに追われる。ヨセフはその地で大豊作と飢饉を夢で予見し、声望を得る。

(6) ニーベルンゲン伝説　ゲルマン民族の英雄伝説。ドイツ中世の英雄叙事詩『ニーベルンゲンの歌』は、ゲルマン民族の大移動時代の民族興亡を背景に、多くの伝説が混合し、異教的な要素が混在する。ブルゴント国の姫クリームヒルトが、自分の鷹が殺される夢を見て、母親に、夫が失われる予兆だと聞かされ、悲劇が暗示されている。
(7)　ゲーテの「婚礼の歌」「花燭古謡」とも訳されている物語詩（一八〇二）。グリムの『ドイツ伝説集』に伝えられている騎士と小人の伝説に取材している。十字軍に参加した騎士が帰郷すると、城は荒廃し、その廃墟の仮寝でみた夢のなかに小人が登場して飲めや歌えの祝婚の宴をひらく。
(8)　キケロ　マルクス・トゥッリウス・キケロ（BC一〇六―BC四三）。ローマの雄弁家、政治家。共和政治の父として、カエサルと戦った。
(9)　シモニデス　ケオスのシモニデス（BC五五六頃―BC四六八）。ギリシアの抒情詩人。祖国の勇士を讃える各種の詩歌の作者として有名。
(10)　魔女の火刑　中世以来、異教的な女性を悪魔と結託したものとして裁判に付し、火刑に処する残虐行為が数多く行なわれた。この魔女裁判は十七世紀に頂点に達し、ドイツでは一七五九年にいたってこの蛮行は法律的に廃止された。
(11)　ホメロスの『イーリアス』　ギリシア最古の大詩人ホメロス（BC八世紀末）は『イーリアス』と『オデュッセイ』の二大叙事詩を書いたといわれる。前者の詩はギリシアの英雄アキレウスの怒りを主題としたもの。
(12)　ヴァイニンガー　オットー・ヴァイニンガー（一八八〇―一九〇三）。オーストリアの思想家。ショーペンハウアー、カントの影響を受け、「性の形而上学」を説き、精神的にも道徳的にも女性の劣等を主張した。拳銃自殺。主著『性と性格』。
(13)　ドン・ジュアン　スペインの漁色家的伝説的人物（ドン・ファン）。モーツァルトの歌劇『ドン・ジョヴァンニ』以来、ドイツ文学の中でも好んで主題に取りあげられている。
(14)　ヒポクラテス（BC四六〇頃―BC三七〇頃）。アテネに住んだギリシアの有名な医学者。〝医学の祖〟。
(15)　クレッチマー　エルンスト・クレッチマー（一八八八―一九六四）。ドイツの精神病理学者。気質と体格により、肥満型（循環気質）・痩せ型（分裂気質）・強壮型（粘着気質）に分類して気質類型論を展開、性格との関係を研究した。『体格と性格』（一九二一）がその主著。
(16)　カーライル　トーマス・カーライル（一七九五―一八八一）。イギリスの思想家、歴史家、評論家。ドイツ文学の紹介者としても著名。主著『衣裳哲学』(一八三六)。
(17) ラ・ロシュフーコー フランソワ・ド・ラ・ロシュフーコー(一六一三―一六八〇)。フランスの公爵で政治家、モラリスト。自我愛・利己心を人間行為の主要動機とみなす。道徳は利害の打算の結果だとする一種の功利論者で、鋭敏な箴言の数々で有名。
(18)「ヴェネツィアのエピグラム――一七九〇年」 ゲーテのイタリア旅行後の「歌日記」ともいえる詩集(一七九〇年作)で、四十一歳のゲーテの心に映る社会の事象を縦横に歌った諷刺的嘲世罵俗の色の濃い作品である。引用の詩は第五十三番。フランス革命後の衝撃が冷静な批判に移った時期の所産である。
(19)『ネートチカ・ネズワーノワ』 ドストエフスキーのシベリア流刑前、一八四九年の未完の中篇小説。初期作品系列に属する。
(20) グリルパルツァー フランツ・グリルパルツァー(一七九一―一八七二)。オーストリア最大の劇作家、劇詩人。空想と現実の相剋に悩みつつ、ロマン的詩風の中に明晰で優雅繊細な多くのすぐれた作品を残している。
(21) 一九一八年のオーストリア革命 第一次世界大戦(一九一四―一八)を契機として、一九一七年にロシア革命が起こり、続いて中欧にも革命的気運が生まれて、一八年にドイツ帝国が倒れ、さらに同年、オーストリア=ハンガリー帝国(ハプスブルク帝国)も解体。オーストリアでは、社会民主党が主導権を握って、ドイツよりは平穏に共和国に移行した。
(22) メッシーナ イタリアの都市。イタリア南部シチリア島のエトナ火山の麓にあり、一九〇八年に大地震が発生した。

# 訳者あとがき

本書は、Alfred Adler: *Menschenkenntnis*, 1927, Leipzig の改訂第四版（一九三一年）の全訳である、山下肇によるかつての訳業を見直し、山下萬里が新たに訳出し直したものである。今回の定本には 2008, Köln, Anaconda Verlag を使用した。

著者のアルフレッド・アドラーの令名は、わが国では「アドラー心理学」（彼自身は「個人心理学」と呼んでいた）の提唱者として知られていよう。「劣等感」（インフェリオリティ・コンプレックス）の概念を初めて定着させた精神科医である。フロイト、ユングと並ぶ世界的な存在なのに、どうしてわが国ではアドラーに触れられることが少ないのか、というような言い方が長いあいだなされてきたが、近年では、アドラーはいわゆる〝自己啓発〟研究の先駆者として日本においても注目著しいようだ。関連書も多く出版されている。

アドラー心理学はわが国で急速に広まって比較的まだ日も浅いので、その心理学自体も最近のものと一般に思われているかもしれない。しかし本書の初版出版は一九二七年であり（二六年説もある）、この訳書が、Ａ・アードラー《ママ》『現代人の心理構造』山下肇訳（日本教文社）として最初に世に出たのも一九五七年（河合隼雄氏のスイスのユング研究所からの帰国はこの八年後）である。まだ日本ではアドラーの翻訳書はほとんどなかった。

　アドラーは一八七〇年にウィーンに生まれたハンガリー系のユダヤ人（後にプロテスタントに改宗）で、兄である長男が家業を継ぎ、弟のアドラーはウィーンのギムナジウムからウィーン大学医学部に学び、医師となってウィーンで活躍した。晩年はアメリカに居を移し、一九三七年に講演旅行先のイギリスで亡くなった。アドラーは、皇帝によるウィーンの大改造やいわゆる「世紀末のウィーン」、そしてスペイン風邪のパンデミックを目の当たりにしてきたはずだ。第一次大戦には軍医として従軍した。長年、ウィーン大学で講義することを望んでいたが、一九一五年に正式に大学に却下される。大戦敗戦後にオーストリアは小共和国となり、首都ウィーンは、社会民主党主導による「赤いウィーン」の時代になる。瓦解したハプスブルク帝国の臣民ではなく、新しい共和国の国民のための教育が求められ、改革が推進された。友人のＫ・フルトミュラーがその教育改革を支えた一人で、アドラーも積極的に関わり、教育の分野でも大きな役割を果たした。「そこで強調されたのが、共同体帰属と連帯心の培養、共同体への貢献姿勢の育成であった。〔略〕劣等感の克服過程で狭いエゴイズムを打ち破り、共同体《ママ》感情を培うことを人間的成熟として目標に掲げるアードラー《ママ》心理学が、こうした戦間期ウィーンの教育改革の中心理念から見て、望ましく適合的だった」（田口晃『ウィーン——都市の近代』岩波新書）。本書には教育論が「補遺」されている。

本書は、当時アドラーが精力的に行なっていたウィーン・オッタークリングの市民大学「民衆《フォルクス》の家《ハイム》」での講義がもとになっている。「一九二〇―二一年を例にとると〔略〕アードラーの講義に二六〇名の聴講者が参加して、飛び抜けた人気を示している」（田口、同）。オッタークリングはいまのウィーン十六区。サイトで見るとこの民衆の家は、現在も（民衆の家でこそないが）十六区の市民大学として、おそらく当時の建物を修復して、アドラーの講義の行なわれたであろう大きな階段教室も、使われているようだ。アドラーが生まれたルードルフスハイムも現在はウィーン十五区で、ともにウィーン二十三区のうちであるが、一八九〇年に旧市十区に加え「大ウィーン」に編入されるまで、郊外地区《フォアオルト》だった。リーニエ及びギュルテルと呼ばれた外市壁（一八九三年に撤去）の外側である。世紀末を代表する作家シュニッツラーの作品には、「リーニエの向こう側……」といった表現が見られる。ウィーンに流入してくる人たちや、労働者の多い地域だった。アドラーが診療所を開設したレオポルトシュタットは、ウィーン二区で、子ども時代に何年かアドラーは住んでもいるが、ユダヤ人が特に多かった。〝ワルツ王〟ヨハン・シュトラウスの家（現在は博物館）もほど近い。オーストリアの第二の国歌といわれる「美しく青きドナウ」の作曲家もユダヤ人なのである。診療所の通りのちょうど向かいには、後に『夜と霧』の著者となる精神科医V・E・フランクルの一家が住んでいた。フランクルも、収容所から解放されてウィーンに戻ると一九四六年二、三月に、オッタークリングの市民大学で講義をしている。筆者の手元に、一九九四年にNHK教育テレビで放送された番組、「ETV特集　ビッグ・インタビュー　ヴィクトール・

フランクル」（聞き手：野田正彰）を録画したものがあるが、そのなかで短時間映し出される無人の階段教室が、アドラーもフランクルも講義をしたところと思われる。

アドラーが本書の講義を行なったころ、ユダヤ人はウィーンの住民のほぼ一〇パーセントを占めていた。一九三〇年、アドラーはウィーン市の名誉市民に選ばれた。アドラーはすでに社会民主党とは距離を置いていたようだが、本書は英訳されてアメリカでベストセラーになる。アメリカでの講演旅行も好評を博した。しかし「赤いウィーン」は長く続かず、社会民主党とキリスト教社会党との抗争は、ついには市街戦を引きおこして、オッタークリングの民衆の家も襲撃され、三四年、社会民主党は非合法化される。ドイツではナチスが政権を握っていた。オーストリアのドルフス首相はナチスに暗殺された。すでに活動の主な拠点をアメリカに移していたアドラーは、家族とともにアメリカへ渡る。

さて、作家のS・ツヴァイクは、そのよく知られた自伝で、ウィーンで育ち、ウィーンで教育を受けた人（アドラーのこと）が「劣等感」を発見したのは偶然ではない、という意味のことを述べている（『昨日の世界』原田義人訳、みすず書房）。ウィーン人の心情は表からは見えにくい。劣等感は、それを言い当てたものだった。たとえば、ウィーンのユダヤ人の多い地域で育ち、長く九区のベルクガッセ九番地を離れなかったフロイトと比べ、主にユダヤ人のあまり多くない郊外に生まれ育ったアドラーは、微妙に性格や世界観の違いが見られ、アドラーのフロイト離反の遠因のひとつとなったと思われる。アドラーもまた、この時代に生きたウィーンのユダヤ人の一人だったのであり、彼の心理学は当時の文学者たちにも影響を与えている。

この翻訳は、その後一九七一年に『現代人のこころ――個人心理学入門』として潮文庫におさめられ、その際に加筆修正が行なわれている。今回の改訂作業では、この潮文庫版を基にした。なお、高尾利数氏（一九八七年、春秋社）と岸見一郎氏（二分冊、二〇〇八、九年、アルテ）による訳、さらに本書校正作業中に刊行された長谷川早苗氏（二分冊、二〇二一年、興陽館）の訳も参照させていただいた。

亡父・山下肇の「訳者あとがき」には、「心理学ないし精神分析にはまったく門外漢のわたしがになうことは僭越至極」とあったが、フロイトやユングの翻訳・紹介もされていた恩師の高橋義孝氏の強い慫慂によるものらしい。筆者もまたまったくの門外漢であり、今回、思いがけなくこの復刊のご提案をいただくまで、アドラーのことは知らないに等しかった。アドラーの個人心理学のキーワードであるGemeinschaftsgefühlを、父は「共同感情」「共同（体）感情」「社会感情」その他いろいろに記しているが、これは今回の作業で定訳の「共同体感覚」に統一した。ほかにも「精神病院」は「精神科病院」に、「アルコール中毒」は「アルコール依存症」に、「兄弟姉妹」は「きょうだい」に改めるなどし、著者名も、ドイツ語読みして「アルフレート・アードラー」となっていたが、現在多く使われている「アルフレッド・アドラー」とした。父が使用した原書は不明だが、一九三一年の版だったらしい。多少の異同はあるようだったが、今回の定本に従った。訳文にも思いきって手を入れたが、父の文章をできれば残したい気持もあって、「訳註」は多く基の形を生かしてある。筆者は三人きょうだいの次男、甘やかされた末っ子であり、読んでいて身につまされることなきにしもあらずであった。

この機会を与えてくださり、コロナ禍で進まぬ作業を辛抱強く待ち、さまざまにご配慮いただいた、河出書房新社の編集者、西口徹氏に深く感謝したい。多数の書の奥付等でお名前を拝見してきた氏とともに仕事ができたことは、幸せであり、喜びであった。

二〇二一年四月

山下　萬里

Alfred Adler:
*Menschenkenntnis*, 1927, 1934, Leipzig／2008, Anaconda Verlag

山下　肇
（やました・はじめ）

1920年、東京生まれ。ドイツ文学者。東京大学教授、同教養学部長、日本戦没学生記念会事務局長、わだつみのこえ記念館館長など歴任。2008年逝去。著書に、『ドイツ・ユダヤ精神史』『カフカ――現代の証人』その他。訳書はヘッセ、カフカ、トーマス・マンなどの他、エッカーマン『ゲーテとの対話』、エルンスト・ブロッホ『希望の原理』（共訳、日本翻訳文化賞）、ゲーテ『ファウスト』（同賞）など多数。

山下萬里
（やました・ばんり）

1948年、埼玉県生まれ。ドイツ文学者山下肇の次男。中央大学独文科博士課程後期満期退学。拓殖大学名誉教授。ドイツ・オーストリア文学、比較文学。著述に、『「舞姫」―エリス、ユダヤ人論』（分担執筆、至文堂）、『森鷗外事典』（項目執筆、新曜社）など、訳書にフランツ・カフカ『変身・断食芸人』（山下肇と共訳、岩波文庫）などがある。

＊本書は、アルフレッド・アドラーの著作を山下肇が『現代人の心理構造』（日本教文社、一九五七年三月刊）として訳出し、それを加筆修正し『現代人のこころ――個人心理学入門』（潮文庫、一九七一年九月刊）と改題して再刊したものを基本に、山下萬里が改訂新訳したものである。

## アルフレッド・アドラー

(Alfred Adler)

1870年、オーストリアのウィーン郊外に生まれる(晩年、アメリカに移住)。精神科医、精神分析医、心理学者。最初、フロイトの研究グループに招かれ精神分析と関わるようになる。後にフロイトと一線を画し、劣等感、共同体感覚、パーソナリティ理論、心理療法の研究・実践で活躍し、アドラー心理学とよばれる独自の「個人心理学」を確立した。近年には、いわゆる自己啓発研究の先駆者としても注目されている。1937年逝去。著書に『器官劣等性の研究』、本書をはじめ、多数がある。


# 人間をかんがえる

## アドラーの個人心理学入門


二〇二一年 六 月二〇日 初版印刷
二〇二一年 六 月三〇日 初版発行

著　者――アルフレッド・アドラー
訳　者――山下肇・山下萬里
発行者――小野寺優
発行所――株式会社河出書房新社
〒一五一-〇〇五一
東京都渋谷区千駄ヶ谷二-三二-二
電　話――〇三-三四〇四-一二〇一〔営業〕
〇三-三四〇四-八六一一〔編集〕
https://www.kawade.co.jp/

組　版――株式会社ステラ
印　刷――三松堂株式会社
製　本――三松堂株式会社





ISBN978-4-309-22823-5
Printed in Japan